矛与盾

互联网企业的刑法观

丁健琮　王英光　闫建雄　著

知识产权出版社
全国百佳图书出版单位
—北京—

图书在版编目（CIP）数据

矛与盾：互联网企业的刑法观 / 丁健琮，王英光，闫建雄著 . — 北京：知识产权出版社，2022.9

ISBN 978-7-5130-8272-3

Ⅰ . ①矛… Ⅱ . ①丁… ②王… ③闫… Ⅲ . ①网络公司—刑事犯罪—研究—中国 Ⅳ . ① D924.334

中国版本图书馆 CIP 数据核字（2022）第 138654 号

内容提要

本书将一线工作经验与法律原理紧密结合，全面、翔实地介绍了互联网行业常见的黑灰产类型及其危害。作者结合自身实践经验阐述了打击、治理、预防这些常见黑灰产的方式、方法。在此基础上，系统地说明了互联网企业在日常经营过程中所面临的法律风险及应对风险的注意事项。

本书可供法律行业的从业者及刑法领域的研究者阅读。

责任编辑：高 源 **责任印制：孙婷婷**

执行编辑：吴 烁

矛与盾——互联网企业的刑法观

MAO YU DUN——HULIANWANG QIYE DE XINGFAGUAN

丁健琮 王英光 闫建雄 著

出版发行：	知识产权出版社有限责任公司	网　　址：	http：//www.ipph.cn
			http：//www.laichushu.com
电　　话：	010-82004826		
社　　址：	北京市海淀区气象路50号院	邮　　编：	100081
责编电话：	010-82000860转8701	责编邮箱：	laichushu@cnipr.com
发行电话：	010-82000860转8101	发行传真：	010-82000893
印　　刷：	北京中献拓方科技发展有限公司	经　　销：	新华书店、各大网上书店及相关专业书店
开　　本：	787mm × 1092mm　1/16	印　　张：	19
版　　次：	2022年9月第1版	印　　次：	2022年9月第1次印刷
字　　数：	290千字	定　　价：	98.00元

ISBN 978-7-5130-8272-3

推荐序

2015年12月，习近平总书记在第二届世界互联网大会开幕式上发表主旨演讲时指出："我们既要尊重网民交流思想、表达意愿的权利，也要依法构建良好网络秩序，……要坚持依法治网、依法办网、依法上网，让互联网在法治轨道上健康运行。同时，要加强网络伦理、网络文明建设，发挥道德教化引导作用，用人类文明优秀成果滋养网络空间、修复网络生态。"这为全面推进网络空间法治化提供了行动指南和强大动力。

在此背景下，我国先后颁布实施了《中华人民共和国刑法修正案（九）》《中华人民共和国网络安全法》《中华人民共和国数据安全法》《中华人民共和国个人信息保护法》等一系列与网络安全有关的法律法规以及配套司法解释。特别是《关于办理非法利用信息网络、帮助信息网络犯罪活动等刑事案件适用法律若干问题的解释》和《关于办理电信网络诈骗等刑事案件适用法律若干问题的意见（二）》两部司法解释出台后，侵犯公民个人信息罪、非法获取计算机信息系统数据罪、帮助信息网络犯罪活动罪等罪名的适用量大幅上升。截至2021年9月，帮助信息网络犯罪活动罪已经成为全国检察系统起诉人数排名第四的罪名。

在依法治网，重拳打击网络犯罪如火如荼的同时，我国企业的依法经营、合规运营能力却还处于补课阶段。这带来的一个不良后果便是网络犯罪案件中企业涉案、企业员工涉案的情况屡见不鲜。很多互联网企业的经营者对自身法律责任的认知还停留在“避风港原则”主导的时代，对于主动治理网络黑灰产抱有隔岸观火的态度，认为与自己和自己的企业无关。

涉网犯罪案件中企业涉案数量的提升不仅对企业依法经营提出了更高要求，而且使得建立中国特色的企业合规司法制度的需求更加迫切。

企业合规改革试点工作是检察机关全面贯彻习近平法治思想，充分发挥检察职能作用，服务保障经济社会高质量发展，助力推进国家治理体系和治理能力现代化的改革创新举措。2020 年 3 月起，最高人民检察院（以下简称“最高检”）在上海、江苏、山东、广东的 6 家基层检察院试点开展“企业犯罪相对不起诉适用机制改革”，围绕推进企业合规建设做了一些探索实践，积累了一些经验做法，受到企业欢迎，也得到当地党委、政府和社会各界的认可和支持。在 2021 年全国两会上，这项工作得到全国人大代表、全国政协委员的充分肯定。两会后，全国人大常委会将“平等保护民营企业，促进企业合规经营”列为重点督办建议选题，由最高检主办。为进一步推进涉案企业合规改革试点向纵深发展，2021 年 3 月最高检决定扩大试点范围，部署在北京、上海、江苏、浙江等 10 个省市开展为期一年的第二期试点工作。第二期改革试点工作已取得显著进展，截至 2021 年 11 月底，10 个试点省市共办理涉案企业合规案件 525 件，其中适用第三方监督评估机制案件 254 件。案件类型、适用罪名逐步多样化，案例的代表性、影响力逐步提升，充分证明了“一个案例胜过一打文件”。

但是，企业合规司法制度终究只是帮助企业认识合规重要性的外部因素，企业合规主体是企业和员工。企业合规实际上是一个保证企业遵守法律法规、行业规则和职业道德的管理体系，是企业内部由一定的机构和制度构成的自治或自我约束机制。但是，合规是有成本的，且对一些业务的开展形成制约，体现了短期利益与长期利益的矛盾和冲突。因此，做好合规对许多企业来说不是一件易事。

该书便是在这样的时代大背景下应运而生。该书站在企业的角度，全面翔实地介绍了互联网行业常见的黑灰产类型及其危害。同时，作者结合自身实践经验阐述了打击、治理、预防这些常见黑灰产的方式方法。在此基础上，作者用了很大篇幅系统地说明了互联网企业在日常经营过程中所面临的法律风险，以及应对风险的注意事项。全书将一线工作经验与法律原理紧密结合，深入浅出，案例翔实。这本书可以让法律工作者充分了解近年来我国网络黑灰产的发展态势和打击思路，可以让互联网企业经营者掌握企业合规运营的基本知识和技能，学会运用刑法武器维护自身权益，保证自身安全，将有利于全行业法律合规素养的形成和能力的提升。

最高人民检察院检察理论研究所所长
中国法学会法理学研究会副会长
《中国刑事法杂志》主编
谢鹏程
2021 年 12 月 25 日于北京天桥

推荐语

进入21世纪以来，我国网络经济得到长足发展，涌现出的众多新技术、新业态给传统刑事司法带来了诸多挑战。为了回应社会治理需要，打击治理网络犯罪成为《中华人民共和国刑法修正案（八）》之后刑法历次增补的重要内容。虽然立法和司法上取得了诸多进展和突破，但由于我国很多互联网企业尚属年轻，对法律的运用还不够熟练，导致发生了很多本可以避免的风险事件。《矛与盾——互联网企业的刑法观》全书站在企业的角度，全面阐述了打击网络违法犯罪和维护自身权益的方式方法，并且手把手地传授合规解决方案，不仅能够帮助法律人了解网络犯罪打击治理的前沿动态，而且能够帮助互联网企业经营者有效降低业务风险。这本书将成为有利于行业长远健康发展的一部著作。

——刘计划　中国人民大学法学院诉讼法教研室主任，中国人民大学刑事法律科学研究中心副主任，教授、博士生导师

随着互联网进入DT时代，数据已成为互联网行业的基础性资源，对企业的生存与发展起着至关重要的作用，数据和流量的争夺愈演愈烈。同时，执法机关也加强对数据尤其是个人信息处理行为的监管，《中华人民共和国刑法》作为其他部门法的保障法也在数据治理中发挥积极作用，导致诸多互联网企业由于合规瑕疵而触碰刑法红线。该书以企业商业模式刑事风险的司法实践为出发点，对互联网行业近年来发生的热点案例、经典判例进行解读，对行业内各领域的刑事风险进行分析，尤其着重对高风险数据处理环节进行梳理，提出可落地执行的合规建议，对企业落实数据合规义务和防范刑事风险具有借鉴意义。

——洪延青　北京理工大学法学院教授

《矛与盾——互联网企业的刑法观》一书，从互联网企业的各类产品商业模式入手，结合作者所积累的行业实践经验，对产品可能触碰的刑法红线进行梳理。难能可贵的是，该书基于行业内各领域产品的特性，对广告、搜索、知识产权、内容等各类细分领域可能存在的刑事风险进行分析，结合具体商业化产品的特点，提出对企业具有较大参考意义的合规建议。尤其在现今国内数据合规体系法律框架基本完善及执法态势日益加强的情况下，重点对数据权属及企业对数据如何合规处理的问题进行论证，对互联网及科技企业的数据合规能够起到一定的引导作用。

——吴沈括　北京师范大学互联网发展研究院院长助理，博士生导师，中国互联网协会研究中心副主任

《矛与盾——互联网企业的刑法观》的作者有着丰富的法律实践经验和对黑灰产的独到见解，全书既立足当下又展望未来，展现了对自己所从事工作的所思所想所获及真挚的情感与热爱。

——李熠　律政职场私董会创始人,《总法律顾问手记》丛书作者

序

从 2008 年 12 月 12 日中华人民共和国工业和信息化部发出首张 3G 牌照算起，我国互联网行业经历了十几年的狂飙突进。在推动经济发展、便利民众生活的同时，不断涌现的新商业模式、新技术应用对法律规制产生了极大的挑战。这一点在近年来刑法修订的变迁上，体现得尤为明显。

我国传统刑法理论师从苏联[1]，较长一段时间内犯罪构成一直沿用四要件学说，刑法总则将共犯人分为主犯、从犯、胁从犯、教唆犯。主客观要件是否完备、在犯罪团伙中的角色等因素都会对定罪量刑产生影响。但在移动互联网时代，人们逐渐发现，为多个犯罪团伙提供技术配套、资金结算服务、引流服务等的上下游产业反而具有更大的社会危害性。这些上下游黑灰产的存在降低了违法犯罪的门槛，提升了犯罪的危害性，增加了对网络违法犯罪的侦查打击难度，使网络违法犯罪极易“死灰复燃”。受此影响，我国逐渐树立了积极的

---

❶ 陈兴良 . 中国刑法学研究 40 年［J］. 社会科学文摘，2018（11）:3.

刑法观[1]，出现了帮助行为正犯化的立法实践，2009年的《中华人民共和国刑法修正案（七）》在第285条增加第3款“提供侵入、非法控制计算机信息系统程序、工具罪”，首次将计算机技术犯罪中的帮助行为单独认定为一种犯罪。此后，《中华人民共和国刑法修正案（九）》又增加了非法利用信息网络罪、帮助信息网络犯罪活动罪和拒不履行信息网络安全管理义务罪等罪名，专门打击为网络犯罪提供配套支持的行为。

刑事立法的积极应对既是对社会快速发展的回应，也从侧面体现了网络黑灰产的影响之大。有报告统计，以虚假点击为代表的流量黑灰产每年会给互联网广告主带来超过300亿元的广告费损失。但是，由于黑灰产一般以寄生的形式存在于各个互联网公司搭建的商业生态中，这些平台企业往往很难察觉。黑灰产在不知不觉中从互联网平台吸血壮大自身，同时为违法犯罪提供帮助，攫取暴利。如果不对黑灰产加以防范和治理，不仅会危及企业的正常经营，甚至会给企业带来刑事法律风险。快播作为这方面的典型代表自不必说，其实，还有很多公司的产品或系统在被黑灰产利用，只是公司的运营者并没有意识到或者虽然有所察觉却不知如何防范，甚至还有个别企业为了利益同流合污。

对此，我们必须强调，狂飙突进十几年后，互联网行业野蛮生长的时代已经过去了。凡是身处其中的法律工作者都能察觉到近年来国内外都在加强对互联网行业的规制。在国外，欧洲《通用数据保护条例》（GDPR）横空出世，掀起了一轮个人信息保护的立法高潮。截至2021年9月，已有超过140个国家和地区制定或正在制定个人信息保护方面的专门法律。[2]欧盟还不断对脸书、

[1] 清华大学教授张明楷认为，我国刑法理论存在积极刑法观、消极刑法观与折中刑法观的对立，但折中刑法观的具体主张与消极刑法观并无区别。社会的发展变化，导致需要刑法保护的法益日益增加，也使法益受侵害的程度日益严重，原本缺乏类型性的现行刑法，存在许多处罚漏洞。我国当下需要采取积极刑法观，通过增设新罪来满足保护法益的合理要求。积极刑法观不是所谓激进刑法观，并非主张随意增设新罪，而是主张按照谦抑的法益保护原则增设新罪。持消极刑法观的学者提出的近年来增设新罪的立法仅具有象征性意义，增设新罪损坏刑法的稳定性与谦抑性，违反法益保护原则，不符合大国法治的要求等观点与理由，要么不符合客观事实，要么已经落后于时代，要么只是抽象的议论，因而缺乏现实意义。

[2] “个人信息保护”有法可依 宣介会专家权威解读[EB/OL].(2021-09-26)[2021-10-06].http://www.cpra.org.cn/2021-09/26/content_41685845.html.

谷歌、微软等公司开启反垄断调查，巨额罚单屡见不鲜。与此同时，欧盟还开始探索征收所谓数字税。再看国内，自2016年推出《中华人民共和国网络安全法》后，我国陆续在数字安全、内容安全、个人隐私保护领域出台了一系列部门规章、实施细则或国家标准。为治理App侵犯隐私问题，工信部牵头网信办、公安部、市场监管总局组成了常态化治理工作组；针对网络赌博、网络诈骗，国务院建立部际联席会议制度，从公安、工信到银监会、央行都参与其中。直至2021年，《中华人民共和国数据安全法》《中华人民共和国个人信息保护法》均已正式颁布实施，形成了网络安全、数据安全和个人信息保护的互联网产业基本法律框架。在接下来的新时代，合规运营、精细运营将成为互联网企业制胜的关键。

本书收录的文章是我本人、王英光律师和闫建雄老师对工作中所遇问题的观察和思考。全书从网络黑灰产切入，由浅入深、由外而内地介绍了互联网企业最常遇到的外部黑灰产威胁及其法律性质；然后，结合商业模式，介绍了黑灰产与企业内部治理的关系，以及给企业带来的风险和挑战；最后，根据我们的实践经验，为企业合规经营、防治黑灰产提供了意见建议。希望本书能够帮助新生企业或向互联网迁移的传统企业在决策之初就意识到可能面临的问题并找到解决之策。

我们正身处最好的时代，不仅能够亲身参与互联网行业的高速发展，还有机会将自己的所见所想凝结为具有指导意义的司法案例甚至被立法机关采纳入法律条文。谨以此书献给所有身处互联网行业的法律人，愿我们的共同努力最终能够凝结为护航产业发展的正义利刃，帮助企业、产业乃至国家在国际竞争中牢牢占据司法话语权。

丁健琮

2021年11月

目录

第一章 互联网行业的常见黑灰产

第一节 搜索行业典型黑灰产简介

搜索是自 Web1.0[1] 时代便一直兴盛的一种互联网服务产品，美国数字千禧法案甚至将其单独列为一种网络服务提供者。因此，该行业也成为黑灰产最早进入的领域之一。经过二十余年的快速发展，搜索行业现如今盘踞着形形色色的黑色产业。

一、恶意点击

1. 何为恶意点击

CPC（Cost per Click）广告，即点击付费广告，系搜索行业的主要收入来源。各大搜索引擎为了扩展广告位供给量，会联合很多没有能力自行对接广告主的中小网站，在其网站植入广告并与中小网站就广告收入进行分成。这就是所谓的“网络广告联盟”，简称“网盟”。

部分中小网站的运营者为了增加自身收入，便与黑客或水军联合，通过机器模拟点击或众包人工点击的方式增加网站广告点击量。此种不存在成交意愿，完全为了增加自身收入而出现的广告点击便被称为“恶意点击”。

恶意点击不仅给广告主造成了损失，由于转化率的降低，“网盟”平台的信誉也受到了严重损害。

---

[1] Web1.0 以编辑为特征，网站提供给用户的内容是基于用户提供的经网站编辑处理后的网站内容。这个过程是网站到用户的单向行为，Web1.0 时代的代表站点为新浪、搜狐、网易三大门户。Web2.0，更注重用户的交互，用户既是网站内容的消费者（浏览者），也是网站内容的制造者（微博、天涯社区、自媒体），加强了网站与用户之间的互动。此外，网站的诸多功能也由用户参与建设，实现了网站与用户的双向交流；用户在 Web2.0 网站系统内拥有自己的数据，并完全基于 Web，所有功能都能通过浏览器完成。

2. 恶意点击的手法

（1）机器模拟点击。

所谓“机器模拟点击”，即黑客通过编制脚本，配合 IP 切换等辅助功能，实现机器自动点击某个页面的广告。由于机器点击容易出现点击量异常增高、IP 较为固定、行为模式异常等现象，这种作弊方式比较容易被发现并防范。

（2）众包人工点击。

众包人工点击与机器模拟点击不同，是网站经营者与网络水军头目共谋，由网站经营者提供渠道，网络水军头目组织普通网民使用自己真实的上网设备和网络账号人工点击网站广告的一种作弊方式。在此模式下，网站经营者、网络水军头目、参与的普通网民三家瓜分利润。

众包人工点击背后的点击者均为真实的网民，这给技术手段监测封堵带来了严峻挑战。刑事打击方面，由于点击的背后是自然人，部分司法机关认为广告确实被网民看到而点击，故不能认定为诈骗行为。

3. 恶意点击的生态现状

恶意点击由来已久，自互联网“服务免费—广告收费”模式出现时便已存在。经过二十余年的发展，尽管各大头部互联网公司都在不断升级自身的技术防控措施，但恶意点击始终未被彻底消灭，反而呈现道高一尺、魔高一丈的持续发展态势。

近年来，恶意点击已经逐步向产业化、链条化的方向发展，技术门槛不断降低，产业配套不断完善，从业人员不断扩大。这条产业链的上游，有专门团伙为入行新人提供建站和“网盟”账号注册服务，收取服务费；中游有人专门提供商业模式教学和技术辅导，收取培训费；下游还有专人提供自动点击、VPS 拨号等配套软件，收取软件使用费。在有如此完善配套的情况下，一个普通人只要对恶意点击稍加了解，不需要学习任何电脑技术，便可实施恶意点击行为，获取非法收益。

在众包点击方面，网络水军头目不仅可以同时为多个恶意点击需求方提供服务，同时还可以组织人员从事刷量、薅羊毛等跨界经营，其获利反而是产业链中最多的。上游恶意点击需求方的盈利远不及众包平台，下游普通网民每次点击获利仅几毛甚至几分钱，也同样获利甚微。

二、流量劫持

1.何为流量劫持

在流量劫持语境下，流量的内涵更接近我们日常生活中常提到的人流量、车流量，指用户数量、浏览次数、访问时长、软件下载量等多个方面，属于衡量产品热度、网民关注度的概念。人流量大可以给商场带来生意，高关注度同样也可以为互联网产品带来巨大的商业利益。

所谓“劫持”，则是黑客通过各种技术手段强制网民改变原定的访问目的地或访问渠道。例如，网民本想访问 A 网站，却发现浏览器打开的是 B 网站；本想直接访问 A 网站，却发现浏览器弹出了一个额外的页面，然后这个额外的页面又变成了 B 网站。通过目的地和渠道的改变，黑客可以从广告主那里获取巨额利益。

2.谁动了我的流量

理论上，凡是有流量变现渠道的人，都有可能实施流量劫持。但从现实情况看，网络推广、网络游戏、门户网站、App 等行业是流量劫持的“重灾区”，这与流量在这些行业的高价值相关。而从流量劫持的实施者来看，主要来自以下几个群体：

（1）竞争对手。

同类网站或 App 的经营者是流量劫持的幕后主使之一。由于提供的服务或内容近似，将竞争对手的流量劫持到自己的网站或 App 内，往往可以实现高效率的用户转化，降低推广成本。

最高法第 102 号指导案例——黄某某破坏计算机信息系统案，就是这方面的典型代表。5W 网页导航网站雇佣黑客，通过篡改用户路由器的 DNS 解析设置，将“2345”网页导航的用户劫持到自营网站，从而增加自身的用户数量。

（2）网盟广告经营者。

网盟广告是中国互联网行业免费模式得以延续的重要商业模式，百度网盟、腾讯广点通、阿里巴巴都是其中的优势品牌。虽然大型网盟平台获利颇丰，但很多中小网盟却存在经营困难的问题。为了获取更多的利益，他们就会通过劫持大型网盟平台的流量的方式来增加自身收入。

（3）生态内合作者。

除了外部，还有一些内部合作者会实施劫持。此种现象多发生在流量采买渠道。有些流量渠道为了增加自身收入，会通过各种手段将大平台的自然流量劫持成渠道流量，使大平台的流量采购费用大幅上升。

（4）中小网站。

一些中小网站为了留住用户或者提升推广效果，同样会与黑灰产勾结，在自营网站挂马，实现将客户留在或者引导至特定落地页的目的。

3. 流量劫持的手法

流量在信息传输高速公路上飞驰，任何一个节点都可能成为流量劫持黑客的攻击目标。如果根据手段进行分类，我们会发现流量劫持的种类无穷无尽，而且根据目的的不同对每个节点的攻击手段也是多种多样的。

根据黑客攻击的环节或者说流量流失的环节，可以分为终端劫持、链路劫持、服务端劫持三种形式。

（1）终端劫持就是黑客通过攻击运营商 DNS 服务器或者网民的 Wi-Fi 设备，使网民对特定网站的访问请求被错误解析到其他地址或者使请求失去响应，其效果就是对特定的网络不能访问或访问的是假网址。

（2）链路劫持则是运营商或者黑客针对传输过程中的数据，通过在用户至服务器之间植入恶意设备或者控制网络设备的手段，监听、篡改用户和服务器之间的数据，达到窃取用户重要数据（包括用户密码、用户身份数据等）、修改用户访问页内容的目的。

（3）服务端劫持指的是黑客对用户手机、PC 或者浏览器的劫持。常见的是，黑客在网站挂载木马程序，使用户无法正常退出该网站或者退出至假网站。

除了上述分类，从劫持所呈现的效果，又可以分为访问劫持、回退劫持和广告劫持三种形式。

（1）访问劫持，即改变了用户的访问目的地或访问路径。

（2）回退劫持，即导致用户无法正常返回原始页面或者回退到假网站页面，假网站以仿冒搜索引擎为主。

（3）广告劫持，即将正常网盟广告替换为其他内容。

三、精准营销黑灰产

近年来，骚扰电话、骚扰短信问题越来越严重，网民对互联网企业泄露个人隐私的关注也始终居高不下。但实际上，正规企业倒卖个人隐私数据的收益和风险完全不成正比。那么，网民的手机号等隐私信息到底是从哪里泄露的呢?

正规搜索公司提供的推广服务往往价格昂贵，而且受限于法律法规，难以提供特别精准的数据或信息。为了满足推广需求，一部分广告主会与黑客勾结，在自己的网站上挂码。这些木马程序会抓取网民的访问来源、关键词及MAC码、IMEI码、手机号等个人信息。此后，黑客再将这些信息出售给广告主，由广告主进行精准营销。这便是所谓搜索引擎泄露个人隐私的实际情况。

通常情况下，黑客通过木马获取到的都是加密数据，但有两种方式可以解密，一种是通过木马强制网民的手机访问电信运营商官方的某些验证接口，运营商返回的数据会包含明文手机号；另一种是在网民通过WAP类服务上网时，黑客可以直接读取浏览器访问信息获取手机号码。

这种精准营销黑灰产通常与SEO[1]相结合，为广告主提供组合服务，以确保网民在搜索关键词时，广告主的网站能够展现在靠前的位置，从而增加获取网民手机号的概率。

---

[1] SEO（Search Engine Optimization），即搜索引擎优化，是利用搜索引擎的算法规则提高网站在自然搜索结果中排名的一系列方法的统称。

除了上述三类搜索引擎经常遇到的黑灰产外，最困扰搜索引擎的还有“黑SEO”。“黑 SEO”指黑客通过顺应搜索引擎算法，利用垃圾链接、隐藏网页、桥页、关键词堆砌、蜘蛛池、模拟用户点击等技术，将垃圾网页提升至自然搜索结果靠前位置，甚至恶意霸屏，使搜索结果的前几页均充斥着相关信息。这些内容往往涉及黄赌毒、电信诈骗等犯罪活动，严重影响搜索结果质量，危害普通公众的人身财产安全。

四、打击与治理

虽然对搜索引擎而言，发现和打击黑灰产存在诸多现实困难，但从运营安全和履行社会责任的角度考虑，必须主动对黑灰产进行治理。

1. 主动打击

恶意点击、流量劫持等黑灰产诞生于 PC 时代，经过十余年的打击不仅没有被根除，反而呈现出愈演愈烈的态势。主要原因在于这些黑灰产往往非常隐蔽，难以被发现。如前所述，此类黑灰产大部分发生在搜索引擎企业自有生态之外，黑灰产的攻击对象从运营商服务器到用户设备再到第三方网站，分布十分广泛，但却很少直接针对搜索引擎企业的设备或产品实施攻击，对搜索引擎的算法等则多以顺势利用为主。在这种情况下，我们就需要通过非技术手段来弥补技术挖掘的不足。

一是建立线上巡查体系。互联网企业应当组建基本的安全事件挖掘团队，由安全专家对公司产品的各项数据进行实时监测，针对异常情况及时开展排查，并将排查结果输出给专业的法律团队，由法律团队就异常问题是否违法或构成犯罪进行分析，并据此采取相应的法律措施。线上巡查体系既是保证内容安全、落实平台责任的重要体现，也是及时发现违规内容和违法线索的重要依靠。

二是构建外部黑灰产情报网。由于黑灰产大多来自于自有生态以外，故搜索引擎公司对外部黑灰产生态的玩法和演化感受并不直观，这就需要从外部寻求信息补充。同时，很多中小企业虽无法像大公司那样培养一支专业的安全人才队伍，但也可以通过与一些网络安全服务公司合作，使用他们的产品或者情报来及时发现异常并止损，这些专业安全公司还可以协助开展攻击溯源，有利于案件本身的侦查。

三是推动在高危行业开展落地页托管[1]。由于回退劫持、精准营销、黑SEO勾结的行业相对较为集中，如医疗、烟酒、保健品、网赚等，有实力的平台可以依托自身优势，对高危行业强制开展落地页托管，将广告主的网站搭建在平台提供的服务器上。即使不是推广客户，也可以以增加自然搜索结果权重为交换，鼓励站长们主动申请托管落地页。

四是运用侦查学、管理学、会计学等跨学科知识，对内审内控报表进行分析。通过对每月或每季度流量采购费用、广告费用等收入、支出成本进行分析，及时发现异常情况，有针对性地开展排查。

五是注重对用户投诉的梳理。流量劫持、电信诈骗等案件虽然在企业端感受不深，但用户端却极易感知，当前司法实践中的很多案件也都来源于用户投诉。以回退劫持为代表的劫持行为极易被用户感知，也在很大程度上影响用户体验，故用户会为企业提供很多有益的情报线索。所以，企业应当定期对用户投诉进行汇总分析，将与产品运营相关的投诉进行分类整理，从中发现异常情况。

2.行业共治

如前所述，黑灰产对搜索行业的攻击往往并不直接针对搜索引擎本身，而是着眼于上下游各环节。因此，搜索引擎单纯依靠自身力量很难根除各种威胁和挑战，推动行业共治成为必然选择。

一是推动HTTPS普及。与明文传输协议HTTP不同，HTTPS依靠证书来验证服务器的身份，并对用户和服务器之间的通信进行加密，因此能够有效抵御针对网站的流量劫持等攻击。另外，要尽量做到全站HTTPS（即Always On SSL）来保证用户机密信息和交易安全，防止攻击和劫持。

二是ICP和ISP服务商合作共赢。从行业现状看，部分基础设施运营者在业

[1] 落地页托管，即广告主将推广页面搭建在平台企业提供的服务器上，由平台企业对网站进行监督管理。

绩压力下，存在铤而走险实施劫持等违法行为的情况。对此，内容服务商和基础设施运营商需要找到一条合作共赢的出路，从服务器层面杜绝黑灰产行为。

三是加强用户端的防护。用户端防护包括思想意识教育和硬件强化两个层面。虽然搜索引擎的历史已经很长，但网民对这一领域常见的违法犯罪行为的认知还十分有限，需要全社会共同进行用户宣教，减少普通网民上当受骗的概率。而在硬件方面，移动通信设备发展至今，其算力已经足以支撑更强的防御策略，可以由工信、公安等部委牵头制定移动通信设备安防行业标准。需要注意的是，目前物联网设备的算力还不足以支撑强大的安防功能，可能更多需要借助云安全系统来加强防护。

第二节 黑 SEO 对互联行业的威胁与挑战

相较于欧美，我国的互联网产业在 4G 时代有很多独特之处，其中最主要的便是“孤岛效应”愈发明显，很多内容被封装在各家企业自有的 App 中。由此带来的一个必然结果便是站内搜索的兴起，各家公司都会在自己的产品中上线搜索功能。这种产品形态上的变化反映在黑灰产领域，便是黑 SEO 逐渐从一个单纯困扰搜索引擎这一细分行业的顽疾，发展成为整个互联网行业的毒瘤。其不仅严重干扰了正常的内容秩序，损害了搜索结果的公信力，而且给人民群众的生命财产安全带来了巨大威胁。

与此同时，对于大部分公司的产品而言，搜索仅是一个次要功能。这导致全行业对于黑 SEO 的现状和危害尚缺乏清醒、统一的认识。

一、黑 SEO 的概念及危害

黑 SEO 是一种为了提高搜索引擎结果页排名（Search Engine Results Page,

SERP）所使用的作弊技巧。手段多是逆向运用搜索引擎排序算法，通过伪造内容、伪造点击等方式对网站的各项数据进行美化。黑 SEO 本质是欺骗搜索引擎的排序算法，让系统误认为经过其“优化”的网站是个“优质网站”。

黑 SEO 主要通过自建、购买、黑客入侵等方式，将诈骗、赌博、淫秽色情等违法信息发布在众多网站上，再依靠不正当的手段确保这些载有违法信息的网站能够被普通网民搜索到，甚至出现在搜索结果靠前的显著位置。这些违法信息通常都含有网址链接、电话号码、社交账号、下载二维码等内容。普通网民一旦进入违法网站或添加联系方式，就已经掉入犯罪分子预先铺设好的陷阱。黑 SEO 为各种网络犯罪提供内容推广，已经成为网络犯罪易发多发的重要帮凶。

除了直接为诈骗、黄赌毒等违法犯罪活动提供推广外，黑 SEO 最大的客户群体和利润实际上来自网赚、保健品、茶叶茶具、高仿、低价游等灰色高风险行业。

二、黑 SEO 的常见手法

网站在搜索结果中的排名主要受四种因素影响，一是网站代码的规范性；二是网站的打开速度和安全性，以及是否备案等；三是网站内容与搜索关键词的匹配度和原创度；四是外部资源，即全网范围内对于一个网站的引用和评价。前两种因素不受黑 SEO 控制，于是他们将目标瞄准了后两种因素。由此，黑 SEO 的手法也大致可以分为两类。

1. 关键词和内容相关的黑 SEO 手段

第一种手段是关键词堆砌，这也是最常见的手段。其本质是利用搜索引擎对网页正文和标题中所出现关键词的高度关注，在网页中对关键词进行不合理或者过度的重复。其他类似做法还包括在 HTML 元标识中大量堆砌关键词或使用多个关键词元标识，以提高网站与搜索关键词的相关性。

第二种常见手段是隐藏文本，即在网页的 HTML 文件中嵌入含有关键词的文字，但这些文字用户看不到，只能被搜索引擎的爬虫看到，如放超小字号的文字，与背景同颜色的文字，放在评论标签中的文字，放在表格 Input 标签内的文字或把文字放在不可见的图层等。

第三种是门页，也称“桥页”“跳转页”或“入口页”。通常是用软件自动生成大量包含关键词的网页，然后从这些网页做自动跳转到主页，目的是希望这些以不同关键词为内容的门页在搜索引擎中得到更好的排名。当用户点击搜索结果时，这些门页会自动跳转到主页。大部分情况下，这些门页均由软件生成，制作成本极低。

第四种是用户识别投喂。此种手段是对门页的进一步升级，有的网页使用程序或脚本来检测访问者是搜索引擎爬虫还是普通用户。如果是爬虫，服务器就返回经过优化的网页内容。如果来访的是普通用户，则返回另一个版本，多数是违法信息。这种作弊方式，普通网民很难察觉。

2. 外部资源——外链

黑 SEO 增加网站外部资源的方式主要是增加外部链接，外部链接的来源有三种。

第一种是利用批量发帖、顶帖工具在各大论坛的评论区发布网站网址，我们在很多产品的评论区都能看到黑 SEO 留下的外链。

第二种是购买链接。由于黑 SEO 需求量巨大，由此衍生了友链买卖的生意，甚至出现了专门从事友链买卖的中介。部分黑 SEO 会通过一些非法手段，获取一些高权重网站的 FTP，然后把自己网站的链接挂到这些高权重的网站上。

第三种是垃圾链接，指通过各种非正当手段获得大量外部导入的无效链接。黑灰产利用网站生成工具和内容爬取工具在短时间内建立大量的网站，这些垃圾网站内部通过互换链接来实现单一网站搜索结果排名的迅速上升，随着站群规模的扩大最终可以实现搜索结果霸屏的效果，也就是在某个关键词下，你能搜到的网站全部来自某个站群。此种手段虽然非常容易被搜索引擎发现并处罚，但借助批量建站工具，黑灰产的成本极低，故搜索引擎的常规处罚起不到震慑作用。

3. 虚假提升用户搜索和点击量

近年来，随着用户使用度在搜索结果排序算法中的比重不断提高，黑灰产开始利用机器或者人工制造虚假的网站访问量，以此来达到迅速提高网站排名的效果。

三、黑 SEO 的打击治理路径

1. 强化行政监管

SEO 作为内容发布的真正主体，将其纳入常态化监管应当是加强网络内容生态建设的重要组成部分。笔者认为，可以从三个维度逐步将其纳入行政和司法监管体系中。首先，从内容维度，强化 ICP 许可要求，将经营性 ICP 许可作为行业准入的基本门槛。其次，从属性维度，明确何种 SEO 应被视为广告，以《中华人民共和国广告法》（以下简称《广告法》）的规定对 SEO 行为进行约束。最后，建立标准明确的互联网广告行业准入制度，对于未获得准入许可、擅自开展 SEO 活动的企业进行行政处罚，严重者采取刑事手段予以打击。

2. 强化生态链打击

近年来，司法机关打击治理网络犯罪经历了一个从事后打击向事中监管再向事前防控的认识过程。从最初的案发后积极破案，到后来在全国建立反诈中心，直至 2020 年开展“断链”“断卡”等专项行动，都体现了治理关口前移的趋势。不可否认，这些措施在治理网络犯罪方面取得了显著成效。

但我们也必须承认，网络犯罪易发高发的态势仍未得到根本性缓解。在众多因素中，未能切断网络犯罪获取流量的渠道，未能做到“断流”，是重要原因之一。对黑 SEO 开展打击整治，可以直接阻止人民群众收到违法信息，真正实现事前防控。“断链”“断卡”之后还要“断流”。

3. 强化技术防范和威胁情报传递

虽然黑 SEO 手段不断变化，但新网站或无 ICP 网站排名不合理上升的结果是万变不离其宗的异常现象。因此，企业可以从现象出发，不断完善算法，打压排名不合理上升的情况。除此之外，在行业监管进入正轨后，监管主体应当发挥平台作用，打通 SEO 行业相关数据，及时传递威胁情报，帮助平台企业完善防范策略。

第三节　网络空间的拦路抢劫——流量劫持

当我们打开 App 想要进行购物时，偶尔会出现被莫名跳转至另一不知名的购物网站，或者在浏览过程中频繁出现弹窗诱导访问的情况。上述看似普通的网页访问跳转背后实际上隐藏着一条巨大的黑灰产业链，即访问流量利益争夺下催生的流量劫持行为。

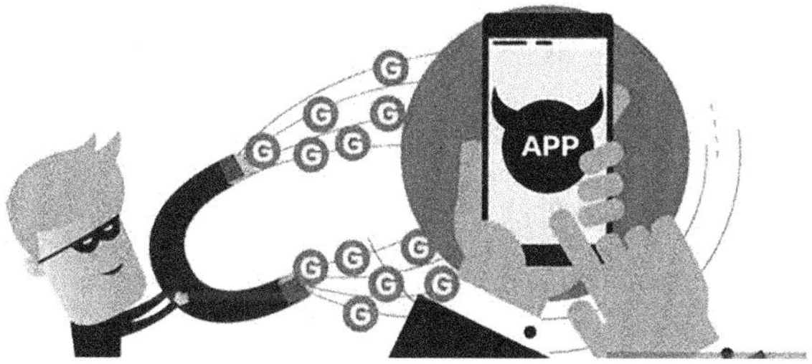

所谓流量劫持，是指违法犯罪分子通过非法侵入计算机信息系统，改变用户的原始访问指令，强制或诱导用户访问其指定的特定网页。流量劫持主要分为域名劫持和 HTTP 劫持两种。域名劫持主要表现为用户被强制引导至其他网站，导致其无法登录欲访问网站；而 HTTP 劫持主要表现是以广告形式频繁弹窗。

流量劫持所引发的网页跳转和频繁弹窗不仅会影响用户的上网体验，同时也存在跳转至钓鱼网站被非法获取用户身份认证信息后威胁其财产安全的情况。对于互联网公司而言，因流量劫持导致访问分流，势必也会侵害其正当利益。鉴于域名劫持对网络用户和互联网公司的影响更大，所以本节将结合具体案例，对域名劫持适用破坏计算机信息系统罪要件进行分析，重点对本罪犯罪行为类型，犯罪后果中受影响用户数量、被害公司造成损失额如何计算进行阐述。

一、域名解析基本原理

在了解什么是域名解析原理之前，应先了解三个概念，即 IP 地址、域名和 DNS（域名解析系统）。

如图 1.1 所示，“域名”就是俗称的网址，如 www.lvfaydn.com（虚构），用户浏览网站都是通过域名进行登录。IP 地址又称“互联网协议地址”，是一个 32 位的二进制数，通常被分割为四个 8 位二进制数，如 208.80.152.2（虚构），这就是网站所关联服务器的物理地址。用户只能记住网址，而通信协议只认识 IP 地址，解决二者之间矛盾的“中间人”就是域名解析系统，其主要作用就是将域名翻译成 IP 地址。

类比现实生活，如果我们要去“× × 律师事务所”咨询法律问题，我们很容易记住律所名称，但很难记住具体地址（北京市 × × 区 × × 路 × × 号）。这时我们只需要在地图导航软件输入律所名称，导航软件就会自动将具体地址进行展示并引导前往。在这个例子中，律所名称就是域名，具体地址就是 IP 地址，而地图导航软件相当于域名解析系统，起到了翻译和引导作用。

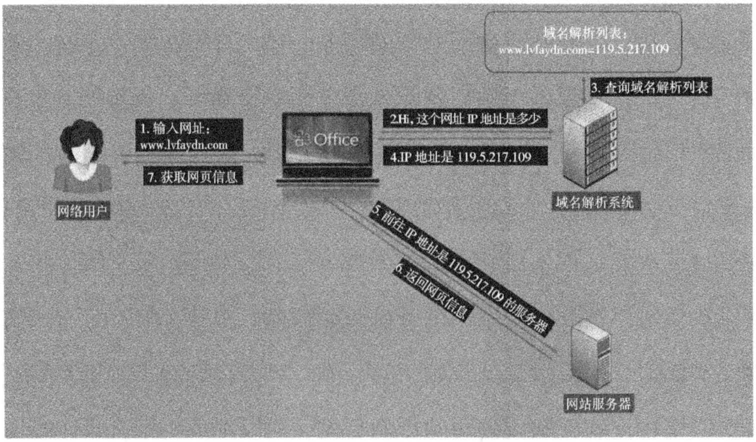

图 1.1　域名解析系统工作示意图

二、域名劫持相关典型案例

1. 案例一：(2015) 徐刑初字第 245 号

行为模式：以修改域名解析服务器指向的方式劫持域名，造成计算机信息系统不能正常运行，未查明获取非法利益。

简要案情：2014 年 10 月 21 日，李某某通过登录其在“加某乐”(域名为 ji× ×ule.com) 域名解析服务网站平台注册的账号，利用该平台的相关功能自动生成了东某网二级子域名部分 DNS 解析列表，并修改了其中财经频道子域名的 IP 指向至“204.188.× × ×.× ×”，即其租用境外服务器建立的赌博网站广告发布页面。随即，李某某使用 91VPN 代理软件在“三某互联”平台利用其盗取的管理权限将东某网的域名解析服务改至“加某乐”平台，从而使“东某网”域名解析修改生效，因“加某乐”平台仅生成了“东某网”234 个二级子域名中部分 DNS 解析列表，从而造成“东某网”不能正常运行，大量用户无法正常访问。详情参见图 1.2。

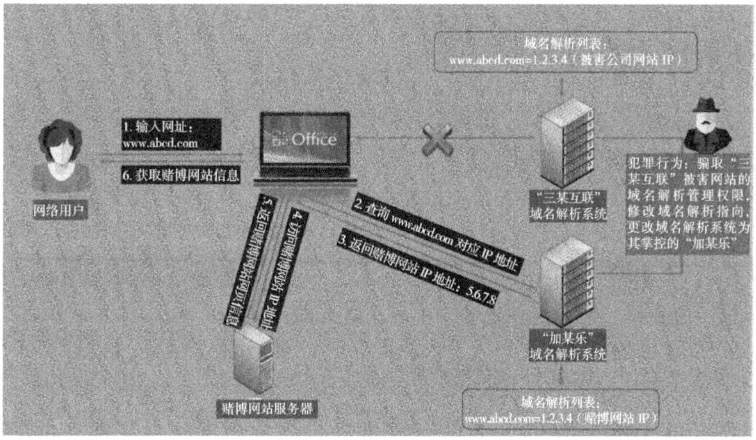

图 1.2 李某某以修改域名解析服务器指向的方式劫持域名

2. 案例二：(2015) 浦刑初字第 1460 号

行为模式：以修改网络用户路由器 DNS 设置的方式劫持域名，影响用户正常浏览网页和破坏网站原有正常服务，获取非法利益 75 万。

简要案情：2013 年底至 2014 年 10 月，被告人付某某、黄某某等人租赁多台服务器，使用恶意代码修改互联网用户路由器的 DNS 设置，进而使用户登录“2× ×5.com”等导航网站时跳转至其设置的“5×.com”导航网站，后再将获取的互联网用户流量出售给杭州某科技有限公司（系“5*.com”导航网站所有者），违法所得合计人民币 754 762.34 元。详情参见图 1.3。

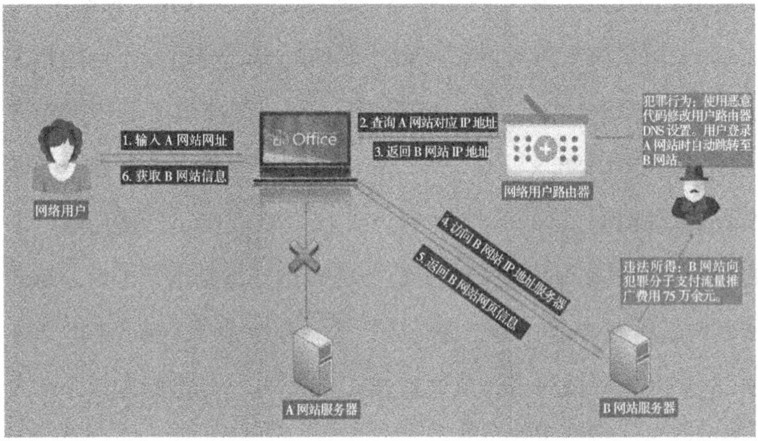

图 1.3　付某某以修改网络用户路由器 DNS 设置的方式劫持域名

三、案例要点分析

上述两起典型案例均适用破坏计算机信息系统罪进行定罪处罚，该罪的构成要件包括“对计算机信息系统功能进行删除、修改、增加、干扰，造成计算机信息系统不能正常运行”和“对系统中存储、处理或者传输的数据和应用程序进行删除、修改、增加的操作”。鉴于在域名劫持类案件中不可避免地会对系统进行干扰或对数据进行增删改的操作，因此其在行为上很容易满足破坏计算机信息系统罪的构成要件。但由于域名劫持并非以破坏计算机信息系统为目的，而是在于获取互联网用户流量后进行出售牟利，故其对计算机信息系统的影响很难达到导致其“不能正常运行”的入罪标准。因此，在司法实践中，判断流量劫持行为是否达到破坏计算机信息系统罪的追诉标准时，多根据“对网络用户的影响”和“违法所得”“实际损失”进行认定。

1. 对网络用户影响的计算标准

最高人民法院、最高人民检察院（以下简称“两高”）《关于办理危害计算机信息系统安全刑事案件应用法律若干问题的解释》（以下简称《办理危害计算机信息系统安全刑事案件法律问题解释》）第 4 条第 1 款第（四）项规定，造成为一百台以上计算机信息系统提供域名解析、身份认证、计费等基础服务或者为一万以上用户提供服务的计算机信息系统不能正常运行累计一小时以上的，属于破坏计算机信息系统规定的后果严重。在确定计算机信息系统是否“为一万以上用户提供服务”时，需要根据在计算机信息系统被破坏影响期间，有多少名用户使用该系统进行计算，而不能简单地以网站注册用户进行认定。但由于网站遭受破坏，实际使用用户数量根本无法计算，且如果须对超过一万名受影响的用户逐一进行取证，难度颇大。

案例一对受影响用户的认定方式进行详细表述，具体计算方法如下：计算机信息系统因域名劫持被影响的时间段是 2014 年 10 月 21 日 19 时至 23 时，受影响时长为四个小时。其分别统计同一时间段，即 19 时至 23 时内，案发前第一个七日和第二个七日实际使用系统用户的数量，即 10 月 7 日至 13 日七天同时段实际用户平均值为 123 190 个，10 月 14 日至 20 日七天同时段实际用户平均值为 123 684 个，而案发时同时段实际用户仅为 44 304 个。从上述数据明显可以看出，案发时受影响用户是 8 万余个。

由此可见，对实际受影响用户的计算标准可按照同时段、系统正常运行情况下用户数量与系统受影响时段用户数量的差额进行认定。

2. 被害公司所受实际损失计算标准

“两高”《办理危害计算机信息系统安全刑事案件法律问题解释》第 4 条第 1 款第（三）项规定，违法所得五千元以上或者造成经济损失一万元以上的，属于破坏计算机信息系统规定的后果严重。《办理危害计算机信息系统安全刑事案件法律问题解释》所称经济损失，包括危害计算机信息系统犯罪行为给用户直接造成的经济损失，以及用户为恢复数据、功能而支出的必要费用。

（1）为恢复数据、功能而支出的必要费用计算标准。

对被害单位来说，计算机信息系统受到破坏以后，需要付出一定的成本将系统恢复到原有能够正常提供服务的状态，属于“为恢复数据、功能而支出的必要费用”。此部分费用类似于民事赔偿中自然人受伤后的医疗费，如自然人受伤需医院进行医治，那么医院的相关票据可以证明其医疗费；同理，公司系统被破坏，也需第三方技术服务公司对系统数据、功能进行恢复并支付报酬，那么技术公司提供的发票可用以证明自身损失，此种方式证据的证明力较强。此外，如果被害公司员工自行恢复数据、功能，则须计算投入的人力、工作时间、员工每小时薪酬等，并由具备相应资质的会计师事务所出具鉴定报告证明损失，但此种证明损失方式证明力比前者弱。

（2）其他直接损失的计算标准。

其他直接损失主要指被害单位在系统被破坏期间所减少的营业收入。首先，须确定系统被破坏而不能正常运行的时间，可根据第三方技术服务公司提供的系统修复时间进行初步认定，后期根据侦查机关搜集证据情况进行确认。其次，须计算系统被破坏而不能正常运行期间的预期收入，可根据系统被破坏前一时间段（如六个月或一年）的平均收入，计算系统被破坏期间的营业收入损失。最后，上述证据须具有司法会计鉴定资质的会计师事务所鉴定。

案例二是以公司实际损失的数目作为追诉判断标准。理论上违法所得很容易从流量受益公司与犯罪人员的支付结算流水进行认定，但须证明犯罪人员违法所得达到相应追诉标准才能定罪，而被害公司很难在控告前掌握犯罪人员的银行转账信息，因此对于被害公司而言，通过计算自身损失进行刑事控告更具实际操作性。

综上所述，互联网公司如果遭遇流量劫持事件需要进行刑事控告，一方面，可以将受影响用户数量作为标准，当系统正常运行情况下用户数量与系统受影响时段用户数量差额超过一万时即达到立案追诉标准；另一方面，在无法判断被控告人违法所得情况下，可以依据公司所遭受的实际损失提出相应控告，超过一万元即达到立案追诉的标准。

第四节　DDoS 攻击：老威胁，新挑战

2020 年 4 月 8 日，最高人民检察院公布了第 18 批指导性案例，聚焦网络犯罪领域。其中一起案件将 DDoS（分布式拒绝服务）攻击这种已经存在二十余年的犯罪模式再次拉入人们的视野。DDoS 攻击可以说是最古老的网络攻击方式之一，但即使在已经进入 5G 时代的当下，这种网络攻击手段仍然没有随着产业形态的变化和安防技术的进步而消亡。

一、出场即王者：曾经攻陷半个美国

DDoS 的本质是黑客用各种技术手段在单位时间内向目标服务器发送巨量数据请求，导致目标服务器瘫痪的一种流量攻击方式。

2000 年初，加拿大高中生迈克尔·莱姆（Michael Calce，网络昵称 MafiaBoy）对雅虎发动 DDoS 攻击，导致其无法访问。此后，莱姆又用同样的方式先后攻击了亚马逊、CNN 和 eBay 等网站并大获成功。虽然这并不是 DDoS 攻击的起源，但这一系列攻击正式将 DDoS 攻击从之前的小麻烦转变成各家互联网企业 CIO（首席信息官）和 CISO（首席信息安全官）心目中强大的破坏者。

此后，DDoS 攻击逐渐变成一种常见的安全威胁，黑客们用它施加报复、敲诈勒索或者受雇攻击竞争对手。历史上最有名的 DDoS 攻击莫过于 2016 年 10 月美国最主要 DNS 服务商 Dyn 受到的攻击。这场大规模攻击导致美国各大热门网站出现了无法访问的情况，包括 Twitter、Spotify、Netflix、Github、Airbnb、Visa、CNN、华尔街日报等上百家网站。

二、飞入寻常百姓家：僵尸网络租赁模式降低了攻击门槛

此次最高人民检察院公布的指导案例涉及的便是国内最大的 DDoS 攻击团伙“暗夜攻击小组”。在该团伙落网的当月，DDoS 攻击发生频次环比骤降 86%。

经过 20 多年的攻防演进，DDoS 攻击规模近年来整体呈下降趋势。根据卡巴斯基实验室的报告，2018 年的 DDoS 攻击规模按季度逐步下降，全年下降了 13%。根据我国 BAT（百度、阿里巴巴、腾讯）三家分别发布的报告，2019 年发生在我国的 DDoS 攻击次数也呈现整体稳定或稳中有降的态势。虽然对 DDoS 攻击的打击整治已经取得了良好效果，但从事 DDoS 攻击的黑客也在不断改变自己的生意模式，给后续打击整治带来了挑战。

目前，僵尸网络租赁已经成为 DDoS 从业者的重要生意模式。类似于云服务中的 SaaS 模式，黑客将僵尸网络进行标准化打包，任何人均可以购买标准化的 DDoS 攻击服务，从时长、流量规模到攻击方式都可以选择。此种模式极大地降低了 DDoS 攻击的门槛，带来的后果就是短时间、大流量的 DDoS 攻击越来越多。据统计，2019 年持续 10 分钟以内的攻击占到总量的 67%。

西方已经开始重视对租赁僵尸网络的打击行为，美国和欧盟的执法者曾于 2016 年对僵尸网络租赁网站发起过一次突袭，有 34 人被捕，大部分被捕者不到 20 岁。这次行动被称为粘鼠板行动（Operation Tarpit），被捕的嫌疑人通过网站租赁僵尸网络对游戏服务商、政府机构、ISP（互联网服务提供商）、学校和大学发动 DDoS 攻击。这次行动始于对英国 DDoS 租赁服务网站 Netspoof 的调查，Netspoof 的创始人是 20 岁的英国人格兰特·曼瑟（Grant Manser），他通过出售 DDoS 攻击服务赚到了大约 5 万英镑，而且业务还在持续快速扩张，以至于必须额外雇人帮忙打理。

三、旧瓶装新酒：云服务商成了主要受害者

虽然 DDoS 攻击的技术和获利模式在不断转变，但容易招来 DDoS 的行业

却始终比较集中，而且中外趋同。他们分别是网络服务业、游戏业、电商，以及近年来兴起的直播。

这些行业被 DDoS 针对其实很好理解，因为超八成黑客发动 DDoS 攻击的动机源于恶意竞争。近十年来，虽然 DDoS 攻击的对象始终是这些行业，但随着网络基础服务业态的变化，承受 DDoS 攻击的人却发生了重要变化。

云服务平台出现之前，DDoS 攻击的主要承受者是自行搭建服务器的运营商，或如美国 Dyn 之类的网络基础设施提供者。而随着云服务的兴起，特别是游戏、直播、电商等行业的上云，云服务商逐渐成为 DDoS 攻击主要的承受者。互联网上的攻击，不仅仅是基于对利益的追逐，互联网基础设施也不会因为仅提供基础服务就免遭攻击。在最高检此次公布的指导案例中，“暗夜”小组攻击某游戏商的目的便是要挟其更换指定的云服务商。

抵御 DDoS 攻击已经成为云服务商在安全领域面临的重要挑战。防御 DDoS 攻击的技术路径多种多样，但相较于发起 DDoS 攻击的成本，云服务商即使通过技术手段成功防御了攻击，其投入的服务器和流量成本也极高。因此，面对严峻的 DDoS 攻击威胁，云服务商们的最佳路径是对 DDoS 攻击提供者进行根源性的打击，减小整体规模，而非消极被动地进行技术防御。

第五节　拨号 VPS——黑灰产的力量倍增器

IP 限流是指互联网公司对某个单一 IP 的访问行为进行限制的风控策略，广泛应用在反 DDoS 攻击、反批量注册、反刷单刷量、反撞库盗号等众多安全防护领域。黑灰产为突破限制，就必须频繁更换 IP，为满足此需求，VPS 便进入了黑灰产的视野。

一、拨号 VPS 概述

VPS 服务器（Virtual Private Server，虚拟专用服务器）是一种介于传统虚拟主机和独立主机之间的特殊服务器托管技术，它通过特殊的服务器管理技术把一台大型 Internet 主机虚拟化成多个具有独立 IP 地址的服务器系统，并对外进行租赁。VPS 作为一种性价比较高的网站托管方式，深受中小网站欢迎。

但是，本节要讲的并不是 VPS 服务器本身。如定义中所述，VPS 服务器可以拥有自己的独立 IP，也就是说通过 VPS 服务器上网能够实现切换 IP 的目的，这一功能被黑灰产盯上，衍生出了拨号 VPS 和 VPS 组网等业务，为众多需要 IP 池的黑灰产插上了腾飞的翅膀。

所谓拨号 VPS 就是可以利用宽带拨号更换 IP 的 VPS。目前主流的拨号 VPS 有两种类型，一种是单地区型，即 IP 会在所购买的地区随机变换；另一种是多地区混拨型，即 IP 在混合拨号服务器所涵盖的地区随机变换。在拨号 VPS 服务器内，所有上网的 IP 记录、账号注册登录、跑分、刷信誉等行为的 IP 都是拨号 VPS 的 IP，与真实 IP 地址没有任何关系。

这种拨号型 VPS 包含的 IP 地址数量动辄达到十万百万级，黑灰产只需要以极低的价格购得数个拨号 VPS，就可以将 IP 限流措施视为无物。

二、拨号 VPS 服务的主要黑灰产

对拨号 VPS 需求最大的黑灰产莫过于刷单、刷点击等刷量黑灰产。随着行业发展，广告和电商平台的风控机制日趋完善，但同时黑灰产情报也越来越精准，传统黑灰产 IP 池中包含的 IP 被大量屏蔽，越来越难以发挥作用。而拨号 VPS 使用的 IP 几乎都来自正规电信机房，互联网公司很难直接屏蔽，因此被刷量黑灰产广泛使用。

对拨号 VPS 需求其次大的是撞库盗号和账号批量注册黑灰产。无论是基于法律关于账号实名制的规定还是企业防控黑灰产的实际需要，各家公司对自

身账号的注册大多采取较为严格的管控办法，IP 限流是仅次于验证码的风控措施之一。因此，撞库盗号和账号批量注册对 IP 资源也有着极强的需求。

对拨号 VPS 需求再次大的是非法数据采集黑灰产。为了保护数据资产安全，防止黑灰产通过遍历数据库等方式进行拖库，大数据公司尤其是提供公开数据查询服务的公司会对某个 IP 单位时间段内的访问请求次数进行限制。黑灰产为了提升数据获取效率便会求助于拨号 VPS。

三、经营拨号 VPS 已涉嫌犯罪

国家虽然并未对拨号 VPS 这一具体产品的违法性作出规定，但其性质和实际情况已触犯了相关法律规定，甚至涉嫌犯罪。

VPS 本质上是一种 IDC（互联网数据中心）业务，从业企业至少应当进行工商登记，取得 ICP、ISP、IDC 许可证。但从行业现状看，在网上兜售拨号 VPS 的企业大多并未获得 IDC、ISP 经营资格，或仅有某个省域的经营许可，此外还存在多级代理销售问题。根据工信部 2017 年颁布的《关于清理规范互联网网络接入服务市场的通知》要求，无证经营、超地域范围经营、超业务范围经营均属于重点打击的违法行为。同时，该通知还要求各基础电信企业、互联网网络接入服务企业对网络基础设施和 IP 地址、带宽等网络接入资源的使用情况进行全面自查，切实整改层层转租问题。IDC、ISP 企业不得将其获取的 IP 地址、带宽等网络接入资源转租给其他企业，用于经营 IDC、ISP 等业务。

（1）涉嫌非法经营罪。

由于我国对 ISP 和 IDC 业务实施严格的许可审批制度，在未获得许可证的情况下经营 VPS 业务，如经营数额达到立案标准，则可能构成非法经营罪。

案例：（2018）湘 1002 刑初 268 号

2016 年年初，被告人陈某某、曹某某未经国务院信息产业部门批准，在未取得《跨地区增值电信业务经营许可证》的情况下，为非法牟利，在全国多地的电信运营商处租赁商务宽带网络服务，通过软路由系统架设服务器，建立业务节点，改造成所谓的“混拨 VPN”服务，即增值电信业务中的互联网接入服务业务，并利用专人定制的一套后台管理软件进行非法销售。

2016 年年初，被告人曾某某未经国务院信息产业部门批准，在未取得《跨地区增值电信业务经营许可证》的情况下，从辉庭、万瑞（信息不详）等公司处非法代理互联网接入服务业务并非法销售。

被告人陈某某、曹某某、曾某某未经国务院信息产业部门批准，非法经营增值电信业务，扰乱电信市场秩序，情节严重，三名被告人的行为均已构成非法经营罪。

（2）涉嫌帮助信息网络犯罪活动罪。

根据刑法第 287 条之二规定，明知他人利用信息网络实施犯罪，为其犯罪提供互联网接入、服务器托管、网络存储、通讯传输等技术支持，或者提供广告推广、支付结算等帮助，情节严重的，处三年以下有期徒刑或者拘役，并处或者单处罚金。

如前所述，拨号 VPS 的主要销售对象为各类灰色甚至黑色产业的从业者，如果经营者明知或应当知道买家从事犯罪活动而提供 VPS 服务，则可能构成本罪。

（3）涉嫌非法利用信息网络罪。

拨号 VPS 经营者一般都会建立专门的销售网站进行宣传和账号管理。如果各方证据能够证明经营者的收入主要来自各种黑灰产团伙，则上述网站就可能被认定为“用于实施诈骗、传授犯罪方法、制作或者销售违禁物品、管制物品等违法犯罪活动的网站、通讯群组的”，从而构成非法利用信息网络罪。

第六节　API：隐私数据黑洞

你是否经历过刚在购物 App 搜索了某件商品，就在新闻 App 发现了商品广告？在你登录社交软件时，是否总会被熟人第一时间发现？在你刷抖音的时候，是否总是莫名其妙地收到有关熟人的推送？这些精准推送的背后，是一个叫 API 的技术，使你的个人信息无所遁形。

API（Application Programming Interface），即应用程序编程接口，其本质上是一些预先设定好的函数，目的是允许第三方开发者从系统中调用数据而无须访问系统源代码或理解系统原理。近年来，这项技术成为大型互联网平台公司的最爱，脸书、推特、新浪微博、微信公众号、今日头条、抖音等各大头部平台均部署了该技术。通过该项技术，平台方和第三方开发者之间建立起一种合作共赢的商业模式。平台方允许第三方调取数据开发应用并部署在平台上，从而丰富了平台内容，增加了用户黏性，而第三方通过提供优质内容或程序可以实现引流和变现。但是这一看似美好的商业模式背后隐藏着巨大的隐私泄露风险。海外安全机构 Salt（Salt Security，盐安全，是一家起源于以色列的安全服务公司，该公司成立于 2016 年，总部设在硅谷和以色列）发布的《2021 年 API 安全状况报告》显示，大部分受访者（91%）在 2020 年都在其所开发的 API 中遭遇了安全事件。全球知名 IT 咨询和调研机构 Gartner 预测，到 2022 年，API 滥用将成为导致企业 Web 应用程序数据泄露的最常见攻击媒介，甚至在 2024 年 API 安全问题引起的数据泄露风险将翻倍。而在多种典型的 API 攻击方式中，因 API 逻辑缺陷带来的攻击难以避免，无法利用传统的安全工具来防控。

2015 年，剑桥大学的亚历山大教授将自己研发的一个心理测试小程序放到了脸书上，供网友使用。但网友们在使用过程中并未注意到，这个心理测试小程序不仅会收集使用者的个人信息，还会收集他们的通讯录及通讯录好友的信息。最终，虽然使用这个小程序的网友只有 27 万，但亚历山大教授却收集到了多达 5000 万人的个人信息数据。此后，亚历山大教授将这些数据出售给了一个叫剑桥分析的公司，而这家公司使用这些数据对相关网民的个人爱好、政治倾向等进行了分析，并帮助特朗普竞选团队进行定向政治宣传，辅助特朗普登上了总统宝座。2018 年 3 月，这一数据泄露丑闻被曝光，引起轩然大波，而更加引起公众不满的，是脸书早在2015年便获悉了相关情况却未采取任何措施。

无独有偶，国内也发生过类似案例。2014 年，新浪微博向脉脉开放 OpenAPI，用于第三方账号登录。2014 年 8 月，新浪微博发现脉脉的合作账户数据调用量远高于正常水平。经调查发现，脉脉不仅调用了登录用户的微博账号头像、名称、标签等，还抓取了用户的教育、职业等数据信息，并在用户之间进行了关联推送。同时，在新浪微博方终止数据合作后，脉脉拒绝删除已获得的用户信息。因此，新浪微博以不正当竞争为由将脉脉诉至法院。海淀法院一审判决，认定脉脉存在不正当竞争行为，判令停止相关行为，赔偿并道歉。脉脉不服一审判决，向北京知识产权法院提起上诉，2016 年 12 月 30 日，二审法院终审判决，驳回上诉，维持原判。

从上述两个案例可以看出，API 技术在提升推送准确性、带来巨大商业价值的同时，也对个人隐私数据保护构成了巨大威胁。无论是平台企业还是广大用户，在部署 API 和使用第三方服务时均应提高警惕，确保个人信息的安全。

首先，平台企业和第三方企业均须严格遵循“告知—同意”原则。根据我国刑法第 253 条之一规定，违反国家有关规定，向他人出售或者提供公民个人信息，情节严重的，处三年以下有期徒刑或者拘役，并处或者单处罚金；情节特别严重的，处三年以上七年以下有期徒刑，并处罚金。而“两高”在《关于办理侵犯公民个人信息刑事案件适用法律若干问题的解释》中规定，非法获取、出售或者提供一般公民个人信息 5000 条以上的，即构成情节严重。《中华人民共和国网络安全法》（以下简称《网络安全法》）、《中华人民共和国个人信息保护法》（以下简称《个人信息保护法》）等一系列法律法规对收集公民个人信息均规定了“告知—同意”的基本原则，即收集者应当明确告知用户收集目的、范围和使用方式，在获得个人信息主体明示同意后方能收集个人信息。而通过 API 进行数据流通，则应当进行三次“告知—同意”程序，第一次由平台方向用户发起，第二次由第三方向用户发起，第三次由第三方向平台方发起，只有依次完成上述三次授权程序，才是完整的授权闭环，才能够允许第三方调取用户个人数据。

其次，平台方应当建立严格的权限审查和信息发布制度。《个人信息保护法》第 51 条规定，个人信息处理者应当根据个人信息的处理目的、处理方式、个人信息的种类以及对个人权益的影响、可能存在的安全风险等，采取下列措施确保个人信息处理活动符合法律、行政法规的规定，并防止未经授权的访问以及个人信息泄露、篡改、丢失。API 的安全防护需要在整个生命周期中的所有环节均予以考虑，特别需要注重在 API 发现及涉敏 API 的分级分类管理，以及 API 风险感知能力上的补充及增强。对于第三方异常的数据调用行为，平台方应当具备及时发现能力。实际上，在脸书案和新浪微博案中，平台公司均第一时间发现了数据异常，这说明大型互联网公司均建有类似机制。但是，对于数据泄露事件的信息发布机制则存在不足。我国《网络安全法》第 42 条规定，在发生或者可能发生信息泄露、毁损、丢失的情况时，应当立即采取补救措施，这里的补救措施就包括信息披露。《个人信息保护法》第 57 条也有类似规定。网络平台经营者在信息泄露事件发生后要第一时间向网络安全主管部门报告，并告知用户。发生在2016年的徐某玉被诈骗案[1]，便是山东省高等教育招录系统发生数据泄露，导致当事人遭遇精准定向诈骗而发生的悲剧。《网络安全法》《个人信息保护法》规定的泄露事件披露制度可以有效避免相关用户遭遇网络诈骗等二次损害，防止悲剧重演。新浪微博在此前的事件中，为了

[1] 徐某玉被诈骗案是指 2016 年 8 月 21 日，大学新生徐某玉因被诈骗电话骗走上大学的费用 9900 元，郁结于心，最终导致心脏骤停，经医院抢救无效不幸离世。2017 年 7 月 19 日，山东省临沂市中级人民法院对被告陈某辉等人诈骗、侵犯公民个人信息案一审公开宣判。2017 年 9 月 15 日，山东省高级人民法院裁定驳回陈某辉等人的上诉，维持原判。2018 年 2 月 1 日，案件入选“2017 年推动法治进程十大案件”。

将个人信息数据泄露事件的影响降至最低，也选择了将案件定性为不正当竞争并发起民事诉讼。

最后，作为普通网民，一定要增强自己的隐私保护意识和能力。恐怕绝大多数网友都没有认真读过自己常用App的用户服务协议和隐私政策，笔者读过之后发现，大部分公司会在其中声明自己对第三方服务的隐私政策和措施不负责任。在这种环境下，我们必须加强自我保护。在使用App或小程序时，凡是弹出的权限请求和个人信息请求均要认真逐条阅读，了解用途和目的。国家法律对App的数据采集行为规定了“合法、正当、必要”的基本原则，我们也要根据这一原则进行授权，凡是认为不应当或没必要授予的权限和数据，要及时拒绝或取消勾选，根据法律规定，这些拒绝行为大多不会影响App基本功能的使用，如果某个App因为拒绝而停止服务，消费者完全可以拿起法律武器维护自身合法权益。

《华尔街日报》在2019年再次爆料，脸书一直在通过11个第三方应用程序秘密地收集大量的个人信息，包括用户的体重、身高、血压、排卵周期和怀孕状况等高度敏感信息，且这些行为通常是在用户不知情的情况下进行的。脸书长期将这些信息用于用户画像和广告精准推送。

大数据产业无疑对社会进步、产业发展和便利生活产生积极影响。但绝不能因为这些正面效应而忽视对个人隐私的保护。希望平台企业能够切实落实法律义务和社会责任，希望广大网友能够具备更强的信息保护意识和能力，共同为科技进步营造一个和谐共赢的良好环境。

第七节　刷量——生于互联网的上半场，死于下半场

2019年以来，有关刷量的新闻似乎从未停止，某网络大V财报被人发现买粉、微博女工的好帮手“星援”App的幕后制作者被抓、一批种草App被

集中质疑数据造假、抖音商铺被央视曝光刷成交量、北京互联网法院判决网络刷量第一案，这一系列案件或报道让刷量这个一路与移动互联网产业共同成长的黑灰产业进入大众视野，受到越来越多的关注和批判。

一、刷量是一门暴利生意

刷量，也称“数据造假”，主要是指通过一些技术或者人工手段提高数据总量。虽然统称为刷量，但在不同业态下却指向不同的形式。

在电商领域，刷量的主要需求方是店铺，商家为了提升店铺等级和评价而与刷量者一起虚构交易次数和好评；在 App 推广领域，刷量主要是虚构下载量和活跃用户数；在微博和公众号等自媒体领域，刷量则主要是刷阅读量、转发量、评论量等；在网络推广领域，刷量则主要是网站站长靠虚假点击提高广告分成。

从业内流传的各类刷量、买粉的价目表（表 1.1）可以看出，其实刷量价格并没有大家想象得那么高，但这种低单价的背后却隐藏着极低的成本和极高的需求，由此产生的巨额利润吸引着各方势力参与。

表 1.1　刷量买粉价目表

套餐价目表	单价 / 元
套餐一包含：100 粉 +100 赞 +100 分享 +5K 播放 +50 评论	8
套餐二包含：300 粉 +300 赞 +300 分享 +1.5 万播放 +100 评论	18
套餐三包含：800 粉 +800 赞 +800 分享 +4 万播放 +200 评论	37
套餐四包含：2000 粉 +2000 赞 +2000 分享 +10 万播放 +600 评论	68
套餐五包含：5000 粉 +5000 赞 +5000 分享 +25 万播放 +1500 评论	135
套餐六包含：9999 粉 +9999 赞 +9999 分享 +60 万播放 +3000 评论	255

以被查封的“星援”App 为例，从 2018 年 7 月份上线到被查封，不到一年时间已获利 800 余万元，而 App 的实际运营者却只有 4 个人。正是如此的暴利，刷量产业吸引无数人前仆后继地参与进来。根据腾讯安全专家此前在媒体上的

说法，我国各种刷量平台数量已经超过1000家，其中规模较大的100家头部平台，每个月的流水约200万元，刷量产业的人员规模累计达到900多万人。

二、刷量已渗透到各个细分领域

移动互联网经济本质上是一种流量经济、关注度经济。有流量就有关注，有关注就有转化，就可以获得各方资源的支持和倾斜，无论是风投公司、平台企业及平台上的经营者，还是广告主和媒介公司均看重用户数据，这就使有关各方都存在刷量的冲动。

2019年上半年震惊行业的全通教育15亿元收购“吴晓波频道”的运营主体巴九灵公司96%股权，便是这种冲动的极致体现。一个粉丝数百万的网络大V号能够估值十几亿，试问谁又能抵得住这样的诱惑。而此后通过财报暴露出的买粉情况更是让人大跌眼镜。财报显示，吴晓波频道2018年通过“增粉服务”累计新增公众号关注用户41.74万人，占2018年全年累计新增公众号关注用户的36.45%，2018年用于购买粉丝的费用账面合计约40万元。40万元买40万粉，平均每个粉一元钱，对照上文的价格表看，这些粉丝买得可不便宜。

在电商领域，淘宝作为最大的电商平台，一直在与刷量做斗争。在民事赔偿方面，淘宝依据《中华人民共和国侵权责任法》(以下简称《侵权责任法》)起诉刷单平台“傻推网”侵犯其正当经营利益获得了20万元的赔偿。在刑事打击方面，司法机关也对组织刷单炒信的“零距网商联盟”经营者判处有期徒刑五年六个月。法院依据“两高”《关于办理利用信息网络实施诽谤等刑事案件适用法律若干问题的解释》的规定，认定刷单本质上是一种违反国家规定、有偿发布虚假信息的行为。但这一判决却引起了各界巨大争议，学界普遍认为法院援引的司法解释违背了立法本意。也许正是因为意见不统一，此后再未出现以非法经营罪定罪的刷单案件。

与电商行业的刷单被视为发布虚假信息欺骗消费者不同，自媒体、网络广告等领域的刷量利益链并没有如此简单直接，因此也给法律的适用带来了难题。从业态上看，自媒体和网络广告的刷量只是单纯虚构了阅读、转发、分享等行为，而这种行为虽然被称为虚构，其背后却有真实的账户存在，只是这些账户并不能关联到一个真正的自然人。

腾讯一直提倡生态的长期经营。早在 2016 年，腾讯就曾依靠规则和技术开展过一轮整治公众号刷量的行动，导致很多网络大 V 一夜之间显出原形，动辄 10W+ 的阅读骤降至 1 万多，据说某个科技大号的阅读量更是从 5 位数直线下降至 400 多。

而网络广告刷量则比微博和公众号刷量更为复杂，虚假点击等行为会在媒体平台、广告代理、第三方监测之间形成利益共谋。虽然坑了广告主的钱，但在 KPI 的压力下，广告主的运营部门有时也会直接参与进来为刷量成本埋单。

三、暴利驱使下的刷量行为蜕变

流量生意如此暴利，参与者如此之多，各方从业者为了利益各显神通，在法律性质本就模糊的地带孕育出了黑色的毒瘤。

账号是刷量行为绕不过去的一道坎。但随着互联网实名制的逐步落实，各家互联网企业普遍对自家账号进行了较为严格的认证管理。一些黑灰产开始通过各种途径低价购买个人信息，再利用软件批量注册各类平台的账号，之后转手将账号卖给刷量从业者。

这方面的典型案例非新三板上市公司瑞智华胜莫属。瑞智华胜在为电信运营商提供系统维护服务的过程中，植入非法软件截留个人信息，后将截获的 cookie 等账号登录信息用于刷量产业。据悉，瑞智华胜公司 2015 年全年营收仅有 186.7 万元，其中约 67% 来自软件开发；而 2016 年公司营收便升至 3028 万元，且全部来自互联网新媒体营销服务，毛利率高达 65%；2017 年营收降至 2002.3 万元，毛利率为 55%，依然全部来自互联网营销。最终，该公司被警方查封。

有了账号，下一步还要面临各家平台的反作弊措施。平台方常见的反作弊措施包括 IP 验证、设备身份验证、UA 识别、设置点击频次限制等。

在突破这些策略的方法中，刷机属于违法性存在争议的手段之一。刷量人员利用手机云控软件进行批量刷机，并不断地更换 IP、IMEI、MAC 等信息。但随着平台方反作弊技术的进步，刷量的技术门槛越来越高，成本也越来越大。由于流量价格的不断攀升，“人肉”刷量逐渐成为一种风险较小且有利可图的方式，大有取代机器刷量之势。刷量黑灰产从业者将刷量需求包装成网赚任务，并发布在网赚平台、聊天群等场所，由普通网民自行认领并完成任务。黑灰产从业者为每名网民支付的成本从几分钱到几毛钱不等，电商订单刷量的成本则会更高一些。这种由真实网民实施的刷量很难通过技术手段进行防控。

但部分刷量从业者连如此低廉技术和人力成本也不愿付出，控制“肉鸡”刷量便应运而生。这种行为已经完全属于犯罪了，受《中华人民共和国刑法》（以下简称《刑法》）第 285 条、第 286 条等法律条文的规制。

四、互联网下半场的竞争核心在于挤水分

既然从资本到平台再到各方从业者均明确知晓刷量的存在，并意识到了其中的危害，为何刷量还是屡禁不止呢？

其实，在互联网经济的上半场，各方从业者和刷量产业之间始终处在一种动态博弈状态。平台需要一定的关注度来提升地位和影响力，但数据不能夸张到失去公信力，不然平台也就失去了安身立命之本。例如，2019 年某微博转发量上亿的“流量明星”就被反复批判。

在资本市场上，VC 投资互联网公司对数据造假在一定程度上是持容忍态度的，这样创业公司才能更快得到下一轮融资直至上市。此外还有大量的传统公司在谋求“互联网 +”转型，但转型并非易事。于是上市的传统企业也参与到数据造假中，将造假产生的增长作为转型成果并入公司收入，推升股价和市场预期。

刷量的供给者与需求者，并非简单的道与魔的关系，它们时常纠缠在一起，角色互换，甚至有些平台直接将刷量改造成标准化的商业模式。

有关各方能够相安无事的根本原因在于移动互联网市场的持续增长。

根据中国互联网络信息中心（CNNIC）历年发布的《中国互联网络发展状况统计报告》，2011 年至 2018 年，我国网民规模由 5.13 亿人增长到 8.29 亿人，总人数增长了 3.1 亿，年化增长率超过 10%，但 2019 年上半年，我国网民规模仅仅提升了 1.6 个百分点，全年增长规模很难突破 5%。

很明显，互联网经济已经由抢占增量的上半场，进入存量博弈的下半场。在下半场，去泡沫和坐实收益才是各方关注的焦点，资本方和广告主对数据质量的要求将越来越严苛，留存率、转化率等指标将越来越重要，单靠刷量产生的虚假繁荣如果不能转化为真实的收益，不管是平台还是自媒体，都将被市场淘汰。

如果正规从业者不再需要虚假数据的支撑，刷量背后的黑灰产业也必将萎缩直至消亡。

第八节　当代商战的另一面——网络水军的那些事

近年来，移动互联网发展日新月异，手机上网人数数以亿计地增长，在这个过程中，“网络水军”已成为人尽皆知的一个群体，网民或多或少都听说过他们的“威名”。

经过这么多年的发展，网络水军可以说已经遍及公众能够接触到的所有信息传播平台，微博、知乎、小红书这类社交媒体自不必提，各类大型甚至官方主办的门户网站也不遑多让，同样潜伏着大批水军或者存在与水军相勾连的“内鬼”。

一、网络水军的类型

1. 批量发帖型水军

批量发帖水军属于水军中的最底层。批量发帖以机器自动发布为主，即用脚本或其他类型的软件把提前编写好的信息批量发送到各类信息平台上。社交媒体平台常见的传播淫秽物品、销售假冒伪劣产品、招赌招嫖信息，大多是机器人自动发帖。

但是，随着各家平台运营水平的提升，反作弊、反机器人手段日趋完善，机器人发帖极易被封号、封 IP，人工发帖又重新成为批量发帖的主流。这些水军如同流水线上按件计酬的工人，根据发帖数量收费，每发一篇帖子收益甚微，费时费力，且易被删帖封号，拿不到酬劳，整体上难以盈利，人员流动性非常大。

人工发帖还带动了账号需求，由此催生了账号注册、买卖产业。根据账号质量的不同，一个账号的价格从一元以内至几元不等，部分实名制账号则能够卖到几十甚至上百元。

2. 运营水军

运营水军主要根据所接订单的情况批量雇佣底层水军进行刷单、刷帖、刷评论，借以制造舆论影响，扩大舆情传播范围，提升传播速度。曾经全网出名的“WOW 吧贾君鹏事件”“90 后美女每到一地征临时男友周游全国”等舆情的背后，均有运营水军的推波助澜。除了雇佣底层水军发帖，运营水军还有一项更为重要的工作就是“养号”❶，他们会创建、收集、购买各类平台账号。为了确保传播效果，运营水军在发动攻势时，一般都是采用实名认证或者至少有邮箱、手机号绑定的账号。运营水军在通过各种渠道收集到足够的账号后，会在平时偶尔使用这些账号发布一些信息，将其伪装成普通的用户账号，或者让

---

❶ “养号”是指黑灰产为了规避平台风控，模拟正常网民行为，批量控制新注册的空白账号、添加关注、发帖、转发等活动。经过养号，黑灰产控制的账号更不容易被平台风控机制发现。

其手中的所有账号集中关注个别账号，人为制造出一批假网络大V，这样可以降低账号被封号或被识别为水军的风险，还能够在事件炒作过程中增加所发信息的可信性和传播力。但也正是因为其控制的账号大多需要人工培养，所以运营水军的能力与团队规模成正比，管理难度也较大。规模较大的运营水军管理者手下一般会有人数不等但相对固定的小组长，组长则有自己固定的底层水军招募渠道。接到大型炒作订单后，管理者会根据甲方的要求，将任务分解到各个组长，组长们再根据任务量通过聊天群、众包平台等渠道招募底层水军大范围发布、转载特定内容。

3. 公关公司

网络大V在营销学上被称为“关键意见领袖”（Key Opinion Leader，简称KOL），其在热点事件的爆发、传播过程中是关键的信息节点，对舆情发酵至关重要。因此，有实力的公关公司会以收购、定向约稿、定向投放广告等方式控制一批网络大V，再以自建团队或者购买服务的方式控制一定量的运营水军，在网络大V号发布营销内容后为舆论升级推波助澜。比如某个自媒体联盟，受其控制或影响的公众号多达300余个，覆盖阅读人群超千万，这个联盟平时通过广告分发、定向约稿等方式笼络一批公众号，在事件营销过程中则利用这些被豢养的公众号集中发声，制造舆情，扩大影响。这些大型公关公司提供从内容创作到内容分发的全链条服务，一个营销服务套餐会包括一定数量的网络大V账号在新浪微博发布特定数量的微博，在知乎发布特定数量的问题，每条微博或问题下都有不少于一定量的评论或回答，门户网站首页置顶新闻若干条、二级页面置顶新闻若干条，贴吧主题帖若干、回复若干。所以，如果看到某个网络大V号突然发表了一篇让你觉得稀奇古怪的文章或者频繁抹黑特定的人或品牌，或是突然发现某一天关于某一品牌的消息铺天盖地，几乎可以肯定系公关公司所为。当然，这个层级的水军已经不是中下层水军那种散兵游勇或小打小闹，而是一支能够主动造势的正规舆情“部队”，雇佣他们的价格自然水涨船高。

二、水军背后的“雇主”

一次典型的事件营销，其整个流程大致如此：甲方提出营销的需求，各类公关公司接单并策划制定完整的运作方案，职业枪手负责根据需求撰写软文，网络大V号爆料，各大媒体平台跟进，低级水军带动舆论等几个环节。

通过这个流程我们可以看到，网络水军产业链上盘踞着各种层级、各种职责、各种类型的数以万计的从业者。在没有大客户的情况下，小水军可能每天都会为生计发愁，而大型专业团队则收入可观，与新产品发布或者娱乐圈名人有关的营销套餐合同价格可能高达数百万元。

在利用网络水军抹黑竞争对手方面，最出名也是最持久的，无外乎我国乳品行业的两家头部企业。

2010年7月16日，某报刊登了一篇所谓“深海鱼油造假严重”的新闻，网上随即出现大量宣传“深海鱼油不如地沟油”的攻击性文章。之后，网络攻击深海鱼油的行动有组织地向深层次发展，攻击添加深海鱼油的产品不能食用，最终矛头直指某利实业集团股份有限公司生产的“QQ星儿童奶”，煽动消费者抵制加入深海鱼油的某利“QQ星儿童奶”。此后，相关文章纷纷出现在我国大型门户网站、论坛和个人博客等主流网站。某利集团公司迅速向某市公安局报案，警方随即立案侦查。

10月19日，在天涯、凤凰网等一些网站中盛传有关“QQ星儿童奶”事件“其背后有黑手”的帖子，帖中称某牛高管安某涉嫌造谣攻击对手，已被正式批捕。某市公安局经济技术开发区分局于10月21日宣布，安某等涉嫌损害商业信誉、商品声誉罪一案正式破获。某牛集团10月22日凌晨发表声明，表示对“安某事件”为相关方面及消费者造成的不良影响“深表歉意”。“安某事件”系其个人行为，与某牛集团无关，该人已被公司除名。

虽然此案发生时间较早，当时社交媒体也远未像如今这般发达，但事件的整个发展、发酵过程却非常具有典型性，是一场标准意义上为抹黑竞争对手而开展的事件营销。

很多人认为网络水军很容易构成造谣传谣，其实不然。随着近年来监管趋严，网络水军即使要攻击某家公司或某个产品，也不会完全无中生有地抹黑。以音乐播放软件为例，要抹黑主要就是从功能性上入手，有的软件可能曲库级别比较高，有的可能音效比较好，有的可能操作页面和用户体验比较好，很少能有一款产品做得面面俱到。网络水军就会抓住这些用户体验、歌曲版权等方面的瑕疵，将小问题说成大问题，大问题则进一步上纲上线。

除了从功能性入手找短板，随着新时代年轻网民的崛起，身份认同感、圈层文化成为很重要的网络现象，借此挑起舆论也就成为网络水军的又一个重要抓手。还是以音乐软件举例，偏文艺、偏小资的中青年是网易云、虾米音乐的主流用户，年纪较小的“95后”“00后”则是QQ音乐的核心用户群体，从PC时代一路走来的大龄网民就会更愿意或者说更习惯用酷我、酷狗等从电脑迁移到手机上的软件。这几个群体之间彼此不相容，而群体内的身份认同感又比较强，这就为网络水军从中挑拨留下了空间。网易云音乐就曾于2019年发表官方声明，称公司遭遇集中造谣攻击，已收集证据并向公安机关报警，并同时公布征集线索的官方邮箱。

如果一家公司不仅仅遭受竞争对手的一波舆论攻势，而是长期受到舆情打击，那市场占有率下降、商誉减值可能已经是最轻的影响了，更严重的可能会因为管理成本增加引发经营困难甚至走向破产倒闭。

对于企业或产品的持续抹黑，一个最为严重的影响就杀人诛心。这种舆论攻击不仅会使用户远离产品，还会摧毁企业内部文化，加速企业人才流失，降低被攻击企业的战略执行能力。企业文化是当今大型企业管理所必须建立的重要内涵，良好的企业文化一旦建立，能够充分激发员工的主人翁精神，对自己正在做的事情产生高度认同感并自觉高效地开展工作。在这种积极主动的氛围下，整个公司治理体系将得到不断地完善。但来自公司外部的舆论攻击会降低被攻击企业员工的职业荣誉感和归属感，主人翁意识也就无从谈起，进而还会对工作的正确性和价值产生怀疑，增加员工离职概率，影响公司的日常经营，最终使公司治理陷入恶性循环。

试想一下，一家公司兢兢业业做产品，市场地位不断提高，其他竞品公司却通过大撒公关费最终拖垮了这家公司，这对消费者、对市场甚至对技术的发展进步有何益处？ 所以网络水军被定性为严重影响正常市场秩序的非法经营行为一点都不冤。但这还不够！

如前文所说，近年来，国家惩治网络水军不可谓不严厉，自“两高”出台《关于办理利用信息网络实施诽谤等刑事案件适用法律若干问题的解释》及“立二拆四”“秦火火”等人被树为典型案例开始，公安机关对于网络水军的打击就从未停止，公安部几乎每年都会组织专项行动，但网络水军依然屡禁不止、屡打不绝，主要是因为幕后推手未被斩断，滋生“网络水军”的土壤依旧存在。

古语云:“天下熙熙，皆为利来；天下攘攘，皆为利往。”认识到网络水军的“威力”并企图对其加以利用的企业就是网络水军的召集人，这些企业的公关费就是网络水军的集结号。因此，要想规制网络水军必须从他们的雇主入手。

《刑法》对雇主及网络公关公司的行为处罚有明确的规定。根据网络水军的社会危害性分析，其行为可能触犯的现行刑法罪名有：煽动分裂国家罪，煽动颠覆国家政权罪，侵犯商业秘密罪，损害商业信誉、商品声誉罪，虚假广告罪，非法经营罪，诬告陷害罪，侮辱罪，诽谤罪，煽动民族仇恨、民族歧视罪，编造、故意传播虚假恐怖信息罪，等等。

对网络水军背后的雇主及网络公关公司，应当依照刑法的上述规定进行定罪处罚，从源头上治理网络水军。如在某牛“诽谤门”事件中，依据《刑法》第 221 条的规定“捏造并散布虚伪事实，损害他人的商业信誉、商品声誉，给他人造成重大损失或者有其他严重情节的，处二年以下有期徒刑或者拘役，并处或者单处罚金”，某牛集团相关责任人及网络公关公司的负责人构成了损害商业信誉、商品声誉罪，应严格依据刑法规定处罚。

除了最严重的刑事处罚，在行政和民事层面，则应当准确适用《中华人民共和国反不正当竞争法》（以下简称《反不正当竞争法》）第 2 条、第 11 条等法律法规，对利用“网络水军”进行黑公关的不正当竞争行为进行严厉惩处，以共同侵权追究各方法律责任，使得受害人的权利得到充分保障。

第二章 互联网企业的黑灰产刑法适用

第一节 网络爬虫的刑法红线

近年来，随着大数据产业的持续发展，爬虫技术的应用主体从搜索公司逐渐延伸到各行各业。当爬虫、数据与网贷等行业碰撞在一起时，引发了大量刑事案件，将一大批从业者送进了监狱。仅 2019 年下半年，就有新颜科技、同盾科技、魔蝎科技等知名企业被警方调查。

网络爬虫又名“网络蜘蛛”，从技术上看，它只是一种从互联网抓取各种信息的工具。作为一种起源很早而又非常成熟的计算机技术，其本身并没有明显的违法性。造成爬虫应用违法的根源在于部分从业者急功近利，为爬虫添加了本不该有的功能，或者利用个爬虫抓取了不该抓取的内容。

一、名为爬虫，实为病毒

爬虫本来只是为了部分有特殊需求的企业或个人从全网获取信息而诞生的技术。但随着数据的经济价值被不断挖掘，很多新进企业为了尽快建立自有数据库或者获取受到特殊保护的数据，会为爬虫附加额外的功能，这就导致爬虫由数据爬取工具变成了系统破坏工具，也就产生了法律风险。

1. 利用爬虫开展类 DDoS 攻击

由于爬虫本质上是一种机器访问，如果不对访问次数、频率等进行必要的限制，很容易产生类似于 DDoS 攻击（分布式拒绝服务攻击）的效果。

在创业初期，很多搜索公司和大数据公司都会采用多线程的方式进行野蛮数据爬取，这样虽然可以尽快增加自有数据库的内容，提升用户体验，却会害苦很多中小网站的站长，多线程爬取方式带来的瞬时流量可能超过某些小网站一两个月的访问量。这些爬虫大量占用了被访问网站的网络带宽并且增加了网络服务器的处理开销，网站瘫痪在所难免。

而一旦造成网站瘫痪，就有可能构成《刑法》第 286 条破坏计算机信息系统罪。DDoS 攻击的行为属于《刑法》第 286 条第 1 款“对计算机信息系统功能进行删除、修改、增加、干扰”四种行为中的干扰行为。同时，根据《最高人民法院、最高人民检察院关于办理危害计算机信息系统安全刑事案件应用法律若干问题的解释》第 4 条规定，破坏计算机信息系统功能、数据或者应用程序，具有下列情形之一的，应当认定为《刑法》第 286 条第 1 款和第 2 款规定的“后果严重”：造成为一百台以上计算机信息系统提供域名解析、身份认证、计费等基础服务或者为一万以上用户提供服务的计算机信息系统不能正常运行累计一小时以上的。因此，如果爬虫在爬取数据时造成被爬取网站系统瘫痪，极易达到法定立案标准。

巧达科技便是这方面的典型代表。根据其自身宣传，巧达科技曾是中国最大的用户画像关键数据服务提供商，宣称通过整合多达 2.2 亿份自然人简历、100 亿个用户识别 ID 组合和“1000 亿 +”用户综合数据，绘制出了涉及中国 8 亿人口的多维度数据。该公司在爬取某知名互联网企业用户信息时，未对访问频率进行必要的限制，造成被爬取公司内部系统崩溃导致案发。最终，该公司 36 人被侦查机关采取刑事强制措施，该案也成为北京公安部门“净网 2019”专项行动部督专案之一。

为了保证行业长远健康发展，维护中小站长切身利益，百度曾牵头另外 11 家开展搜索业务的公司于 2012 年制定并签署了《互联网搜索引擎服务自律公约》。该公约要求各方从业者都要遵守相应的行为规范，保证良性竞争。2021 年 11 月 14 日，国家网信办公布了《网络数据安全管理条例（征求意见稿）》，其中第 17 条规定，数据处理者在采用自动化工具访问、收集数据时，应当评估对网络服务的性能、功能带来的影响，不得干扰网络服务的正常功能。自动化工具访问、收集数据违反法律、行政法规或者行业自律公约、影响网络服务正常功能，或者侵犯他人知识产权等合法权益的，数据处理者应当停止访问、收集数据行为并采取相应补救措施。此条款也是从执法层面对恶意爬虫行为的规制作出规定。

2. 为爬虫添加非法侵入功能

虽然搜索行业已经有了一定的行业标准，但大数据产业的兴起导致野蛮爬取的情况仍有增无减。因此，许多网站会采取反爬措施，包括 IP 限流、用户识别、请求时间窗口过滤统计、爬虫种类识别等。

为了突破这些反爬措施，一些开发者会给爬虫增加 IP 代理、伪装 UA、AI 识别验证码等功能。带有这些功能的爬虫已经不再是单纯的数据获取工具，而是具备了系统侵入功能的类病毒软件。

在 2017 年的字节跳动数据被爬取案中，视频导购 App 秀淘的技术人员宋某、侯某利用网页爬虫技术来获取字节跳动的视频数据，被北京市海淀区人民法院以“非法获取计算机信息系统数据罪”定罪处罚。此案例中，宋某、侯某二人使用了伪造 device_id 绕过服务器的身份校验，伪造 UA 及 IP 绕过服务器的访问频率限制规避或突破计算机系统保护措施的手段获取数据，被认定为符合刑法意义上的侵入行为。因此，如果网站运营者已经采取了一定的反爬措施，而爬虫开发人员基于经营的目的、强行突破网站运营者采取的反爬措施，并客观上获取了一定量的数据，则可能构成违法，视情节还可能构成“非法获取计算机信息系统数据罪”“提供侵入、非法控制计算机信息系统程序、工具罪”等罪名。

二、被爬取的数据依法受到保护

除在功能上涉嫌违法犯罪外，爬虫所爬取的内容也有可能导致使用者身陷囹圄，特别是在爬取个人信息的情况下。随着网贷产业的不断发展，各家平台为了在提升放款速度的同时进行有效的审核与风控，会自建或者委托第三方数据库用于审核贷款申请人的资质。与此同时，催收行业对数据库也有着旺盛的需求，联系方式修复是很多大数据公司的重要业务之一。而无论是放贷审核还是联系方式修复，都离不开海量公民个人信息数据库的支持。不法机构为了降低公民信息获取成本，或者获取本不应由其掌握的高价值数据，就会利用爬虫通过各种渠道非法获取公民个人信息。

根据《刑法》第 253 条之一规定，“窃取或者以其他方法非法获取公民个人信息的，依照第 1 款的规定处罚”。未经用户授权同意，直接从个人信息实际控制者处爬取公民个人信息的行为完全符合“非法获取”的犯罪构成要件。同时，为了有效打击侵犯公民信息犯罪，国家本就制订了较低的入罪门槛。具体而言，只要非法获取“行踪轨迹信息、通信内容、征信信息、财产信息”50 条，“住宿信息、通信记录、健康生理信息、交易信息”500 条即可入罪。可以说，非法爬取公民个人信息是近年来涉爬虫犯罪的主要犯罪形式。

除了爬取公民个人信息，爬虫批量爬取还有可能构成侵犯著作权罪。根据《刑法》第 217 条规定，侵犯著作权罪是指以营利为目的，未经著作权人许可，复制发行、通过信息网络向公众传播其文字作品、音乐、美术、视听作品、计算机软件及法律、行政法规规定的其他作品的；出版他人享有专有出版权的图书的；未经录音录像制作者许可，复制发行、通过信息网络向公众传播其制作的录音录像的；未经表演者许可，复制发行录有其表演的录音录像制品，或者通过信息网络向公众传播其表演的；制作、出售假冒他人署名的美术作品的；未经著作权人或者与著作权有关的权利人许可，故意避开或者破坏权利人为其作品、录音录像制品等采取的保护著作权或者与著作权有关的权利的技术措施的。2021 年 3 月生效的《刑法修正案（十一）》专门规定，未经著作权人或者与著作权有关的权利人许可，故意避开或者破坏权利人为其作品、录音录像制品等采取的保护著作权或者与著作权有关的权利的技术措施的，构成侵犯著作权罪。

这方面的典型案例以网络小说网站为主。此类网站利用爬虫大量爬取他人享有著作权的作品并免费提供给网民，再通过广告植入等方式盈利。在上海闵行区法院判决的一起案件中，被告人何某设立“车城小说”网站，其通过租赁海外服务器并运行其从互联网上下载的“关关采集”抓取软件，在未获起点中文网许可的情况下，擅自抓取、复制 650 部文字作品，存储于自己的服务器上，供“车城小说”网站用户免费阅读。何某通过在“车城小说”网站网页内刊登广告获取广告收益，非法营利数额达人民币 19 万余元。法院认定，何某抓取并通过信息网络传播作品的数量高于法定追诉标准的500件，且营利数额超过5万元，构成侵犯著作权罪，判处有期徒刑1年，并处罚金10万元。

第二节 “抓鸡人”的适宜罪名：非法控制计算机信息系统罪

“肉鸡”是对被他人随意控制的计算机的一种非常形象的比喻，而非法获取系统权限操控他人计算机的人通常被称为“抓鸡人”。“肉鸡”种类非常多，现阶段最主要的是“PC鸡”和“服务鸡”，其余还包括“手鸡”“路由鸡”“工控鸡”“物联鸡”等。而“抓鸡人”除了传统的网络黑客以外，有部分技术服务提供商、系统维护人员、大型企业内部运维人员也因经受不住利益的诱惑，利用其职业的便利性进入到“抓鸡人”行列。

“抓鸡人”抓到“肉鸡”后，“烹饪方法”多种多样，除了大家熟悉的出售流量进行DDoS攻击外，近几年随着虚拟货币价值的升高，“挖矿”逐渐成为主流“烹饪方式”。同时，暗刷流量、广告推广、为了满足其窥私欲查看个人隐私的行为也时常发生。

鉴于上述发生在网络空间的“抓鸡”行为会严重危及网络安全，故本节针对非法获取计算机信息系统权限的人员、手段、对系统使用人的危害及相关的法律适用问题做简要分析。

一、“抓鸡人”可能是谁

1.网络黑客

抓鸡行业的主力军，其获取系统控制权的对象主要是个人终端和安防能力较弱的企业服务器。具体操控手法主要表现为对固定IP段的系统进行扫描，发现漏洞后，通过系统漏洞获取登录权限，再向系统中植入木马程序，通过主控服务器进行远程控制。

2. 技术服务提供商

部分第三方技术服务公司在对外提供服务过程中，非法利用其通过合法手段所获取的客户公司系统登录权限，向系统中植入木马程序进行非法控制。

在（2019）浙 0103 刑初 25 号案例中，被告人为某技术服务公司，业务主要是为网吧提供计算机信息系统维护业务，其利用在系统维护过程中获得的计算机控制权限，通过非法控制合作网吧计算机信息系统的方式进行“挖矿”，先后对 90 余家合作网吧的 8000 余台客户端计算机进行了非法控制，非法获利共 177 291.91 元。

3. 企业内部开发运维人员

部分企业内部从事系统开发、运维的技术员工，通过在开发过程中“留后门”或利用日常运维过程中的高权限，在系统中部署相关应用程序对系统进行控制，利用公司系统资源牟利。

二、“肉鸡”有什么用

非法控制他人计算机信息系统的根本目的在于谋取非法利益，前几年犯罪形式多为通过出售非法获取的计算机系统控制权牟利或用于发动网络攻击、植入链接赚取广告费。随着近年来虚拟货币的兴起，越来越多被非法控制的计算机系统被用于“挖矿”。

1. 网络攻击

利用被非法控制的系统流量进行攻击即为 DDoS 攻击，上述网络攻击会造成被攻击对象系统流量过载以致不能正常运行。此种行为多发生在存在竞争关系的商业伙伴之间或违法犯罪分子对某些不法网站（如私服、赌博网站等）进行攻击后敲诈牟利，后者属于典型的网络“黑吃黑”。例如，重庆出租车司机徐某在某赌博网站赌博赢钱后却无法提款，发现被骗后，徐某因赌博行为不敢报警求助，反而有了学习黑客技术进行报复的想法。掌握黑客技术后，其做的第一件事就是黑掉拒付其赌金的赌博网站。攻击成功后，其举动吸引了许多不法网站老板的关注，他们愿意花钱请徐某攻击其竞争对手，徐某在一年半的时间内非法获利100余万元。

2.“挖矿”

近年来，随着虚拟货币市场热度增大，通过非法手段获取的流量纷纷投向“挖矿”市场。此种牟利行为与网络攻击不同，其不会对被控制系统外的第三方造成影响，风险相对较小，且获取的利益在一定程度上高于出售流量进行网络攻击的行为。

在（2020）京01刑终58号案例中，被告人为某大型网络公司系统运维管理人员，其利用负责维护公司服务器的工作便利，超越授权权限，以技术手段在公司服务器上部署“挖矿”程序，非法控制公司服务器100台以上，通过占用计算机信息系统硬件及网络资源获取比特币、门罗币等虚拟货币，后将部分虚拟货币出售并获利人民币10万元。

3.广告推广

不法分子在非法控制计算机信息系统后，获取系统的操作权限，通过对系统进行增删改等相关操作，推广网站进行牟利。

在（2019）苏01刑终768号案例中，被告人通过技术手段获取113台服务器系统控制权限，将添加了赌博关键字并设置自动跳转功能的静态网页上传至被控制的服务器，提高赌博网站广告被搜索引擎命中的概率，获取广告推广违法所得2.5万元。

三、变成“肉鸡”会对用户产生什么影响

1.系统资源消耗

计算机信息系统被控制后，利用系统进行任何活动均会占用系统资源，上述行为会导致网速以及系统操作变慢、网页弹窗增多。尤其在利用被控制系统进行

“挖矿”时，此时 CPU 长期处于高速运转中，严重情况下可能会导致硬件烧毁。

2. 虚拟财产被盗

不法人员能够对被控制系统的操作进行监控，如果获取到用户在某些网站的用户名密码，将会威胁到用户虚拟财产的安全。

3. 个人隐私泄露

常见的木马程序普遍会将“肉鸡”本地的文件回传给控制端。本地文件不可避免地存在包含个人隐私信息的内容，如身份证照片、个人生活照片、记载账号密码的文件等。这些个人信息的泄露将对人身财产安全构成极大威胁。

四、抓取“肉鸡”相关法律适用问题分析

1. 相关法律规定

《刑法》第 285 条第 2 款规定：违反国家规定，侵入国家事务、国防建设、尖端科学技术领域以外的计算机信息系统或者采用其他技术手段，对该计算机信息系统实施非法控制，情节严重的，处三年以下有期徒刑或者拘役，并处或者单处罚金；情节特别严重的，处三年以上七年以下有期徒刑，并处罚金。

《关于办理危害计算机信息系统安全刑事案件应用法律若干问题的解释》第一条规定：非法控制计算机信息系统二十台以上或违法所得五千元以上或造成经济损失一万元以上，属于刑法第 285 条第 2 款规定的“情节严重”。

2. 对系统达到何种控制程度属于刑法意义上的控制

实践中根据控制程度不同，将非法控制计算机信息系统的行为分为两种：一种是完全控制，此种情况下行为人非法控制计算机信息系统并完全排除系统权利人对系统进行操作的自主权，权利人无法登录系统或无法按照意愿完成相应的操作；另一种是行为人非法获取系统控制权后，使系统处于静默状态，未对权利人使用造成影响，也就是我们常说的“肉鸡”。

就法律条文内容本身来看，并未对系统的控制程度进行相应的规定，非法控制应当包括完全或者部分排除他人对计算机信息系统的控制权，故本书认为

只要是采取非法手段获取控制权并使系统权限在行为人实际控制下即属于刑法意义上的非法控制。

3. 取得系统控制权后未使用是否构成犯罪

从非法控制计算机信息系统罪的相关法律规定看，入罪标准并未要求必须对被侵害方造成损失，只要非法控制系统数量达到二十台即可构成此罪。此时需要探讨如果行为人仅非法获取并持有二十台计算机信息系统的控制权而未进行使用，是否构成犯罪。

司法实践中，非法控制计算机信息系统构成非法控制计算机信息系统罪须满足两个构成要件：非法获取并持有系统控制权和使用系统控制权。使用控制权的方式包括两种：一是行为人获取控制权后自己使用。如利用系统控制权进行 DDoS 攻击、“挖矿”“植入广告推广链接”等形式进行牟利。二是允许他人使用，如获取系统控制权后，在网站进行出售牟利。因此，仅非法获取系统控制权但未进行使用的情形由于不同时满足上述条件，并不构成非法控制计算机信息系统罪，针对现有判例的检索结果也印证了上述观点。

4. 如何区分非法控制计算机信息系统罪与破坏计算机信息系统罪

在行为人非法获取系统控制权进行出售后，被他人用于网络攻击的，其行为构成非法控制计算机信息系统罪还是破坏计算机信息系统罪？鉴于非法控制计算机信息系统罪最高法定刑为 7 年，破坏计算机信息系统罪最高法定刑为 15 年，上述两个罪名法定刑相差较大，因此明确其犯罪构成，判断定罪量刑标准具有重要意义。

关于两罪名如何认定，应重点关注三方面内容：一是行为人的犯罪目的。如果非法控制行为目的在于获取控制权后出售牟利，应当认定为非法控制计算机信息系统罪；如果非法控制并出售的目的在于帮助他人发动网络攻击，则认定为破坏计算机信息系统罪更为恰当。二是主观方面是否存在共同犯罪的故意。非法控制行为人与网络攻击者在事前是否存在共谋，是否明知被提供者实施网络攻击行为而向其提供系统控制权。如果非法控制行为人与网络攻击者存在事前共谋，则应当认定非法控制行为人成立破坏计算机信息系统罪的共同犯罪。三是双方是否存在紧密联系。例如，行为人非法获取控制权后仅向网络攻击者提供，未进行出售或其他使用的行为；非法控制行为人为实施网络攻击公司员工，或存在其他密切关系；非法控制行为人谋取非法利益的方式等。

第三节　网络空间的“私闯民宅”是否属于犯罪行为

公民住宅不受侵犯是宪法赋予每一位公民的基本权利，刑法规定了“非法侵入住宅罪”以惩罚“私闯民宅”的行为，从而给予公民权利以实际的法律保障。现实生活中，如果有人未经允许进入你居住的房屋，经要求退出而不退出，一定会受到法律制裁。

而在网络空间，他人未经允许侵入你的网络私人空间（如终端设备、应用程序）是否构成犯罪呢？答案是：上述非法入侵行为可能违法，但并不构成犯罪。

一、网络空间中的“侵入”行为

从“两高”《关于办理危害计算机信息系统安全刑事案件应用法律若干问题的解释》规定可以看出，所谓侵入行为是指避开或者突破计算机信息系统安全保护措施，未经授权或者超越授权进入计算机信息系统。“侵入”行为的本质特征是无权限或超越权限进入。具体表现形式如下：

1. 未经授权（无权限）的具体情形

①通过技术手段非法获取权限进入，如利用撞库手段获取身份认证信息后进入系统。

②利用系统漏洞未经允许进入，如利用系统后门程序进入系统。

③盗取、骗取他人权限进入，如公司员工偷偷记录主管用户名密码后进入系统。

2. 超越授权（超越权限）的具体情形

①利用技术手段提高权限进入，如某技术服务公司员工通过合法途径获得某个客户公司系统的普通权限，后利用技术手段和系统漏洞将权限提升为管理员权限；

②超越授权范围、授权时间进入，如某公司授权客服人员仅在核实投诉客户信息时可进入信息系统进行查询，该客服人员以其他目的进入系统构成侵入；或某公司仅授权技术服务公司在系统故障时进入系统进行维护，如该技术服务公司在其他时间私自进入也构成侵入。由此，虽合法取得系统登录权限，但如果不按照规定使用，也同样构成刑法意义上对计算机信息系统的“侵入”。

二、刑法对公民网络私有空间的保护空白

我国《刑法》第 285 条“非法侵入计算机信息系统罪”针对非法侵入计算机信息系统的行为进行规定。根据侵害对象不同，该条文对侵入网络空间行为进行了明确规定：一是违反国家规定，侵入国家事务、国防建设、尖端科学技术领域的计算机信息系统的；二是侵入前款规定以外的计算机信息系统或者采用其他技术手段，获取该计算机信息系统中存储、处理或者传输的数据，或者对该计算机信息系统实施非法控制。

从上述规定可以看出，针对单纯的非法侵入行为，刑法保护对象仅为“国家事务、国防建设、尖端科学技术”三个领域的计算机信息系统，此三个领域多为国家机关、军队、事业单位等公权力掌控的计算机信息系统。而针对一般公民、公司（为上述三个领域提供服务的公司除外）的计算机信息系统，则需要在存在非法侵入行为的同时，满足获取数据或非法控制的行为才能构成犯罪，仅有单纯的侵入行为不构成犯罪。也就是说，如果有人出于好奇，未经同意登录了你的微信账号，查看你的聊天记录便退出，尽管对方频繁登录的行为甚至影响了你的正常使用，但只要对方不进行其他侵害你合法权益的行为，均没有办法对其进行定罪处罚。

三、侵入私人网络空间属违法行为

虽然难以将单纯侵入公民、公司计算机信息系统的行为纳入刑法范畴进行定罪处罚，但根据《中华人民共和国治安管理处罚法》（以下简称《治安管理处罚法》）的相关规定，可以对上述行为进行行政处罚。

《治安管理处罚法》第29条规定："有下列行为之一的，处五日以下拘留；情节较重的，处五日以上十日以下拘留：（一）违反国家规定，侵入计算机信息系统，造成危害的。……"

从条文内容可以看出，《治安管理处罚法》未将非法侵入对象限定于"国家事务、国防建设、尖端科学技术"三个领域的计算机信息系统，因此对上述三个领域外的计算机信息系统实施非法侵入行为并造成危害，实际上是一种违法行为。例如，违法人员郎某曾为甲驾校的管理人员，掌握甲驾校信息平台的用户名和密码。从甲驾校离职后，郎某指使乙驾校工作人员李某尝试登录甲驾校信息平台，以确定用户名和密码是否被注销。成功登录平台后，李某因忘记关闭系统错将本应录入乙驾校平台学员耿某的信息录入到甲驾校平台中，发现录错后欲进行撤销未成功，导致耿某的驾校报名信息由乙驾校转入甲驾校。对此，属地网安大队民警按照《治安管理处罚法》第18条、第29条第1款之规定，给予郎某、李某行政拘留三日的处罚。

综上所述，与现实生活中非法侵入他人住宅会构成犯罪不同，网络空间中针对公民、公司计算机信息系统的单纯非法侵入行为并非犯罪，而仅属于违法行为。

第四节　非法经营还是寻衅滋事：网络发布虚假信息的入罪标准与路径

自"秦火火""立二拆四"被判刑以来，对自媒体发布虚假信息的入刑标准越来越严格，适用频率也逐渐降低，但在疫情的特殊背景下，网信和公安部门对互联网内容秩序提出了更高的要求，也必将开展更为严厉的执法行动，或许会开启新一轮的刑事追责。

根据“两高”《关于办理利用信息网络实施诽谤等刑事案件适用法律若干问题的解释》(以下简称《办理利用信息网络实施诽谤等刑事案件法律解释》),自媒体发布虚假信息可以根据不同情况适用侮辱、诽谤、非法经营、寻衅滋事等罪名。对于公共领域而言，最常适用的有非法经营罪和寻衅滋事罪，但这两个罪名如何适用，却成了一直争吵不休的话题。

一、非法经营的入罪逻辑

《办理利用信息网络实施诽谤等刑事案件法律解释》第 7 条规定，违反国家规定，以营利为目的，通过信息网络有偿提供删除信息服务，或者明知是虚假信息，通过信息网络有偿提供发布信息等服务，扰乱市场秩序，情节严重的，以非法经营罪定罪处罚。由此可见，发布虚假信息构成非法经营罪需符合“违法国家规定”“以盈利为目的”“扰乱市场秩序”和“情节严重”等条件。关于“情节严重”,《办理利用信息网络实施诽谤等刑事案件法律解释》有明确的数额规定，此处不再赘述。

我们先来看看什么叫“违反国家规定”。根据全国人大常委会发布的《关于维护互联网安全的决定》第 4 条第（一）项规定,“利用互联网侮辱他人或者捏造事实诽谤他人”构成犯罪的，依照刑法有关规定追究刑事责任。同时，根据国务院颁布的《互联网信息服务管理办法》第 3 条、第 4 条规定，国家对经营性互联网信息服务实行行政许可制度，未经行政许可，实施经营性互联网信息服务，即是对市场准入制度和许可制度的违反。

“有偿发帖”属于“经营性互联网信息服务行为”。因此，在大部分自媒体并未取得 ICP 许可甚至未注册公司的情况下，收费发帖便属于违反了国家相关规定。

"以盈利为目的"则存在多种理解角度。按照最保守的理解，只有受雇于人发布虚假信息系时，才能说以盈利为目的。众所周知，互联网经济与传统经济的最大不同在于注意力或者说流量即可变现。因此，在实践中，部分引起社会较大反响的标题党文章发布者，被依据广告分成收入认定为非法经营。

对于发布虚假信息适用"非法经营"最具争议性的便是如何界定"扰乱市场秩序"。对于非法经营罪本身所保护的市场秩序内涵，学界始终存在争议，主要有"市场准入秩序说""市场管理秩序说""市场管理和经营秩序说"等多种。笔者支持"市场准入秩序说"，从非法经营罪的立法初衷和司法解释涵盖的 20 种行为看，除添加瘦肉精和制售有毒食品原料两种行为所涉及的经营活动，其他 18 种均属于违反市场准入的范畴。从教义学的角度考虑，非法经营罪所保护的法益应当是市场准入秩序。由此可见，在未获得 ICP 许可证的前提下，虚假信息发布者天然违反了市场准入原则，扰乱了市场准入秩序，应当适用非法经营。

二、什么情况该用寻衅滋事

2019 年 7 月，微博女网红"春秋两不沾"炒作自己被威胁性侵，警察对报案不予理睬，引发社会强烈关注。经查，无论是被威胁还是报案遭冷遇均为女网红自行杜撰。最终，当地公安机关以寻衅滋事罪将其刑事拘留。

根据《办理利用信息网络实施诽谤等刑事案件法律解释》第 5 条规定，利用信息网络辱骂、恐吓他人，情节恶劣，破坏社会秩序的，以寻衅滋事罪定罪处罚。编造虚假信息，或者明知是编造的虚假信息，在信息网络上散布，或者组织、指使人员在信息网络上散布，起哄闹事，造成公共秩序严重混乱的，以寻衅滋事罪定罪处罚。

从解释条文看，如果是针对特定个人的攻击，认定寻衅滋事并不需要以信息内容虚假为前提，而仅须达到情节恶劣，破坏社会秩序的后果即可。除此之外，针对不特定对象的炒作和起哄闹事行为，则需要以信息内容虚假为前提。

因此，“内容虚假”和“公共秩序严重混乱”就成为网络发布虚假信息认定寻衅滋事罪的重要前提。“内容虚假”虽然在实践中也会面临一定质疑，特别是在攻击对象是具体个体的情况下。但在大多数情况下，对内容虚假性的认定并不会引发太多争议。大家的关注点主要还是在何为“公共秩序”，以及达到何种程度可能被认定为“严重混乱”。

在日常理解中，公共秩序应当仅限于实体空间的某些秩序，如生产秩序、科研秩序、教学秩序、经营秩序等。但是，随着互联网的普及和人们日常生活向网络的迁移，网络空间与现实空间的连接日益紧密，单纯的网络行为也有可能对现实中的个体产生巨大影响。网络主播的“蹿红”无疑是正面影响的体现，而那些遭受网络暴力、人肉搜索的被害者，则是负面影响的典型。

因此，笔者认为，即使是纯粹在网络空间产生重大反响的虚假信息，也应当被认定为构成刑法意义上的“虚假信息”，这一观点同样也能够得到司法实务界的支持。时任最高人民法院新闻发言人孙军工在《办理利用信息网络实施诽谤等刑事案件法律解释》说明会上就强调，网络是对现实生活的一种延伸，由于其是人们交流的一个重要平台，这就决定了其具有公共性，网络空间应属于公共场所。上文提到的“春秋两不沾”案，也是依据纯粹网络舆情后果定案的现实例证。

但是，由于移动互联网的飞速发展，网民数量和入网终端数量急剧膨胀，使《办理利用信息网络实施诽谤等刑事案件法律解释》在2013年出台时设定的数量标准已经明显偏低，导致被司法机关弃用。而因此产生的后果便是网络寻衅滋事行为的入刑门槛再次成为无法可依的状态，使执法机关对《办理利用信息网络实施诽谤等刑事案件法律解释》的适用过于保守，仅能采取一事一议的方式推进。这显然与依法治国的大趋势相背离，不仅不利于受害人维权，而且不当增加了执法机关的自由裁量范围，为冤假错案的产生提供了温床。

因此，笔者建议司法机关根据我国互联网产业发展的现实情况，出台新的司法解释，弥补原《办理利用信息网络实施诽谤等刑事案件法律解释》在立案标准方面的缺陷，为法律适用提供可靠的依据和指引。

第五节　打码平台是否都涉嫌违法

验证码作为登录账号的必经程序，已经为生活在互联网时代的我们所熟知。但它到底是做什么用的，又为什么会有人试图破解它呢?

一、打码平台的前世今生

验证码的英文全名叫 Completely Automated Public Turing Test to Tell Computers and Humans Apart，缩写 CAPTCHA，直译为“全自动区分计算机和人类的图灵测试”。

看到全名，验证码的用途和目的就一目了然了。它是一种用来区分人和机器的图灵测试，设计此种测试的初衷在于屏蔽来自机器的恶意访问。

羊毛党只有利用机器大批量登录访问才有可能获取巨额利润，盗号黑灰产获取某些用户数据库后，需要确认账号对应的密码是否正确，将有价值的数据通过登录的方式筛选出来。验证码则能够防范大部分来自羊毛党、撞库盗号等黑灰产的攻击。于是，这些黑灰产便研究出了“打码”这种突破验证环节的方法。

所谓打码就是打码平台通过算法或人工的方式自动识别验证码图片中的信息，并将图片数据转换成文字信息，供自动登录软件填写。图 2.1 以某打码平台为例，对打码平台和盗号软件之间的合作流程进行了大致说明。

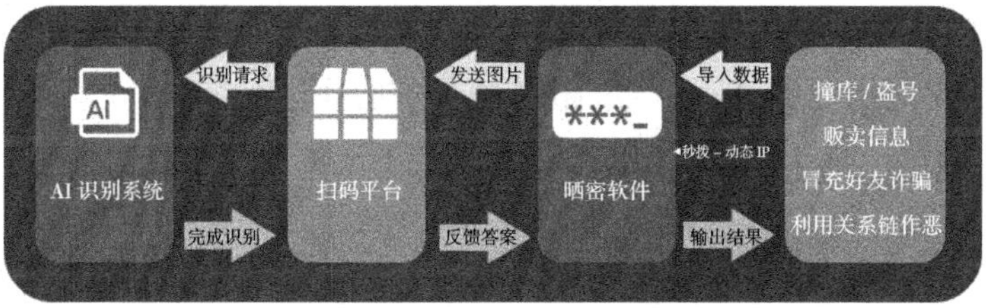

图 2.1　打码黑灰产流程图

如前所述，打码平台最早基本都是以“人工＋机器”的方式实现对验证码的高效识别。但随着各家公司对验证码形式的不断升级，包括动态字符、拖拉图片等，机器识别的效率大大降低，人工打码比例不断提升，导致打码成本不断上升。

黑灰产为了提高利润率，也在不断摸索提高识别效率的新方法，AI智能就成了他们的救命稻草。以被公安机关查获的快啊答题为例，他们运用目前最流行的人工智能AI技术训练机器，大大提高了识别验证码的精准度，也极大提升了犯罪嫌疑人在单位时间内识别验证码的数量。

二、打码平台的罪与罚

通过梳理打码平台的历史渊源我们可以发现，普通用户对于打码是没有任何需求的，只有需要进行批量登录账号的各类黑灰产，才需要突破以验证码为代表的图灵验证程序。因此，打码平台应当被视为专门用于犯罪的程序或技术。

羊毛党、撞库盗号等下游黑灰产利用打码平台为其提供验证码打码服务，突破平台的安全防范措施，缺乏正当目的和需求，故打码实际上是为下游黑灰产提供了专门用于网络犯罪的工具，可能构成提供侵入、非法控制计算机信息系统程序、工具罪。

根据既往的司法实践，使验证码登录测试不能发挥作用的插件和代码属于“专门用于侵入、非法控制计算机信息系统的程序、工具”，此类软件符合“具有避开或者突破计算机信息系统安全保护措施，未经授权或者超越授权对计算机信息系统实施控制的功能”的特性。[1] 在最高人民检察院第18批第68号指导案例中，对打码平台这一行为的构成本罪进行阐述。

叶某意图通过提供网络打码服务牟利，制作了“小黄伞”程序并在网上供

[1] 刘荣，王爱强．网络爬虫技术滥用的刑事责任［J］．中国检察官，2021（9）：28-31．

人下载，该程序能批量校验淘宝用户账号密码，系“采用其他技术手段”非法获取带有星级、注册时间和ID等信息的用户数据。为了突破淘宝网的验证码安全技术措施，该程序能自动抓取验证码并传输到打码平台，由后台“码工”人工识别并反馈给“小黄伞”程序完成校验并非法获取用户数据。以上行为符合提供侵入计算机信息系统程序罪的构成要件，以该罪定罪处罚。

第六节 游戏外挂制作者的刑事打击逻辑

自网络游戏在我国兴盛以来，游戏外挂也随之出现并伴随着游戏业态的发展不断迭代。游戏外挂不仅破坏游戏平衡性，打击正常玩家的热情，影响运营企业的长远利益，部分外挂甚至能直接修改虚拟物品数量，给运营企业造成直接经济损失。因此，打击外挂一直是我国网络游戏经营者的重要工作之一。为了彻底根除某款外挂，游戏运营企业大都倾向于采取刑事手段对外挂制作者实施打击。

但由于外挂种类繁多、功能各异，开发主体又多为自然人，而且多数外挂仅能应用于单一的网络游戏，社会影响存在局限性，为法律适用带来一定困难。经过司法机关、行业主体的共同努力，我国在该领域的立法和执法逐渐成熟，形成了一套较为稳定的法律适用路径。

一、游戏外挂的功能分析

要想准确适用法律法规，就必须对外挂功能的实现路径进行准确分析。从能否实质性修改游戏功能方面，可以将游戏外挂分为功能增强型外挂和功能辅助型外挂。所谓功能增强型外挂是指能够实质性修改游戏内容，使玩家获得本不应具有的功能。例如，在射击游戏中使得玩家可以透视物体，百发百中；在速度竞技游戏中可以无限加速、无视障碍等。而辅助型外挂则不具备上述能力，仅能为玩家提供一些额外的帮助或修改游戏界面的布局和美观度等，如在原本没有准心的射击游戏中增加一个准心，把原游戏的按键图形修改成玩家更乐意接受的形式等。

功能增强型外挂之所以能够实现增加游戏功能的目的，是因为其找到了存储在游戏运营公司服务器或玩家本地硬件中的游戏源代码，并对源代码进行了破解和修改，也有可能是通过拦截修改客户端与服务器之间的通信数据来欺骗服务器，以获取特定功能。无论是对本地客户端进行破解还是对通信数据进行拦截和修改，都对网络安全构成了实质性的威胁，存在严重的安全隐患。

功能辅助型外挂的功能也可以通过破解客户端和修改数据包等方式实现，但单纯的辅助功能往往并不需要如此暴力，只需要插入或者替换玩家本地硬件存储的部分文件即可达到效果，如调整屏幕颜色和亮度，插入图片文件等。相较于功能增强型外挂，功能辅助型外挂对网络安全和系统安全的威胁较小，对游戏公平性的破坏也没有那么突出。但需要注意的是，很多功能增强型外挂会以“××辅助”的名义进行售卖。在对这些外挂进行识别和分类时，应参照其技术原理而非外在的名称。

除了从对游戏功能的修改程度进行分类外，我们还可以从是否需要玩家手动操作的角度将外挂分为自动外挂和手动外挂。自动外挂能够使玩家具有自动跑图、自动交接任务、自动打怪等游戏原本不具有的功能，手动外挂则仍然需要玩家自己手动操作。但需要注意的是，自动型外挂可以通过破解修改客户端和数据包的方式实现，也可以通过调用 Windows API 函数，利用 Mouse Event 和 Keybd Event 模拟鼠标和键盘的操作来实现。在后一种情况下，自动型外挂带来的并非网络安全威胁，而是危害游戏公平性，由此还衍生出了“代练代打”和“虚拟币交易”等外围产业。一般游戏协议均默认要求玩家亲自操作，故自动外挂可以理解为违反游戏协议的欺诈行为，但不属于侵入计算机信息系统。

必须强调，上述两种对外挂功能的分类方式并非完全平行、互不隶属，而是一种交叉关系，自动外挂可以是功能增强型也可以是功能辅助型，手动外挂亦是如此。从法益侵害性角度分析时，需要以具体的技术原理作为判断依据。

二、游戏外挂的罪名分析

游戏外挂可以说是一直困扰着全世界的游戏厂商和运营企业，美国暴雪公司曾和德国的外挂制作公司博斯兰（Bossland）开展了长达数年的法律较量，而由于德国法律并未禁止游戏外挂开发和使用，导致暴雪不得不在美国本土发起诉讼。韩国为了支持文化产业发展，在其《游戏产业振兴相关法》中直接规定可以对外挂制作、传播者处以 1 年以下有期徒刑。我国立法和司法体系对游戏外挂的认识也经历了从无到有，逐步演进的过程。

1. 非法经营罪

针对制售外挂的行为，我国司法机关早期大多以非法经营罪加以规制。外挂本身违反了《出版管理条例》的第 5 条第 2 款关于不得侵害他人权益的规定，而且原国家新闻出版总署联合原信息产业部等多个国家部委于 2003 年发布了《关于开展对“私服”“外挂”专项治理的通知》，将私服、外挂定性为非法出版物，这就使制售外挂的行为完全符合《最高人民检察院公安部关于公安机关管辖的刑事案件立案追诉标准的规定（二）》中关于非法经营罪的司法解释，因此非法经营罪成为我国最早能够规制外挂制售行为的罪名。

案例 1：谈某等非法经营案（2007）一中刑终字第 1277 号

被告人谈某等人研制、经营的 007 外挂软件、008 外挂软件及超人外挂软件，在运行中突破了《恶魔的幻影》游戏软件的技术保护措施、修改数据，侵犯了著作权人的合法权益，同时在运行过程中给游戏的运营商造成经济损失，破坏了消费者的公平游戏环境。被告人谈某等人违反国家规定，利用互联网站出版发行非法出版物，严重危害社会秩序和扰乱市场秩序，经营额达 280 余万元，其行为均已构成非法经营罪，且犯罪情节特别严重，依法应予惩处。

2. 侵犯著作权罪

虽然对制售外挂的行为适用非法经营罪已经形成了较为完整的法律逻辑，但在非法经营罪被质疑口袋罪化的大背景下，依据《关于开展对“私服”“外挂”专项治理的通知》认定非法出版物的合法性也受到越来越多的质疑。与此同时，随着我国对知识产权的认识不断深入，重视程度不断提高，运用侵犯著作权罪打击外挂制售行为的案例开始出现。从技术原理上看，为了降低服务器压力，部分游戏开发者和运营者会将游戏的某些核心代码存储在玩家本地设备上，这就为外挂制作者破解客户端提供了便利。部分外挂为了实现更为强大的功能会复制使用客户端中的源代码，连同之后的销售行为便会涉嫌触犯侵犯著作权罪关于复制和发行的相关规定。

案例 2：肖某某等七人侵犯著作权案（2015）武侯刑初字第 55 号

被告人肖某某等 7 人为了谋取非法利益，违反国家规定，在《新惊天动地》游戏客户端不具备自动进行游戏、完成自动创建游戏角色、自动执行任务、自动打怪、自动捡取物品、自动使用物品等功能的情况下，增加了以上自动实现的功能，该功能的实现必须复制互联网游戏程序的源代码，而被告人肖某某所制作的网络游戏外挂程序与《新惊天动地》游戏程序具有高度的相似性，同时，被告人要想使其制作的外挂程序与《新惊天动地》游戏对接，势必要破译和擅自使用原网络游戏的通信协议，截取并修改游戏发送到游戏服务器的数据，修改客户端内存中的数据，以达到增强客户端各种自动功能的目的。因此，其行为符合“复制发行”的要求，其行为已构成侵犯著作权罪。

3. 侵害计算机信息系统安全类犯罪

非法经营罪和侵犯知识产权罪在我国刑法中属于结果犯，需要非法获利达到一定数额或者造成严重损失才可入罪。由于外挂多以聊天群等形式私下销售，游戏运营者很难准确获取外挂制售者的获利情况，给刑事立案带来困难。但随着《刑法修正案（九）》的颁布实施，我国刑法对侵害信息网络安全类犯罪的规定逐步完善，也使打击外挂能够运用的法条更为丰富。

根据技术原理的不同，游戏运营者可以认定外挂具有对存储、处理或传输的数据进行增加、修改、删除等功能，进而依据《刑法》第285条的相关规定定罪量刑，也可以认定其侵入、破坏计算机信息系统，依据《刑法》第286条定罪处罚。这两项罪名都是对计算机信息系统安全这一法益进行保护，故可以根据实际情况灵活适用。

案例3：历某等非法获取计算机信息系统数据案（2018）川0922刑初29号

被告人历某在没有北京智明星通科技股份有限公司授权的情况下，通过抓包工具Wireshark，抓取《列王的纷争》手机游戏服务器端传输的数据包，解密数据包中的“时间戳”，对数据包进行反复分析比对，编写并模拟发送数据包，了解服务器端和客户端的数据传输机制后，使用“E”语言，编写出“列王IE脱机0407A.e、列王监控0224A.e、列王主控－挂机1127A.e”文件，从而实现使用游戏外挂程序和游戏服务器的数据包准确传输。被告人历某将编写的前述主控、窗口、监控手机游戏外挂程序通过网络传输给被告人马某，被告人马某将程序安装在租用的服务器上，自动申请账号，自动练级获取资源，并向国内外玩家出售游戏资源以获利。被告人冯某负责游戏工作室机房的日常维护工作，被告人历某则负责该游戏软件的升级维护。本院认为，被告人历某等人违反国家规定，采用其他技术手段，获取计算机系统中传输的数据，情节特别严重，其行为已构成非法获取计算机信息系统数据罪。

三、打击外挂选择适用罪名的基本思路

在非法经营罪、侵犯著作权罪、危害计算机网络安全类犯罪中，非法经营罪的刑期最高、罚金数额最大，震慑效果最为明显，危害计算机网络安全类犯罪的证据较容易采集，法条适用较为容易，侵犯著作权罪的门槛和证据收集难度都较高，需要谨慎考虑。综合各方因素看，如果以追究最重的处罚为目标，那么面对制售外挂类犯罪，应当争取优先适用非法经营罪，具体可以采用如图2.2的思路进行分析判断。

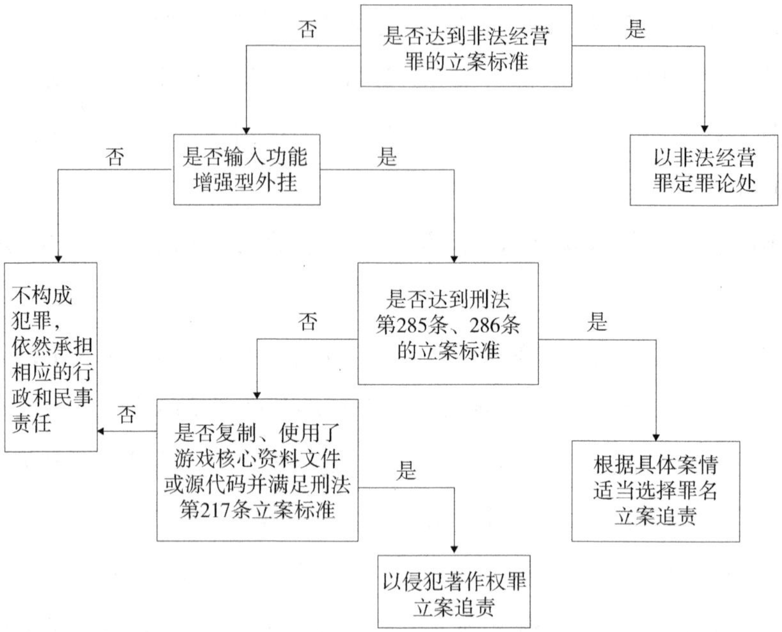

图 2.2　适用罪名思维导图

但需要注意的是，危害计算机网络安全类犯罪的罪名与制售外挂的行为本质更加契合，法律评价更加准确。因此，司法机关近年来对制售外挂的行为主要以此类罪名定罪量刑，企业以此类罪名推动立案和起诉的难度更低。

第三章 企业虚拟财产的刑法保护

第一节　企业虚拟财产刑法保护路径

随着互联网产业的飞速发展，网络空间已经与人们的日常生产生活密不可分，虚拟财产作为网络空间的重要组成部分，业已成为网络空间的重要媒介。随着虚拟财产与真实货币的交换趋于频繁，虚拟财产的价值属性逐渐凸显，针对虚拟财产的违法犯罪案件也呈上升趋势。而一旦发生虚拟财产被盗或者被破坏的案件，企业不仅会蒙受直接经济损失，还会因为行政力量介入、社会各界质疑对商誉造成负面影响。可以说，侵犯虚拟财产犯罪已经成为互联网企业发展道路上的重要风险因素之一。

与此同时，虚拟财产的法律属性却一直存在争议。虽然我国《中华人民共和国民法典》(以下简称《民法典》)第127条的规定在一定程度上弥补了其他法律法规对网络虚拟财产有关规定的缺失，但《刑法》第92条依然将公私财产的范围局限于传统门类，由于刑法具有“罪刑法定”的特殊性，虚拟财产的刑法保护严重受制于立法的滞后性。面对严峻的网络犯罪态势和沉重的商业损失，选用合理的刑事罪名、采取合理的刑事手段对虚拟财产进行保护至关重要。

一、何为虚拟财产

虚拟财产之所以被称为“虚拟”，在于其本质上是存储在服务器中的一组数据。这些数据以网络环境为载体，以数字化形式存在。我们每人所使用的账号密码、网络游戏中的游戏装备、社交打赏用的虚拟货币等均属于虚拟财产的范畴。常见的虚拟财产主要有以下几种类型。

1. 虚拟身份

用户在使用某项网络服务时注册的身份认证信息，即网络空间的虚拟人，享受网络信息服务的身份载体，如以微信为代表的通信账号，以微博为代表的社交网络账号，以及更为重要的金融账户等。

2. 虚拟物品

以物品的形态在网络空间内存在，在网络世界内具有使用价值。最为典型的是网络游戏中的装备、宠物、游戏币等。

3. 虚拟货币

以货币的形态存在，作为网络空间内的等价物，在一定的范围内具有支付功能，比特币等电子加密货币便是典型代表。

4. 虚拟空间

企业法人或自然人经合法注册或购买获取的网络空间，如个人网页、域名、网盘等。

5. 知识产权

如果对虚拟财产做扩大解释，也会包含以数据形式存在的知识产权类财产，如作品、专利、商业秘密等。

二、保护虚拟财产的刑法罪名选择及取证要点分析

由于虚拟财产关系到价值衡量、变现便利性等重要的财产属性，这对罪名的选择也会产生极大的影响。因此，在寻求刑事路径维护自身权益的过程中，需要根据被侵害虚拟财产类型的不同进行筛选。在罪名的大类上，主要涉及传统的盗窃罪、侵犯知识产权类罪名及新型的侵犯公民个人信息和危害网络安全类罪名。

其中，侵犯公民个人信息类罪名主要涉及侵犯公民个人信息罪；危害网络安全类罪名主要涉及《刑法》第285条第2款非法获取计算机信息系统数据罪，此罪名也是在针对虚拟财产犯罪中选用最多的一条。如果在实施盗窃或破

坏虚拟财产过程中影响到计算机信息系统的功能，还可能涉及《刑法》第 286 条破坏计算机信息系统罪。

1. 保护虚拟身份类的罪名选择

涉及罪名：侵犯公民个人信息罪或网络犯罪相关罪名。

对于侵犯虚拟身份的行为适用此类罪名，司法机关的认识较为统一。主要原因在于，国家为打击买卖、交换、窃取公民信息类犯罪专门制订了侵犯公民个人信息罪，并通过非法获取计算机信息系统数据罪在一定程度上将侵犯公民个人信息、电信诈骗、盗窃等犯罪的预备行为正犯化。根据“两高”《关于办理危害计算机信息系统安全刑事案件应用法律若干问题的解释》第 11 条规定，本解释所称“身份认证信息”，是指用于确认用户在计算机信息系统上操作权限的数据，包括账号、口令、密码、数字证书等。综合来看，盗窃、冒用虚拟身份的行为与上述罪名的罪状基本吻合，故无须考虑其他罪名。

在（2016）浙 0483 刑初 959 号姚某某、许某某等非法获取计算机信息系统数据案案例中，2015 年 5 月至 2015 年 11 月，被告人姚某某大批量购进邮箱用户名和密码信息，并租用阿里云、VPS 服务器，通过被告人许某某编写了“× 宝存不存在”“× × 宝存不存在”“× 宝碰密”等软件及“破解 UA”程序，并雇用了被告人钱某某、吕某某，在被告人姚某某位于桐乡市 × × 镇的住所，使用上述软件对购进的邮箱用户名和密码信息在 × 宝网站上进行批量筛选、测试，非法获取邮箱用户名与密码匹配的 × 宝网身份认证信息 5800 余组。

法院判决认为，被告人姚某某、许某某、钱某某、吕某某结伙，违反国家规定，采用技术手段非法获取计算机信息系统中存储的数据共计 5000 余组，情节特别严重，其行为均已构成非法获取计算机信息系统数据罪。

此案件是利用“撞库”手段非法获取身份认证信息，是目前侵犯虚拟身份类财产的犯罪的常用手段。

2. 保护虚拟物品类的罪名选择

涉及罪名：非法获取计算机信息系统数据罪或破坏计算机信息系统罪，极少数可以适用盗窃罪、诈骗罪等传统罪名。

首先，虚拟物品不具有我国刑法盗窃罪中“公私财物”的法律属性。如前文所述,《刑法》第 92 条将“公私财物”的内涵限定在了传统类型，虚拟物品在刑法上被认定为财物存在立法层面的困难。其次，虚拟物品的价值难以客观评估。盗窃、诈骗等传统罪名普遍以被害人的实际损失作为立案依据，故虚拟物品的估值问题是此类虚拟财产无法选用传统罪名的主要原因。就虚拟物品而言，其本身是一种以数字化形态存储在网络空间的可转移电磁信息，游戏装备类虚拟物品的价值高低完全依存于某一特定群体的主观意志，而游戏币则因为可以无限产出、与现实货币缺乏固定比例，造成司法机关不认可其客观价值。

综合以上两点，建议选用网络犯罪相关罪名。由于虚拟物品本质上也是一种存储在计算机信息系统中的数据，故对虚拟财物实施窃取即为非法获取计算机信息系统数据，且此类犯罪往往会存在对计算机信息系统进行侵入或采取其他技术手段突破 / 绕过系统安全防护措施的行为，基本符合网络犯罪的构成要件。司法实践中，大部分非法获取虚拟物品的最终目的都是为了出售获利，如能够证明非法获利达到 5000 元以上便可对其进行刑事追诉；如存在破坏计算机信息系统的行为，造成系统不能正常运行或对其数据或应用程序造成严重影响，也可视情形选用破坏计算机信息系统罪。

需要特别指出的是，虽然腾讯公司的 Q 币在属性上与普通游戏币并无二致，但由于腾讯公司曾依据《中华人民共和国价格法》向深圳市物价局进行过备案，保证了 Q 币与法定货币的价值比例相对固定，从而使得部分案件会参考其购买价格断案。也正是由于 Q 币价值相对稳定，很多网络犯罪会利用 Q 币进行资产转移，这种犯罪现象也反过来进一步强化了司法机关承认 Q 币价值性的倾向。

在（2015）海刑初字第 1931 号吴某非法获取坏计算机信息系统数据案中，2014 年 8 月，被告人吴某在其位于浙江省富阳市康达南路某小区的家中，发现北京某文化股份有限公司旗下的网络游戏《画皮世界》的充值系统存在漏洞，可利用火狐浏览器及相关插件对该系统数据进行修改，致使充入 0.01 元人民币即可获得售价为人民币 5000 元的游戏币。2014 年 8 月至 9 月，被告人吴某利用上述漏洞进行反复操作，多次向 n100001、n100002、panjunyou、zhixinyao01、xingbake01、newbee01、mujin01、newbeeqq 8 个《画皮世界》游戏账号充值 46 笔。被告人吴某将上述账号内的部分游戏币在游戏中使用，并通过他人在互联网上变卖部分游戏币，获利人民币 21 000 元。

法院认为，被告人吴某违反国家规定，非法获取计算机信息系统中存储、处理的数据，且通过变卖非法获取的部分数据，违法所得人民币 21 000 元，情节严重。

在（2014）姑苏刑二初字第 0126 号远某、李某某盗窃案案例中，2012 年 11 月下旬至 12 月初，被告人陆某某至上海市中山北路亚联网吧内，由被告人陆某某使用从互联网上下载及向他人购买等方式获取“ADSL 密码终结者”软件等方法，窃得主要包括苏州地区的中国电信股份有限公司江苏分公司大量电信用户的账户、密码等信息。2012 年 12 月 9 日至 10 日，被告人陆某某至上海市中山北路亚联网吧内，使用窃得的上述用户信息，登录中国电信网上营业厅，以用户账户内的积分兑换成 Q 币的方式盗窃被害单位中国电信股份有限公司江苏分公司的虚拟财产，并以 1Q 币 0.85 元人民币（以下币种均为人民币）的价格出售获利。同时，被告人陆某某将部分窃得的用户信息交由被告人李某某，由被告人李某某在该网吧内通过此方式盗窃被害单位虚拟财产并出售获利，所获赃款与被告人陆某某分赃。被告人陆某某通过上述方式共计盗窃 107 400 个 Q 币，价值人民币 103 104 元。被告人李开建参与盗窃 23 100 个 Q 币，价值人民币 22 176 元。

法院认为，关于本案盗窃犯罪的金额认定，经查，被害单位出具的情况说明、公安机关调取的中国电信网上营业厅管理后台数据以及证人吴某某的证言等证据，充分证实被害单位以 1Q 币 0.96 元人民币的价格购入，该部分证据系被盗财物的有效价格证明，且根据该价格证明认定本案中 Q 币价值符合市场情况，故公诉机关认定本案 1Q 币价值人民币 0.96 元的价格合理、依据充分，本院予以支持。

3. 保护虚拟货币类的罪名选择

涉及罪名：首选网络犯罪类罪名，传统罪名作为备选。

近年来，以比特币为代表的虚拟货币声名鹊起，ICO 等概念受到资本市场热捧，虚拟货币逐渐为人们所熟知。不可否认，虚拟货币与虚拟物品存在诸多相似之处，但由于其自诞生之日起就具有极强的交易、投资属性，而且普遍具有数量有限、价值高、变现快等特点，使司法机关在观念上能够接受其价值属性，因此有可能适用传统罪名。但众所周知，现阶段的加密币依然缺乏实用性，币值极不稳定，而且被包括我国在内的很多国家央行认定为非法货币。所以，在此类案件中，我们仍然将网络犯罪类罪名作为首选。从目前比特币被盗的判例分析来看，非法获取计算机信息系统数据罪仍为主要选用罪名。

在（2019）冀 0406 刑初 24 号赵某非法获取计算机系统数据案中，2014 年，被告人赵某和罗某在廉江市的新际网吧见到在上网的“阿某”，赵某和罗某在与阿某的交谈中知道阿某会发布木马软件以远程操控中病毒的电脑。罗某与赵某二人共出 500 元从阿某处买了一个木马软件并发布到一些 QQ 群中，后经过远程操控中木马病毒的电脑，发现被害人苏某的电脑信息中有比特币钱包，三人商量，赵某和罗某提供所需的银行卡号，由阿某实际操作将被害人电脑中的比特币兑换成人民币现金，将钱提现到赵某和罗某所提供的银行卡账户上，造成被害人 15 万元左右的损失。

本院认为，被告人赵某违反国家规定，侵入他人计算机信息系统，并获取数据，造成被害人经济损失达五万元以上，情节特别严重，其行为已构成非法获取计算机信息系统数据罪，公诉机关指控罪名成立。

4. 保护虚拟空间类的罪名选择

涉及罪名：选用传统的侵犯财产类罪名。

网络域名是网络用户进入门户网站的一种便捷途径，是吸引网络用户进入其网站的窗口。网络域名注册人注册了某域名后，该域名将不能再被其他人申请注册并使用，因此网络域名具有专属性和唯一性。网络域名属稀缺资源，其所有人拥有对域名行使出售、变更、注销、抛弃等处分权利。网络域名具有市场交换价值，所有人可以以货币形式进行交易。通过合法途径获得的网络域名，其注册人利益受法律承认和保护。对于网络域名的价值，当前可综合考虑网络域名的购入价、销赃价、域名升值潜力、市场热度等综合认定。

在（2016）辽0203刑初66号张某某盗窃案案例中，2009年5月，被害人陈某某在大连市某小区内登录金 × 网（www.4.cn）以人民币11.85万元竞拍到www.8.cc这个域名，并交给名 × 网维护。2010年，被告人张某某计划盗窃被害人陈某某所有的域名www.8.cc，其利用技术手段破解该域名所绑定的邮箱密码，而后将该域名转移绑定到自己的邮箱之中。被告人张某某于2010年8月6日将该域名从原有的维护公司名 × 网转移到万网的张某某申请的张三ID上，又于2011年3月16日将该域名从张三ID转移到张某某冒用龙某身份申请的ID上，并更换了绑定邮箱。2011年6月被告人张某某在admin5.com平台上将域名www.8.cc以人民币125 000元的价格出售给李某某（另案处理）。经辽宁省大连市西岗区价格认证中心鉴定，涉案www.8.cc域名价值人民币120 000元。经大连市公安局电子物证检验鉴定实验室鉴定，从被告人张某某处扣押的电脑硬盘中包含涉案信息文件。

5.保护知识产权类的罪名选择

涉及罪名：网络犯罪相关罪名（如非法获取计算机信息系统给数据罪等），侵犯知识产权相关罪名（如侵犯商业秘密罪、侵犯著作权罪等）。

知识产权由于其自身的属性也应属于虚拟财产的范畴，尤其是软件源代码、技术图纸等存放在计算机信息系统的知识产权，也是以电磁信息的形式存在，可从一定程度上解释为广义的数据。

由于知识产权类虚拟财产刑事保护门槛相对较高，如侵犯商业秘密罪追诉标准为直接损失30万元以上，在司法实务中存在立案难的现实问题。但随着时代进步和产业发展，新型著作权犯罪的预备行为存在触犯危害网络安全类罪名的可能。以软件源代码为例，由于其存放在计算机信息系统中，窃取等行为必定会涉嫌侵入计算机信息系统，从而可以考虑适用网络犯罪相关罪名。由于此类问题相对较为复杂，在本节中先进行简要介绍，后续相关章节将会对适用网络罪名的原因、证据收集标准、适用网络罪名与传统侵犯知识产权罪名的优劣及企业在保护知识产权的注意事项等进行详细阐述。

在（2017）浙01刑终512号魏某非法获取计算机信息系统数据、妨害信用卡管理罪，任某某、姜某等掩饰、隐瞒犯罪所得、犯罪所得收益罪案例中，2015年4月21日晚，被告人魏某利用其在华某公司研发部工作的便利，违反公司规定，使用手机、无线路由器等设备，通过技术手段侵入华某公司计算机信息系统，将其中存储的“H3CComware平台软件V7.0”源代码拷贝后带至其家中笔记本电脑中保存。2015年6月，被告人魏某在“C114通信人家园论坛”网站通过发帖形式兜售其非法获取的该套源代码。同年8月31日，被告人任成珺看到上述信息便通过QQ与被告人魏某进行联系，经双方沟通后，被告人任某某在明知该套源代码系被告人魏某从华某公司非法获取的情况下，仍通过微信群将所知情况告知被告人姜某、雷某，并提议三人共同出资75万元购买该套源代码，以备当时处于筹备阶段的北京楚×××科技有限公司软件开发时使用。被告人姜某、雷某均同意任某某的提议，并分别出资25万元用于购买该计算机软件。后因在交易过程中，双方发现被告人魏某从华某公司拷贝的源代码缺少部分组件，故经协商，被告人任某某一方实际向被告人魏某支付了72万元。2015年11月中旬，被告人任某某又将该套源代码拷贝给楚×××公司软件开发经理李某用于研发，但至被告人任某某被抓获时，楚×××公司尚未开始交换机软件的研发工作。

法院审理认为，魏某在没有取得华某公司授权的情况下，利用手机及其私自携带的无线网卡连接并访问实验室的交换机，符合非法侵入计算机信息系统的行为特征；故魏某在本案中是利用职务便利，采用非法侵入计算机信息系统的方式获取涉案软件源代码，此后又将该源代码转售他人获取巨额利益，已同时触犯非法获取计算机信息系统数据罪和侵犯商业秘密罪，上述两个行为具有手段与目的牵连关系，择一重罪处罚，以非法获取计算机信息系统数据罪判处被告人魏某有期徒刑五年六个月，并处罚金人民币一百五十万元。

第二节 虚拟货币属于刑法意义上的“财物”

近年来，市场交易行为推动虚拟货币（比特币、以太币等）价格持续走高，盗窃虚拟货币案件也呈高发态势。但鉴于虚拟货币本质上为一串电磁代码，本身不具备实物价值，因其可以在虚拟空间流转而在相应交易市场中被赋予一定的价格，所以在司法实务中对于盗窃虚拟货币类案件的定罪处罚一直处于两难境地。一方面比较保守的观点是将其认定为电子数据，以非法获取计算机信息系统罪定罪处罚，但由于此罪名法定最高刑仅为七年，而部分虚拟货币交易价格极高（如比特币价格稳定在 10 000 美元左右），适用此罪名很难罪当其罚；另一方面如若肯定虚拟货币的价值，将其认定为财物从而适用盗窃罪等侵犯财产类罪名，则涉及虚拟货币的属性确认和价值评估难题，尤其是 2017 年中国人民银行、中央网信办等相关部门发布《关于防范代币发行融资风险的公告》后，司法机关对虚拟货币性质的认定更持审慎态度。

2020 年 1 月，广东省深圳市福田区人民法院针对李某盗窃虚拟货币一案作出一审判决，法院在判决中肯定了虚拟货币具备一定的经济价值，属于刑法意义上的财物，并提出了评估虚拟货币价值的计算方法，某种程度上提供了一种法律适用的思路。通过对判决书内容进行梳理，该案所体现的核心观点如下：

①虚拟货币具有经济价值，且所有者能够对其占有、使用、收益、处分，属于刑法意义上的“财物”。

②虚拟货币的价值评估方法：虚拟货币价值 = 被盗当日主要交易平台平均价格 × 被盗当日汇率 × 数量。

③对虚拟货币进行价值评估前提是虚拟货币必须为上市交易的虚拟货币，主要平台一般包括货币、币安或 OKEX 等交易平台，时间段以被盗当日价格和汇率为参考依据，平均价格为被盗当日最高价和最低价的平均值。

④未上市交易的虚拟货币价值无法评估认定。

一、案情介绍

被告人李某于2019年3月入职深圳市鑫某某公司区块链工程师职位。2019年4月份，被告人李某参与鑫某某公司与被害单位深圳市浩某公司合作开发的某项目，李某掌握了该项目的私钥和支付密码。因被告人李某在鑫某某公司试用期间被评定为不合格，于同年5月31日向鑫某某公司辞职，并于当日办理了工作交接。被告人李某对被辞职心生不满，遂于2019年6月20日在其住处利用之前掌握的某项目的私钥和支付密码，通过手机上网登录浩某公司在IMToken虚拟交易平台开的账户PK-新钱包盗取以太币3个、浩德币400万个。同年7月15日，被告人李某又进入浩某公司在IMToken虚拟交易平台开的账户PK-新钱包盗取以太币0.4个。后被告人李某将盗窃的以太币、浩德币转存在其OKEX交易平台开设的账户和IMToken虚拟交易平台开设的账户里。

二、裁判理由

以太币在中国境内虽不能作为货币流通，但其作为一种虚拟财产，其所有者能够对持有的货币进行管理、能够通过特定方式进行支付、转移且能够使用货币公开进行交易，具有一定经济价值，属于刑法上的“财物”。

以太币作为一种虚拟货币，具有两个特点：①获得方式有两种，一是成为以太坊的“矿工”，即“挖矿”，二是通过特定渠道以支付对价的方式交易获得，本案中的被害单位便属于后者；②以太币在进行交易时有明确的价格，其价格虽随着交易行情的变化而有所波动，但就如其他实体货币的汇率或股票交易一样，能够确定在某一时间段内的具体价格。基于上述两个特点，以太币这类虚拟货币的价值认定应以案发时的交易价格作为依据进行计算。

经查，目前以太币的交易平台主要有HuobiGlobal、OKEX、币安网等，在同一时间段内各交易平台上以太币的价格会有细微差异，故法院以被害单位及被告人均予以认可的HuobiGlobal上的交易价格作为认定本案以太币价值的依据。依据HuobiGlobal上的市场交易行情记录，2019年6月20日，以太币的交易平均价格为268.265美元，当天中国人民银行公布的人民币兑美元汇率中间价为6.88，换算为人民币约1845.66元，当天被盗的三个以太币共价值人民币约5536.99元；2019年7月15日，以太币的交易平均价格为220.5美元，当天中国人民银行公布的人民币兑美元汇率中间价为6.87，换算为人民币约1514.84元，当天被盗的0.4个以太币共价值人民币约605.94元。

涉案浩德币在被盗取时并未公开上市交易，无法计算价值，但因浩德币被盗可能对被害单位造成一定经济损失，该情节法院在量刑时酌情予以考虑。

第三节　有价可估的网络域名

现实生活中，确定公司名称是每个公司设立进而开展经营活动的必要前提。于公司而言，公司名称最基本的功能是标识性，同时也具备相应的商业价值和品牌效应。而在网络空间中，与公司名称相类似，确定域名也是创建网站的前提和基础。从商业角度考虑，域名作为查找网站位置的标识同样具备相应价值。然而，尽管现实社会中公司名称与网络空间中的域名在功能和商业效果上大体相似，但在刑法层面而言，现实生活中的公司名称不可能出现被他人客观上秘密窃取所有权的情形，而网络空间的域名则很有可能成为盗窃罪的犯罪对象。本节以最高人民检察院指导性案例37号为切入点，就盗窃域名这一犯罪行为的法律适用进行简要分析。

一、基本案情

2009 年 5 月，被害人陈某在大连市西岗区大同街登录域名注册网站金名网，以人民币 11.85 万元竞拍取得“www.8.cc”域名，并交由域名维护公司名富网维护。

2010 年，被告人张某毛预谋窃取陈某拥有的域名“www.8.cc”，其先利用技术手段破解该域名所绑定的邮箱密码，后将该网络域名转移绑定到自己的邮箱上。2010 年 8 月 6 日，张某毛将该域名从原有的维护公司名富网转移到自己在另一网络公司申请的张三 ID 上，又于 2011 年 3 月 16 日将该域名再次转移到张某毛冒用“龙嫦”身份申请的 ID 上，并更换绑定邮箱。2011 年 6 月，张某毛在网上域名交易平台将网络域名“www.8.cc”以人民币 12.5 万元出售给李某。经辽宁省大连市西岗区价格认证中心鉴定，涉案域名价值人民币 120 000 元。2015 年 9 月 29 日，张某毛被公安机关抓获。

最终法院判决被告人张某毛犯盗窃罪，判处有期徒刑 4 年 7 个月，并处罚金人民币 50 000 元。

二、网络域名的财产属性

就网络域名的本质而言，其是存储在计算机信息系统中的电子数据，物质形态上表现为电磁信号。2009 年《刑法修正案（七）》增设非法获取计算机信息系统数据罪，2014 年最高法法官在《人民司法》2014 年第 15 期发表《〈关于办理盗窃刑事案件使用法律若干问题的解释〉的理解和适用》，明确了对于盗窃虚拟财产的行为，如需刑法规制，可将其认定为计算机信息系统犯罪。因此在此指导性案例公布之后，司法实务中多将网络域名认定为虚拟信息而非现实生活中的财物，对于上述侵害网络域名的行为，往往适用非法获取计算机信息系统数据罪而非盗窃罪。就条文规定本身来看，针对上述行为适用此罪名完全符合相应犯罪构成要件，但也存在诸多不当之处。

一是取证难度大。实施网络域名盗窃行为，犯罪人一般会先利用非法手段侵入域名注册人注册域名时所使用的邮箱，再将域名与自己所控制的邮箱关联，达到占有控制域名的目的。此种犯罪手段会涉及大量的电子数据证据取证工作，由于电子数据具有易变、易毁性的特点，如被害人不能及时发现域名被盗，往往会存在证据灭失的风险。而一旦关键证据灭失，不能形成完整的证据链，上述行为便难以被纳入刑法的规制范畴。

二是难以罚当其罪。网络域名具备一定的商业价值，可在公开平台上进行交易。其中部分域名价值极高，甚至可达百万元，域名一旦被盗可能会对受害者造成巨大损失。而非法获取计算机信息系统数据罪法定最高刑仅为七年，难免会出现罚不当罪的情形。

因此，指导性案例37号最大的意义即在于肯定了网络域名具备法律意义上的财产属性，其价值可以通过价格认证中心鉴定确认，因此将盗窃网络域名的行为认定为盗窃罪并无不当。

首先，网络域名具备法律意义上的财产属性。虽然就本质而言，网络域名属于存储在计算机系统中的数据，在表现形式上与其他数据资料、虚拟财产并无不同，但与其他数据相比，网络域名有其本身固有的特性。一是网络域名具有专属性和唯一性的特点，一旦被盗将直接影响权利人的正常使用。相较而言，其他数据资料（如用户信息、交易数据等）则具有可复制性，他人非法获取后并不会影响权利人使用。二是网络域名具有可交易性的特点，可交易且能够转移占有的财产是相应对象成为财产犯罪的保护对象的重要原因。国内存在多个公开合法的域名交易平台，域名交易已经形成一个稳定的市场，域名所有人可随时将域名变现，这也是网络域名区别于游戏装备等虚拟财产（无变现途径，仅在一定群体内存在价值）的原因所在。三是域名具有稀缺性的特点，此特点决定其对应高价值，而其他虚拟财产（如游戏装备、积分等）可由经营公司无限制生成。

其次，网络域名的价值可以通过价格认证中心鉴定确认。价格认证中心隶属于各省市物价局，其中一项工作职能便是对司法机关办理刑事案件涉案物品的价格进行鉴定。鉴于价格认证中心为事业单位，且非营利，因此其鉴定过程和结果的严肃性、客观性高于一般的资产和价格评估，涉财产类犯罪中立案、起诉、审判各诉讼环节均会将上述单位出具的价格鉴定报告直接作为证据使用。

综上所述，网络域名不仅有价值，且其准确价值可以通过评估确定。

三、网络域名价值评估参考因素

此指导性案例虽未对涉案域名价值评估的具体方式进行阐述，但在案例指导意见中明确："对于网络域名的价值，当前可综合考虑网络域名的购入价、销赃价、域名升值潜力、市场热度等综合认定。"综合考虑上述评估因素的客观性和可靠性，笔者认为对域名价值评估可以主要依据"购入价和销赃价"，参考"升值潜力和市场热度"。

购入价是指域名所有人初始获取域名时所实际支付的对价，是域名所有人为获取域名所付出的成本，此价格较为客观。但由于域名所有人会对域名进行管理投入，其现实市场价格可能高于购入价。

销赃价是指犯罪分子在非法获取域名后，再次转让所得的实际金额。犯罪分子在非法获取域名后为尽快销赃，可能会以较低的价格进行出售，难以客观全面地反映域名的真实价值。

升值潜力指域名本身所存在的价值，域名由前缀和后缀组成（如："lvfaydn.com"，"lvfaydn"是前缀，".com"是后缀），排除其市场热度因素，前缀越短，价值越高，后缀是".com"的价值要高于其他后缀。此外是否是熟知单词或拼音词组等因素也会影响域名的价值。

市场热度体现域名的商业价值，这是决定域名市场价格的最关键因素。

因此，由于"购入价和销赃价"均存在客观的对价支付，因此可以作为网络域名价值评估主要参考依据。同时，考虑到升值潜力和市场热度的影响因素较多，因此也作为评估网络域名价值的参考因素。

综上所述，网络域名作为属于存储在计算机系统中的数据，以非法侵入计算机系统的方式窃取域名的行为可以被认定为非法获取计算机信息系统数据罪。但在被窃取网络域名价值较大且其价值可以被评估确定时，肯定网络域名的财产属性，将上述行为认定为盗窃罪不失为更恰当的司法实践。

第四节　企业数据资产保护那些事

2016 年 12 月，为贯彻落实《中华人民共和国国民经济和社会发展第十三个五年规划纲要》和《促进大数据发展行动纲要》，加快实施国家大数据战略，推动大数据产业健康快速发展，工业和信息化部发布了《大数据产业发展规划（2016—2020 年）》。发展大数据产业已成为国家重要战略。许多企业纷纷响应国家号召，不断加大投入，盘活数据资产，布局产业前沿。2018 年行业总产值已达到 6200 亿元，据中国大数据产业生态联盟调查显示，国内大数据企业年营业额 4000 万人民币以上的已经超过 40%，这意味着，这些企业已经度过生存期，开始进入应用落地和品牌推广阶段。

随着产业发展进入新阶段，企业数据资产权益保护的问题日益凸显，企业数据和相关权益被侵害的案件时有发生。与个人信息已经被《中华人民共和国民法典》第 111 条确立为一项权利不同，企业数据权益尚未得到法律的确认，学界对该项权益的性质和内容也还没有统一意见。从已有的司法实践看，企业现阶段维护自身数据权益主要有著作权保护路径、商业秘密保护路径和反不正当竞争法保护路径三种。

一、数据库与数据汇编作品属于受著作权保护的“作品”

数据库构成作品的主要原因在于其满足著作权法对于作品独创性和可复制

性的要求，每一种数据库都对数据有独特的选择和编排。司法实践中存在大量数据库著作权侵权案件的判决，如在国泰安公司与吴某、浙江淘宝网络有限公司著作权权属、侵权纠纷案中，法院认定国泰安公司提供的作品登记证书表明其系涉案CSMAR系列研究数据库系统的著作权人，其合法权益受国家法律保护，他人未经许可，不得复制、发行上述国泰安公司享有著作权的作品。

数据汇编作品不仅受到著作权法保护，国际协议对此也有专门表述。我国《中华人民共和国著作权法》(以下简称《著作权法》)第14条规定，汇编若干作品、作品的片段或不构成作品的数据或者其他材料，对其内容的选择或编排体现独创性的作品为汇编作品，其著作权由汇编人享有，但行使著作权时，不得侵犯原作品的著作权，WTO的《与贸易有关的知识产权协议》(即《TRIPS协议》)第10条第2款规定，数据汇编或其他资料汇编，无论呈机器可读形式还是其他形式，只要通过对其内容的选取或安排而构成了智力创造，就应作为智力创造加以保护。

二、著作权保护数据权益的短板

1.大数据产品能否构成数据汇编作品需要经受检验

在大数据时代，人工智能、深度学习已被广泛应用于数据处理、加工过程中，企业通过一定的算法或模型对海量的原始数据进行加工整理，最终生成数据产品的过程对传统著作权框架下的创作主题、创作方式均是一种颠覆。这种由计算机自动化程序输出的结果是否能满足创作主体、独创性等一系列标准存在不确定性，这是此类维权方式可能面临的风险之一。

2.著作权的制度局限性

合理使用制度是在某种特定情况下，可不经著作权人许可而对受保护作品进行合理使用，无须向著作权人支付报酬的制度。在某些情况下，被告人可以将“合理使用”作为抗辩理由，如大数据产品所依凭的原始数据属于公开、免费资源等。数据汇编作品的著作权保护需要为合理使用让位的现实情况无法保证企业的投资回报，这是企业在保护数据权益时另觅他途的重要原因之一。

3. 著作权保护模式并不能给予数据产品全方位的保护

著作权只对汇编作品的选择和编排进行保护，并不保护数据产品的具体内容，因此如果仅是数据产品的部分内容受到侵害，很难依据著作权主张相应的权利。

正因如此，现有的著作权保护体系在保护数据产品方面存在诸多不足，大数据企业在实践中越来越倾向于采用商业秘密或反不正当竞争相关制度维护自身权益。

三、企业数据的商业秘密保护模式

根据法律和司法解释规定，商业秘密是指不为公众所知悉、具有商业价值并经权利人采取相应保密措施的技术信息、经营信息等商业信息，也就是商业秘密必须具有秘密性、商业价值并被权利人采取一定的保密措施。

企业通过各种合法渠道收集整理的用户信息、行为习惯、爱好倾向、账号信息、客户名单等数据及其衍生产品，只要符合前述特征便可依据商业秘密的有关规定予以保护。反之，则只能通过其他途径进行维权。

我国实践案例中，许多企业对自身收集整理数据后所形成的数据集合以商业秘密予以保护。在力克系统（上海）有限公司与吕某某侵害商业秘密案中，上海知识产权法院认为涉案的“行业细分表”既包括上市公司的公开信息，也包括非上市公司的信息，该份表格系原告对相关公司信息收集、筛选、整理后而形成，并无证据表明可以从公开渠道获取该份表格，该表格具有不为公众所知悉的属性，且具有商业性和保密性，可认定为商业秘密。

但是，由于大数据的流动性、复用性、共享性和公开性等特征与采取商业秘密保护数据的方式存在冲突，可能导致法院认定企业的数据或数据产品不具有非公知性。

一方面是数据来源的公开性问题。各家企业除了通过自采集获取数据外，还有可能通过公开渠道收集大量数据，这些公开数据源不仅会为被告提供抗辩理由，而且容易破坏数据产品的非公知性特点从而被法院驳回。

另一方面则是数据和数据产品的使用问题。数据产品是为了服务于企业经营和销售，故必须向一定范围的员工和客户进行展示，这也有可能破坏保密性。在奥美公司与程某商业秘密纠纷案中，常州市中级人民法院认为，用于制作宣传片的数据源文件及数据资料于宣传片交付后已经公开，不再具备秘密性。

四、企业数据的反不正当竞争法一般条款保护

由于著作权保护和商业秘密保护均存在一定不足之处，近年来，部分企业逐渐开始援引《反不正当竞争法》第 2 条的一般条款，主张对损害企业自身合法数据权益的行为予以规制，如大众点评诉百度案、新浪微博诉脉脉案、淘宝诉美景案等。

在淘宝诉美景案中，杭州互联网法院认为，网络数据产品的开发与市场应用已成为当前互联网行业的主要商业模式，是网络运营者市场竞争优势的重要来源与核心竞争力所在。此案中法院认为，“生意参谋”的数据产品是淘宝公司经过长期经营积累而形成的，为淘宝公司带来了可观的商业利益与市场竞争优势，淘宝公司对涉案数据产品享有竞争性财产权益。而美景公司未付出劳动创造，将涉案数据产品直接作为获取商业利益的工具，此种以他人劳动成果为己牟利的行为，明显有悖公认的商业道德，属于不劳而获“搭便车”的不正当竞争行为，如不加禁止将挫伤大数据产品开发者的创造积极性，阻碍大数据产业的发展。

但《反不正当竞争法》第 2 条被滥用的司法现状也一直为学界所诟病，当下企业数据合法利益缺乏清晰边界，运用一般性兜底条款保护企业数据权益，不仅结果具有不确定性，而且有过度保护之嫌。

此外，引用《反不正当竞争法》保护数据财产还有可能引发对自身的反垄断调查。根据垄断优势理论，数据垄断是巨头企业基于技术、资金、管理、规

模经济及知识产权保护等优势基础上的产物。该领域最典型的案例发生在美国。

hiQ Labs是一家为客户提供雇员评估服务的公司，其服务基础是对市场上公开获取的数据进行统计分析，而Link in作为职场社交巨头是其重要的数据来源。2017年5月，Link in突然要求hiQ停止非授权性数据抓取，禁止hiQ继续获取其用户的公开信息，同时还采取技术措施屏蔽了hiQ的爬虫。hiQ因此对Link in提起诉讼，认为Link in涉嫌垄断，而Link in则以保护用户隐私为由进行抗辩。法院最终支持了hiQ有关临时禁令的动议。根据报道，美国法院在判决该案时主要考虑了三方面因素，一是Link in的市场份额，二是Link in未屏蔽所有第三方抓取数据，三是Link in的业务拓展趋势，hiQ声称Link in正试图进入数据分析市场与hiQ展开竞争。[1]

此前，我国在反垄断领域的执法力度较为薄弱，随着市场监管总局的建立，执法力量分散的局面已经有所改变。同时，随着互联网产业的进一步发展，国家已经注意到行业垄断问题，先后出台了《禁止垄断协议暂行规定》《禁止滥用市场支配地位行为暂行规定》和《关于促进平台经济规范健康发展的指导意见》等法规和政策文件，加强互联网领域反垄断执法的意图已非常明显。过度使用《反不正当竞争法》第2条来保护数据资产，可能会引火烧身损害长远利益。

综合来看，数据资产保护的著作权模式、商业秘密模式、反不正当竞争法模式均能在一定程度上维护企业的财产性权益，企业可以根据自己面临的实际情况加以灵活选择。但应看到，这些模式在实现维权目的的同时也存在诸多不便和不确定性，甚至会产生负面影响。要保护企业数据资产权益，最终还是应当将其作为一种新型权利进行确定并针对性地设计一整套保护制度，才能在产业发展与权益维护之间取得平衡。

---

[1] 李娅宁．5亿份简历数据被爬取后出售，领英诉爬取者为何陷入困局？[EB/OL].(2021-06-17)[2021-10-05].http://www.sohu.com/a/472589023_161795.

第五节　怎样保护我们的商业秘密

当前，我国已经全面进入知识经济时代，全社会对知识产权、商业秘密的保护意识得到了大幅提高。但受制于立法现实，企业在商业秘密受到侵犯时往往面临着一系列的维权难题。而且，从长远角度考虑，企业的商业秘密保护应该更加注重事前预防而非事后维权。这就要求我们对现行法规和内控制度有较为深刻的理解。

一、充分运用新规定，提升立案可能性

2018 年 1 月 1 日起正式施行的《最高人民检察院 公安部关于公安机关办理经济犯罪案件的若干规定》（以下简称《公安机关办理经济犯罪案件规定》）替代了原 2005 年 12 月 31 日发布的版本。其中有关商业秘密类案件侦办的规定在一定程度上降低了立案门槛，可以根据情况适当加以运用。

1.疑似线索也可要求刑事立案

《公安机关办理经济犯罪案件规定》第 18 条指出，在立案审查中，发现案件事实或者线索不明的，经公安机关办案部门负责人批准，可以依照有关规定采取询问、查询、勘验、鉴定和调取证据材料等不限制被调查对象人身、财产权利的措施。经审查，认为有犯罪事实，需要追究刑事责任的，经县级以上公安机关负责人批准，予以立案。公安机关立案后，应当采取调查性侦查措施，但是一般不得采取限制人身、财产权利的强制性措施。确有必要采取的，必须严格依照法律规定的条件和程序。严禁在没有证据的情况下，查封、扣押、冻结涉案财物或者拘留、逮捕犯罪嫌疑人。公安机关立案后，在 30 日以内经积极侦查，仍然无法收集到证明有犯罪事实需要对犯罪嫌疑人追究刑事责任的充

分证据的，应当立即撤销案件或者终止侦查。重大、疑难、复杂案件，经上一级公安机关负责人批准，可以再延长30日。

此前，报案人在报案时，只要涉案侵权商品进入流通领域，基本均要求报案人通过自行购买假冒伪劣产品等方式提供商业秘密同一性鉴定。在此规则下，此类现象可能有所改观，更有利于商业秘密案件的初查保护。

2.民事先诉也可启动刑事立案

《公安机关办理经济犯罪案件规定》第20条明确，涉嫌经济犯罪的案件与人民法院正在审理或者作出生效裁判文书的民事案件，属于同一法律事实或者有牵连关系，符合下列条件之一的，应当立案：

（1）人民法院在审理民事案件或者执行过程中，发现有经济犯罪嫌疑，裁定不予受理、驳回起诉、中止诉讼、判决驳回诉讼请求或者中止执行生效裁判文书，并将有关材料移送公安机关的；

（2）人民检察院依法通知公安机关立案的；

（3）公安机关认为有证据证明有犯罪事实，需要追究刑事责任，经省级以上公安机关负责人批准的。

此前的规定并无第三项的内容，企业一旦选择民事诉讼，就必须由法院移送或者检察机关通知立案。《公安机关办理经济犯罪案件规定》允许公安机关自行立案，在无法满足报案基本条件的情况下，先行启动民事诉讼，保全证据后，即使法院不愿移送案件，另行启动刑事诉讼也成为一种可能。

二、完善商业秘密保护体系，为立案创造条件

从企业长远利益角度考虑，商业秘密一旦泄露，企业依靠历史积淀和研发所积累的行业优势便会荡然无存，即便事后维权成功，所造成的损失也难以挽回。因此，事前预防以及为事后维权做好充分准备应是企业商业秘密保护领域合规工作的重点方向。

1. 完善日常商业秘密保护制度

企业加强日常商业秘密保护，保密手段通常包括限定涉密信息的知悉范围，在涉密信息的载体上添加保密标识，对于涉密信息采取加密保护措施，签订保密协议，对于涉密的机房、厂房、车间等场所限制来访者或者提出保密要求等。

当前很多互联网公司的代码库管理较为混乱，部分公司访问核心代码库不设访问次数限制。此种管理模式在案发后很难称为“对商业秘密的有效保护”。

此外，虽然与离职员工签订保密和竞业限制协议已经成为业界通行做法，但大部分公司对于已离职员工依然缺乏必要的管理措施，导致公司无法掌握员工离职后的实际从业情况。鉴于此，公司可以通过要求已离职员工每三个月提交一次就业证明的形式加强对已离职员工的管理和约束，并为对违反竞业协议的员工发起诉讼维权提供证据支持。

在（2017）浙1021刑初5号判决书记载的案件中，被告人肖某于2009年9月至2013年3月期间，在M公司任职并签订了保密协议，规定其离职后具有竞业禁止义务。2013年3月15日，被告人肖某离职，开始为期两年的竞业限制期限，期间被告人肖某须提交任职情况证明，每三个月领取14 100元补偿金。2013年6月25日，被告人肖某自行组建公司承揽业务。同年9月12日，被告人肖某在违反竞业禁止规定的情况下仍虚构就业证明，向M公司骗取2013年6月25日至2013年9月14日期间的竞业禁止补偿金12 000余元。经鉴定，肖某公司和M公司从事同种行业。最终，法院一审判决被告人肖某犯诈骗罪，判处有期徒刑6个月，缓刑1年，并处罚金人民币2000元。

2. 适当运用“技术浮点”

各家公司可以在自己的代码库和数据库中设置相应功能，凡是从库中提取的资料全部加水印、VID码、标记性文本等不影响整体功能的特征标记，增强商业秘密的特征属性，同时也要防止原始载体灭失，无权可证。

在抖音诉刷宝App侵犯网络传播权案中，海淀法院便依据抖音提交的含有抖音专属VID码的视频证据，对刷宝的运营主体裁决采取诉前行为保全措施。

3. 防止反编译

反向工程是对商业秘密破解的非侵权途径，诸多侵犯商业秘密的刑事案件，均会以通过反向工程合法获取商业秘密作为抗辩，虽然公安机关会对反向工程的过程进行查证，但此类抗辩仍会对刑事案件的成案产生影响。各类软硬件企业应当将涉密点所在的关键部位进行防止反编译保护，阻止反向工程抗辩，包括硬件层面的黑箱化封闭和软件层面的加密等。

第六节　拿什么来保护我的“客户信息”

客户名单作为公司的核心经营性信息，在商业竞争、公司发展中占据了重要地位。一份具有核心商业价值的客户名单往往成为公司竞争对手最为垂涎的目标对象，在巨大经济利益的驱动下，离职员工窃取老东家客户名单的事件已屡见不鲜。在遇到此类事件后，如何利用最合理的资源成本、迅速有效地阻止客户名单的泄露，有效制止公司损失继续扩大，同时惩戒相关责任人员，警示公司内部员工，成为每个公司法务、HR 都亟须解决的问题。

如在客户信息被窃取或泄露后，造成或可能造成公司巨大损失时，公司高层往往更倾向诉诸刑事法律来介入处理问题。那么，在公司选择刑事控告手段进行维权时，如何选择罪名？如何避免因罪名选择的错误而导致公司永远丧失刑事法律途径解决问题的可能性？

在传统的法律认识里，我们都认为“客户名单”作为公司商业秘密的一种，如果涉及刑事方案处理，理所应当选择《刑法》第 219 条“侵犯商业秘密罪”来进行控告，但刑法对于侵犯商业秘密罪的构成要求严苛，由于商业秘密的认定难、损失金额确定难、损失因果关系认定难，大量案件均因不满足其中的一项不能作为刑事犯罪处理。但“客户信息”被窃取和泄露的行为又确实造成了公司的合法权益受到侵害，那么，我们不妨从“客户信息”被窃取和泄露的行为本身入手，考虑以《刑法》第 285 条“非法获取计算机信息系统数据罪”设计刑事解决方案。接下来，我们将通过如下实际案例对上述问题进行分析阐述。

一、案情简介

A 医疗服务公司（主要为客户提供国外医疗服务）发现近期营业额大幅下降，部分常年客户出现临时毁约或到国外后拒绝接受实际医疗服务的情况。经 A 公司初步了解，发现大部分流失客户接受竞品公司 B 公司提供的医疗服务。在进一步排查内部员工及近期离职员工后，发现前 A 公司销售人员 Z 现在 B 公司任职，且 Z 在离职前曾利用其主管的用户名和密码登录公司系统，大量下载公司客户名单资料，包括姓名、手机号码、项目需求、治疗阶段等 30 余项信息。鉴于公司对客户名单进行加工（积累形成交易习惯、项目需求等），不为公众所知悉，且公司在劳动合同、保密协议、员工手册等文件中均约定员工具有保密义务，由此 A 公司认为该客户名单属于商业秘密，在收集证据后便以侵犯商业秘密罪向侦查机关报案。经侦查机关初查，认为因客户名单泄露与实际经济损失之间的相关性较弱，且实际损失较少（3 万余元），告知 A 公司不予立案。

二、以侵犯商业秘密罪立案的难度分析

A 公司认为该案中被非法获取的客户名单属于其商业秘密，故 A 公司在事件发生后选择及时搜集、固定相关证据，以侵犯商业秘密罪向当地侦查机关报案，但由于侵犯商业秘密罪存在犯罪对象认定较严、追诉标准较高以及商业秘密被非法利用难以证明等特点，因此，对于 A 公司而言，选择以此罪立案往往会处于一种被动的局面。

首先，侵犯商业秘密罪对犯罪对象的认定较为严格，即本罪的犯罪对象必

须是同时满足秘密性、价值性和经权利人采取保密措施的商业秘密，否则只能适用其他罪名，甚至可能不构成犯罪。因此，A 公司必须能够提供相应的证据材料证明其客户名单充分满足上述三性。然而实践中的难点在于，客户名单到底是否属于商业秘密本来就存在一定的争议。不仅我国如此，在其他国家，对于客户名单的法律性质也有着截然相反的规定，如在日本普遍认为客户名单属于商业秘密，理由在于客户名单是不花费一定劳动得不到的，是他人经过独特积累、收集、加工、整理的，非简单地复制社会上已有名录而形成的；而美国则一般认为客户名单是很容易从公开渠道获得的，所有人都能通过相同的途径取得，且客户名单在特定领域内较为有名，从而否定了客户名单属于商业秘密的法律性质。此外，由于不同的侦查机关在适用标准上存在差异，因此在立案阶段客户名单究竟是否属于商业秘密，往往依赖于具体办案人员的主观判断，平添了诸多不确定性。

其次，侵犯商业秘密罪的立案追诉标准较高。最高人民检察院、公安部《关于侦查机关管辖的刑事案件立案追诉标准的规定（二）》（公通字〔2010〕23 号）第 73 条的规定，侵犯商业秘密，涉嫌下列情形之一的，应予立案追诉：

（一）给商业秘密权利人造成损失数额在五十万元以上的；

（二）因侵犯商业秘密违法所得数额在五十万元以上的；

（三）致使商业秘密权利人破产的；

（四）其他给商业秘密权利人造成重大损失的情形。

根据上述规定，可以发现对于 A 公司而言存在两个明显的困难。第一，本罪的追诉数额起点较高，无论是损失数额还是违法所得数额，必须达到 50 万元以上，而 A 公司的实际经济损失仅 3 万元，明显未达到该追诉标准，在此情况下，A 公司以此罪立案便无可能；第二，违法所得较为容易证明，但是重大损失，尤其是客户名单的非法获取、使用与重大损失之间的因果关系却难以证明。虽然我国刑法及有关司法解释对重大损失的数额有着明确的规定，但重大损失的范围并未规定，因此 A 公司必须全面收集、准备可以计入财产损失的证据，如取得商业秘密的成本、权利人的商业秘密被侵犯前后的利润差额、侵权人在侵权期间“因侵权”所获得的利润等数额证据，继而在立案阶段由办案人员主观认定以及在审判阶段由法官自由裁量究竟是否属于重大损失。

最后，鉴于侵犯商业秘密罪属于结果犯，即要求造成重大损失才可能成立本罪，而行为人单纯的获取行为并不会造成权利人的损失，因此 A 公司必须能够证明非法获取的商业秘密已被他人非法利用，才有可能存在重大损失。单纯的获取，对于 A 公司而言较为容易证明，难点在于 A 公司很有可能根本不知道是否存在被非法利用以及被何人非法利用的事实，更不用说 A 公司还需要提供证据去证明这一点。如在上文提到案件中，A 公司前销售人员 Z 非法获取商业秘密后在 B 公司任职的事实以及 A 公司的客户先后流向其竞品公司 B 公司的事实，并不能直接证明 Z 向 B 公司非法披露（B 公司非法使用）了该商业秘密，在因果关系的证明上并不能排除合理怀疑。

三、以非法获取计算机信息系统数据罪立案的优势分析

我国是以行为是否符合犯罪构成为标准来判断、区分此罪与彼罪的，同时也是以犯罪构成为标准区分一罪和数罪的。当一个行为触犯了数个罪名的时候，则属于想象竞合犯或牵连犯，择一重罪处罚。例如，在（2017）浙 01 刑终 512 号判决中，法院认为：被告人利用职务便利，采用非法侵入计算机信息系统的方式获取涉案软件源代码，此后又将该源代码转售他人获取巨额利益，已同时触犯非法获取计算机信息系统数据罪和侵犯商业秘密罪，上述两个行为具有手段与目的牵连关系，择一重罪，以非法获取计算机信息系统数据罪认定。

在本案中，行为人 Z 以侵入计算机信息系统的方式获取了存储于其中的客户名单，其行为即属于非法获取商业秘密的行为，也属于以侵入方式非法获取计算机信息系统数据的行为。在以侵犯商业秘密罪不利于 A 公司进行控告时，不妨抛弃客户名单属于商业秘密的传统认知，转变思路，以非法获取计算机信息系统数据罪向侦查机关控告。如此一来，不论是从犯罪对象的认定、追

诉标准还是证据收集的角度，都更有利于A公司维护自身合法权益。

①从对象的角度来看，证明客户名单属于数据的难度远低于证明其属于商业秘密的难度。

《最高人民法院关于审理不正当竞争民事案件应用法律若干问题的解释》（法释〔2007〕2号）将客户名单界定为："一般是指客户的名称、地址、联系方式以及交易的习惯、意向、内容等构成的区别于相关公知信息的特殊客户信息。"对于一般的客户名单是否属于商业秘密，A公司必须证明该客户名单具备秘密性，具有公众难以获得的特有信息，形成具有一定的过程性且该过程蕴含着权利人的劳动；该客户名单中包含的交易信息必须具备价值性；该客户名单具有保密性，即A公司对外部合作者有保密限制措施，对内部员工有保密制度，对知悉范围进行了必要合理的限制，且对客户名单的载体采取了保密标识以及使用了密码措施。只有这样的客户名单，才属于商业秘密，受刑法的保护。

与商业秘密不同，计算机信息系统数据是指任何在计算机信息系统中存储、处理或者传输的数据，包括位置数据、交易记录、消费习惯、虚拟财产等信息。A公司的客户名单以电子数据的形式存储于该公司的计算机系统中，即使因其不具秘密性、价值性和保密性而不属于商业秘密，其仍然属于非法获取计算机信息系统数据罪中的数据，属于受刑法保护的对象。

因此，从犯罪对象的角度来看，选择非法获取计算机信息系统数据罪更有利于A公司维护权益，更有利于惩治犯罪。

②从立案的角度来看，本罪的追诉数额标准明显低于侵犯商业秘密罪。

如上所述，侵犯商业秘密罪的立案追诉数额标准在50万元以上。而根据最高人民法院、最高人民检察院《关于办理危害计算机信息系统安全刑事案件应用法律若干问题的解释》（法释〔2011〕19号）第1条的规定："本罪的追诉数额标准为：……（四）违法所得五千元以上或者造成经济损失一万元以上的……"

显而易见，本罪的入罪标准明显低于侵犯商业秘密罪的入罪标准。在本案中，A公司的实际经济损失只有3万元，虽未达到侵犯商业秘密罪的立案追诉标准，但已达到非法获取计算机信息系统数据罪的追诉量刑标准。

③从证据的角度来看，本罪的行为证据收集难度大大降低。

首先，从证明内容上来看，相对于侵犯商业秘密罪要求披露、使用行为的证据，本罪更加注重非法获取行为的证据收集，即行为人对计算机信息系统的侵入行为。根据最高人民检察院公布的指导案例（检例第36号），非法获取计算机信息系统数据罪中的“侵入”，是指违背被害人意愿、非法进入计算机信息系统的行为。其表现形式既包括采用技术手段破坏系统防护进入计算机信息系统，也包括未取得被害人授权擅自进入计算机信息系统，还包括超出被害人授权范围进入计算机信息系统。而本案中Z员工利用其主管的用户名和密码登录公司系统的行为，即属于未取得授权擅自进入计算机信息系统的侵入行为。因此，A公司只要能够提供证据证明其在侵入后存在下载、拷贝等获取行为，即可满足非法获取计算机信息系统数据罪的行为构成要件，而无须证明Z在非法获取后的非法披露和非法使用行为。

其次，从证明难度来看，由于Z对计算机信息系统的侵入行为以及获取行为会在系统服务器内留有日志记录，而服务器的所有权人为A公司，因此A公司收集、固定证据的难度大大降低，只需保证日志记录不被污染、满足刑事证据合法性要求即可。

有鉴于此，律师团队在接受A公司的委托并详细了解案情的基础上，第一时间提出调整控告罪名建议，在确定适用非法获取计算机信息系统数据罪后，及时结合该罪的犯罪构成指导A公司收集、固定相关证据材料。主要的证据材料包括：

①A公司的系统管理制度，证明A公司对该客户名单采取了必要的保护措施；

②员工下载客户名单的审批流程，证明涉案员工Z未经审批违规访问、下载客户名单的行为属于未经授权的侵入行为；

③涉案员工所在岗位的岗位职责，排除涉案员工因工作需要而访问、下载客户名单的可能性；

④A公司系统日志记录，固定涉案员工违规访问、下载客户名单的电子证据；

⑤客户访谈记录，证明客户前往国外进行医疗服务，在国外机场被B公司销售人员带至其指定医院，临时与A公司解除合同，造成A公司利润损失3万余元，后曾因医疗服务质量问题投诉B公司。

在初步收集、固定相关证据后，A公司再次向侦查机关报案，侦查机关经初查后以非法获取计算机信息系统数据罪立案侦查，经对前员工Z进行讯问，其对离职前窃取A公司客户名单的犯罪事实供认不讳，且交代其以A公司的客户名单为基础，在B公司组建销售团队进行营销活动。

四、问题扩展：非法获取计算机信息系统罪犯罪对象的范围应当如何界定

关于非法获取计算机信息系统数据罪犯罪对象的范围，我国刑法及有关司法解释并未进行专门性的界定，一般认为该罪的犯罪对象是任何在计算机信息系统中存储、处理或者传输的数据，即广义的数据。也正因此，实践中的非法获取计算机信息系统数据罪在某种程度上成了网络犯罪的“口袋罪”。根据最高人民法院、最高人民检察院《关于办理危害计算机信息系统安全刑事案件应用法律若干问题的解释》（法释〔2011〕19号）对于非法获取计算机信息系统数据罪“情节严重”的规定，可以发现数据被限定于“身份认证信息”。也有学者认为非法获取计算机信息系统数据罪中数据的范围不宜过宽，并提出了狭义的数据的概念，主张将数据限定于身份认证信息或个人信息，对于数据中其他类型的对象，应当根据其法律性质，分别适用对应的罪名。

本书在一定程度上支持这一观点，对于数据中其他性质的数据，应当根据其法律性质选择与其对应的罪名论处，只有在不构成其他犯罪且确有必要追诉犯罪的情况下，才应考虑以非法获取计算机信息系统罪论处。对于其中属于知识产权类型的信息，应当以侵犯著作权罪或侵犯商业秘密罪定罪处罚。

但是考虑到商业秘密的特殊性，本书认为又不能一刀切，完全以侵犯商业秘密罪论处，商业秘密和狭义的数据在外延上也存在着一定的交集，该交集部分既属于商业秘密，也属于狭义的数据，本案中的客户名单便是其中一例。在此情况下，我们既可以选择以侵犯商业秘密罪加以规制，也可以选择以非法获取计算机信息系统数据罪定罪处罚。而对于那些明显不属于狭义数据的商业秘密（即非个人信息性质的商业秘密），则只能依据侵犯商业秘密罪论处。鉴于狭义的数据目前仅属于学理上的讨论，尚未得到司法实务中的普遍认同，因此在理论认知和实践操作中也存在着一定的争议。例如，上文提到的（2017）浙01 刑终 512 号判决中，即认定源代码属于商业秘密，同时也将其认定为数据，并最终以非法获取计算机信息系统数据罪定罪处罚。因此，对于狭义的数据的范围如何定义，以及数据和商业秘密、知识产权等信息的关系应当如何界定，仍属于学术争议的范畴。

最后，我们对企业如何有效保护客户名单提供以下具体建议：

①将客户名单以电子数据的形式存储于公司办公系统内，尽量减少纸质文件的存放；

②根据公司岗位需求制定细粒度的访问控制策略，防止每名员工职责权限不清或过大；

③制定针对客户名单等商业秘密的相关制度文件，明确客户名单的涉密属性；

④加强对客户名单的安全防护措施，对公司系统采取三种以上身份鉴别措施；

⑤针对员工访问、下载客户名单的行为，制定详尽的审批流程。

第七节 竞业协议——商业秘密保护的利器

近年来，不断有新闻曝出互联网公司前员工因违反竞业协议遭到警方调查，甚至有人因违反竞业协议和保密规定锒铛入狱。在人们平常的认知中，违反竞业协议不过是劳动纠纷，大不了赔钱了事，为何会引来牢狱之灾呢？

应该明确的是，除了企业高管外，普通员工的竞业禁止义务来自于合同约定而非法律规定，因此竞业禁止首先是一个基于合同约定的民事义务，而非法定义务。根据原劳动和社会保障部办公厅发布的《关于劳动争议案中涉及商业秘密侵权问题的函》规定，劳动合同中如果明确约定了商业秘密的保密义务，因劳动者未履行，造成用人单位商业秘密被侵害而发生劳动争议，应当由劳动争议仲裁委员会仲裁；如果劳动者违反竞业禁止义务，侵犯用人单位商业秘密，用人单位可以直接向人民法院诉讼。

但由于很多商业秘密关系到企业核心经营能力，在竞业行为对企业利益产生严重威胁的情况下，企业会全力惩治违反协议的员工。部分企业还会在与员工签署竞业禁止和保密协议的基础上额外增加制度设计，用以确保员工切实履行协议内容。

一、侵犯离职企业商业秘密涉嫌犯罪

竞业禁止和保密协议设立的初衷在于防止企业因商业秘密泄露造成合法权益被侵害，维护本公司竞争优势，故违反竞业禁止和保密协议的行为最有可能构成的便是侵犯商业秘密罪。

鼎芯通讯（上海）有限公司是中国第一家射频集成电路芯片设计集团企业。自 2005 年起，该集团下属的鼎芯通讯（上海）有限公司便开始投资研发一项 FM 芯片技术，最终于 2007 年 8 月正式量产。但 2008 年开始，市场上就出现了大量与公司产品类似的 FM 芯片。经过调查，市场上的类似 FM 芯片全部出自一家名为“上海芯略”的企业。该企业的创办者是已经离职的原鼎芯公司副总裁、首席技术官张某某。最终，法院认定张某某及其创办的上海芯略公司犯侵犯商业秘密罪，并对直接责任人和企业同时判处刑罚。

在 2021 年 3 月 1 日生效的《刑法修正案（十一）》中，明确将“违反保密义务或者违反权利人有关保守商业秘密的要求，披露、使用或者允许他人使用其所掌握的商业秘密的”作为侵犯商业秘密行为的一种，对“违反保密义务”做了突出和强调。同时，新修正案还将侵犯商业秘密罪从结果犯修改为情节犯。随着后续司法解释的陆续出台，恶意违反竞业协议的行为的刑事法律风险或进一步上升。

二、“领取补贴需提交证明”导致构成诈骗罪

为了防止离职员工失联，保证竞业禁止协议得到切实履行，部分企业会在协议中约定离职员工应提交自己积极履行竞业协议的证明作为发放竞业补偿金的凭据。如果员工为了领取竞业补偿金伪造相关凭证，则有可能构成诈骗罪。根据（2017）浙 1021 刑初 5 号判决书记载，被告人肖某在违反竞业协议的情况下仍虚构就业证明，从原公司处骗取竞业禁止补偿金 12 000 余元，最终肖某被判处有期徒刑 6 个月，缓刑 1 年，并处罚金人民币 2000 元。

三、事关重大，通过深挖在职期间犯罪线索进行维权

随着互联网产业的高速发展，业内人才流动速度不断加快，部分头部公司的高级管理者也频繁通过创业、跳槽等方式谋求更好的发展。但高级管理者跳槽往往会引发示范效应，并且显著威胁到公司核心商业秘密的安全，从而招致公司高层动用刑事手段维护自身权益。

同时，根据我国法律规定，商业秘密必须具备秘密性、商业性并且经秘密持有人采取了合理保密措施。而且，侵犯商业秘密的行为必须造成严重后果才可入罪。这就造成了侵犯商业秘密罪在司法实践中适用极其困难，迫使企业灵活运用其他罪名维护商业利益。

阿里曾灵活运用法律条文惩治已离职员工。杭州市余杭区人民法院于 2017 年判决一名阿里巴巴前员工犯侵犯公民个人信息罪。根据判决书记载，被告人余某某在阿里巴巴工作期间，违反集团规定，使用 python 语言编写具

有自动获取数据功能的脚本程序 main_user.py，将其在公司内部论坛网站“阿里内外”账号的 cookie 信息配置到该脚本程序上，通过运行该程序，秘密窃取阿某集团员工的公民个人信息共计 2 万余条，并于离职时将上述信息存储于电脑硬盘秘密带走。

由以上案件可以看出，企业在防止商业秘密泄露、维护经济利益方面有着很大的决心和毅力。员工在离职时如果认为竞业禁止范围过于宽泛可以拒绝签署该协议，切不可抱着侥幸心理，不把竞业协议当回事。

第四章 互联网企业的常见法律风险

第一节 赔偿、整改、下架、抓捕
——平台型互联网企业面对的那些高危法律风险

脸书以开放性平台的身份一炮而红后，众多互联网公司都在着力将自己打造成一家平台型企业。在做大自身的同时，平台型企业引发的各种问题也逐渐进入了大众和监管机构的视野。近年来，全球范围内都刮起了针对平台型企业的执法浪潮，谷歌、脸书动辄面临涉及百亿罚金的调查。自《网络安全法》正式实施后，国内也开展了一轮严厉的网络违法行为整治，制定并公布了众多部门规章和实施细则，国内互联网企业面临的法律风险大幅上升。平台型互联网企业系统性理解和化解合规风险的能力，已成为企业的核心竞争力和生命线。

一、数据合规风险

2014 年，科根教授开发了一款 App，放在脸书上推广，用于心理学研究。用户在这款 App 上做完测试后，可以得到 5 美元。共有 27 万用户接受测试，但是该应用可以获得用户本人以及用户好友的动态信息等数据。通过这样“滚雪球”的方式，科根教授实际上收集到至少 5000 万脸书用户的数据。科根将这些数据提供给剑桥分析公司，通过数据分析向用户精准推送广告。

2018 年 3 月 17 日，多家媒体披露了剑桥分析公司的商业行为。英国《观察家报》和美国《纽约时报》报道称，该公司从一名外部研究人员（科根教授）那里获取并使用脸书用户的个人数据，但是这名研究人员却告诉脸书公司，他是出于学术目的收集的这些数据。报道指出，剑桥分析公司通过这些脸书用户的数据，预测选民动向，定向投放广告，帮助“金主”赢得选举。

数据是平台企业能够获取巨额利益的核心资产之一，同时也是需要面对的首要风险之一。正如“剑桥分析事件”曝光后脸书所面临的窘境，平台企业近年来在全世界范围内都遇到了非常严格的数据合规执法。脸书因剑桥分析事件最终以 50 亿美元罚金的代价与美国司法部和美国联邦贸易委员会达成和解；2019 年 1 月，法国国家信息与自由委员会以谷歌违反了数据隐私保护相关规定为由开出 5000 万欧元罚单；2019 年 2 月，抖音国际版因违规收集儿童隐私，被美国联邦贸易委员会罚了 570 万美元。国内方面，自 2019 年 1 月起，中央网信办牵头四部委组成 App 违规收集个人信息专项整治工作组，开展了为期一年的数据合规执法检查，网信部门累计约谈网站 2767 家，警告网站 2174 家，暂停更新网站 384 家；[1] 工信部先后发布多批次侵害用户权益行为的 App，100 款违法违规 App 被要求下架整改；公安部查处违法违规采集个人信息的 App 共 683 款。[2] 数据堂、瑞智华胜、车来了、同盾科技、新颜科技等一系列独角兽甚至上市企业因数据合规问题遭到公安机关调查，部分公司高管甚至因此身陷囹圄。面对日益严苛的数据合规执法，企业亟须厘清自身的数据责任，将隐私合规内化为行业竞争力，才能确保自己在数据时代稳稳地站在舞台上。

从数据的生命周期看，平台型企业的数据合规主要涉及数据收集、数据存储与使用、数据流通等环节。

数据收集阶段，企业面对不同来源的数据需要采取不同的数据合规措施。对于自采集数据，企业要确保遵循“同意、合理、最小化”三项基本原则。在经营活动中，企业最经常面临的问题是用户授权不充分、个人信息采集事项披露不全面、收集相关数据却无相应服务场景以及过度采集等问题。因此，从业企业应当建立信息采集权限动态审查机制，对核心功能和附属功能需要收集的个人信息进行分级、分类，并根据功能调整进行定期或不定期的审查回溯，确

[1] 2019 年全国网信行政执法成效显著 约谈网站 2767 家关闭违法网站 11767 家［EB/N］.(2020-02-20)［2021-10-10］. 法制日报，https：//m.gmw.cn/baijia/2020-02/20/33573118.html.

[2] 这 100 款 App 涉嫌违法采集个人信息被整改 看你用过几个［EB/OL］.［2021-10-10］. https：//baijiahao.baidu.com/s?id=1652172871069084920&wfr=spider&for=pc.

保核心功能获得充分授权，冗余权限及时关闭，避免因过度采集个人信息受到商誉损失和行政处罚。对于利用自动化手段（俗称“爬虫”）所获取的数据，最重要的则是要确保自身获取充分授权，爬虫绝对不能带有任何侵入或者绕过计算机安防系统的功能。而对于向第三方采购的数据，企业则需要做好交易对手的尽职调查及数据本身的合规性调查。由于在司法实践中，执法机关倾向于对个人信息的类型以及侵犯行为的种类进行扩大解释，所以即使已经做了全面的尽职调查工作，作为数据接收方仍要在交易前考量是否能够承担相应的法律后果，包括但不限于商誉损失、经济赔偿、停业整顿、吊销营业执照等民事、行政后果及直接负责的主管人员和其他直接责任人员定罪处罚，并对单位判处罚金等刑事后果。

在数据存储阶段，“境内存储”和“最短期限”是企业需要遵循的两个核心原则。同时，按照《个人信息保护法》《中华人民共和国数据安全法》（以下简称《数据安全法》）等一系列法律法规的要求，在安全技术层面，企业应尽可能地采取高水平的技术防护措施并制定严格的数据管理制度。但出于保证商业可持续性的目的，企业应当对自身的业务模式、数据的重要性以及社会影响力进行综合考虑，建立一套符合国家法律、等级保护制度以及业务发展需要的数据分级管理与保护制度，选择相应的管理举措和安防技术。

而涉及真正产生经济价值的数据使用和流通环节，“内控制度的体系化建设”和“适当扩张履行法定义务”则成为企业规避法律风险的必要举措。从以往案例看，企业“内鬼”是数据泄露的重要因素之一。因此，企业应当重视内控内审制度的设计和落地。

二、内容合规风险

2018 年 4 月 10 日，国家广播电视总局责令“今日头条”网站永久关停“内涵段子”客户端软件及公众号。通报称，国家广播电视总局在督察“今日头条”网站整改工作中，发现该公司组织推送的“内涵段子”客户端软件和相关公众号存在导向不正、格调低俗等突出问题，引发网民强烈反感。为维护网络视听节目传播秩序，清朗互联网空间视听环境，依据相关法规的规定，总局责令“今日头条”永久关停“内涵段子”客户端软件及公众号，并要求该公司举一反三，全面清理类似视听节目产品。

当互联网还是新兴事物时，以美国《互联网千禧法案》为代表的第一轮网络立法明确了“避风港”原则等自由主义的监管理念。但正如当年美某某起诉索尼 VCD 的刻录功能侵犯著作权一样，美某某没有能力直接起诉刻录行为人，只能起诉功能提供者。随着互联网产业的快速发展，特别是移动互联网时代的来临，监管机构或受害者直接对数亿网民进行管理或追责存在现实上的困难。因此，在移动互联网时代的新一轮立法过程中，平台责任被越来越多地提及和强调。尤其是在美国大选“通俄门”，英国脱欧民意被操纵，乌克兰、土耳其、德国、法国等国监测发现关于政党选举和政治议题的舆情被诱导等事件爆发后，欧盟、印度、澳大利亚等组织和国家接连出台指导性法规政策，要求即时通信和社交平台加强用户举报投诉处理，加大执法协助，采取信息标签追踪、非法内容主动检测、技术屏蔽、引入第三方监控等方式进行内容治理，消除仇恨、暴恐、色情信息。

在这种大背景下，内容安全已经被以《网络安全法》为代表的一系列法律法规定义为网络安全的重要内容之一。因此，互联网企业也应当将其视为产品和业务安全的重要组成部分，建立体系化的内容治理制度。在建立体系化内容治理制度的过程中，首要的就是企业管理者要改变自身观念。当前，我国互联网公司的高级管理者大多经历过 PC 时代，且有国外留学背景，这使他们深受第一代互联网立法的影响，倾向于技术中立观念甚至放任一些违规消息在平台传播。但随着信息流、推荐算法等平台技术在信息传播过程中所起到的作用越来越大，平台对内容的治理责任也被不断加强，包括我国《网络信息内容生态治理规定》在内的各国立法都明确了平台在网络内容治理方面的责任和义务。

在转变观念的同时，加强与内容监管部门的沟通，争取理解与互信也是平台企业规避内容风险的一项重要任务。对于绝大多数中小平台而言，被动接受网信部门的违规样本指导，便可达到政府对于内容治理的要求和责任。但随着平台的发展壮大，被动等待样本更新将会给企业带来不利影响。尤其当新型违法违规信息样本发源于自营平台，却被竞争对手向网信部门报送时，企业将陷入非常被动的局面。因此，当互联网企业发展到一定阶段后，搭建技术、人力、第三方相互配合补充的内容审查体系，增强新样本主动挖掘能力必不可少。同时，企业还需要与网信、网安等部门建立顺畅的沟通渠道，及时报送和屏蔽新样本，展现自身履行内容治理责任的主动性和积极性，避免因偶发的网络舆情事件影响整体业务开展。

转变了思想、建立了制度，还要练好基本功。算法在内容风控中发挥的作用越来越突出，对文本的审核准确率已经能够基本符合监管要求。但是随着通信技术从 3G、4G 再到 5G 的发展，网络内容的呈现形式也逐渐由文本向图文、短视频、长视频发展，而算法若要在这些领域的内容审核中发挥支柱作用还面临着诸多技术难题，因此短期内依然无法完全取代人工审核。

当前，各家公司普遍采用机器初筛划范围，再由人工复核的内容审核机制。在审核管理流程上，主要是根据公司产品特点、业务目标和监管需求，制定审核策略，再将策略程序化、产品化，机器过滤后及用户举报的内容由人工来处理，最后呈现高质量的内容。人力和机器审核之间该如何平衡，一看产品的规模与影响，二是看算法的智能程度。算法的水平不仅取决于算法工程师的水平，更取决于数据积累和策略效果。因此，平台企业在搭建内容审核体系时需要注意以下几点，具体为：一是用户分级，把工作重心放在风险更高的用户群体；二是内容过滤系统与时俱进，能够对文本、图片、视频、音频等进行审核；三是积分预警，视账号历史违规情况以及违规行为的严重程度决定禁言或封号，既达到惩戒的效果，又不影响内容生产积极性；四是积累数据，用来训练机器，让算法更加准确，策略更有效。不管是对用户特征的准确分析，还是内容性质的精准识别，数据的积累都是非常重要的。

三、知识产权风险

2019年12月30日，杭州市中级人民法院对一起商标侵权案件作出一审判决，认定小米通讯公司、小米科技公司使用“米家”商标，构成侵权。

2012年，杭州联安安防工程有限公司（以下简称“联安公司”）注册了“MIKA米家”商标，运用在网络通信设备等商品上，注册有效期限自2012年12月7日至2022年12月6日。后联安公司发现小米公司侵权，遂提起诉讼。杭州中院审理后认为，被控侵权“米家”标识与“MIKA米家”注册商标标识构成近似，小米公司的庞大体量可能让消费者误认为联安公司的商品来源于小米，即产生反向混淆。判决中，杭州中院还特别梳理了一个时间关系，即联安公司注册涉案商标的时间是2012年，而小米方面宣布推出“米家”品牌的时间是在2016年。因此，该案并不存在抢注他人商标再提起诉讼的情形，联安公司注册该案商标并无恶意。

最终，杭州中院判决小米通讯公司应承担1200万元的赔偿金额，小米科技公司基于其销量占总销量的比例，承担相应部分的连带责任，即对其中680万余元承担连带责任。小米通讯公司和小米科技公司还需对联安公司为该案维权所支付的合理开支10万余元承担连带责任。

在互联网公司，无形资源决定着企业的核心竞争力、发展潜力，探究互联网企业无形资源的情况有利于了解互联网行业发展的状况。根据我国的法律规定和相关会计准则，中国的互联网公司一般将无形资产分为著作权、非专利技术、专利权、商标权、特许经营权、土地使用权等几个部分。商标权、著作权、专利权、非专利技术等知识产权是互联网公司无形资产的核心。

对于平台型互联网企业而言，著作权和专利权尤为重要，可以称为此类企业的安身立命之本。专利意味着软件从前端到后端的易用性，著作权代表着用户的吸引力和黏性。而在竞争激烈的网络江湖，企业之间有关知识产权的侵权与被侵权纠纷也总是剪不断理还乱。

面对错综复杂的知识产权纠纷，一方面我们要避免公司自身踩雷，另一方面还要保护好自己的知识产权。在知识产权领域避免踩雷只有两个方法最有效，一是做好事前尽调，不要抱有任何侥幸心理；二是建好责任防火墙。

小米公司因为米家商标侵权被判赔1200余万元，便是事前尽调失职且抱有侥幸心理的典型案例。小米公司最早于2004年在商标管理分类表中的第11类灯具照明上注册了“米家”商标，而联安公司于2012年在第9类录音录像注册了“MIKA米家”商标，小米公司则于2016年提出了第9类注册要求。小米公司也许是希望通过2004年的注册行为主张先占，但法律对商标种类管理有严格规定，最终未能得到法院支持。

建设防火墙则是把内容侵权的责任尽可能地转移。例如，将涉嫌侵权的内容包装为PGC或UGC，或者加强与MCN机构的合作，要求MCN承担侵权和赔偿责任。

在知识产权纠纷中，矛和盾可以相互转化，故互联网平台最重要的仍是加强自身知识产权的保护。首先，企业需要做好知识产权保护理念的宣传和讲解工作。其次，企业需要有计划地进行知识产权保护点的挖掘工作。例如，企业要将软件划分为外观、算法、底层架构、总体流程等几大块，引导研发人员按照从外到内、从主体到分支、从浅入深的顺序挖掘发明点，期间还可配合头脑风暴，对发掘研发中最耗时、最困难的部分进行发明点的联想。最后，企业要对知识产权的保护形式进行分类。根据目前我国知识产权领域的法律规定和法律实践，互联网企业对自己的软件和数据存在著作权保护、商业秘密保护、反不正当竞争法保护等多种方式和路径，每种路径均有特殊的保护对象，也同时存在长处和短板。企业可以根据实际情况和需求，对自己的知识产权进行分类，并明确对应的保护形式和保护力度。例如，当企业要保护一个软件项目时，其代码可以通过软件著作权进行基础保护，以防出现直接抄袭；其核心算法和函数模型则可以通过技术加密进行深度保护；其软件的建立思想和流程则可以通过方法类的专利申请进行保护，避免不抄袭代码而抄袭软件算法思想的情况；其外在表现的用户图形界面（GUI）则可以通过外观申请进行保护。

四、反垄断风险

近年来，欧盟针对谷歌是否存在竞争垄断的问题多次提出处罚。2017年，谷歌因线上购物搜索违反欧盟反垄断法被欧盟处以24亿欧元罚款；2018年，又因利用安卓移动操作系统垄断阻止了竞争对手，而被罚款43.4亿欧元；2019年，再次因屏蔽对手广告而被欧盟罚款14.9亿欧元。为此谷歌已累计支付了超82.5亿欧元，约合90亿美元的高昂罚款。

国内反垄断同样风起云涌。2019年6月，国家市场监督管理总局发布了《禁止垄断协议暂行规定》和《禁止滥用市场支配地位行为暂行规定》两份反垄断相关文件。其中,《禁止滥用市场支配地位行为暂行规定》第11条对互联网等新经济业态市场支配地位的认定进行了明确。同年8月，国务院办公厅印发《关于促进平台经济规范健康发展的指导意见》，要求市场监管部门对平台型企业违反市场秩序、违反公平竞争的行为要依法查处，特别是将滥用市场支配地位限制交易、单边签订排他性服务提供合同等不正当竞争违法行为记入信用记录，根据信用记录开展公共信用综合评价。

2020年12月24日，国家市场监督管理总局对阿里巴巴实施“二选一”涉嫌垄断行为立案调查，在107天后，2021年4月10日，国家市场监督管理总局作出行政处罚决定，责令阿里巴巴集团停止滥用市场支配地位行为，并处182.28亿元罚款。同月，国家市场监督管理总局发布公告，依法对美团实施“二选一”等涉嫌垄断行为立案调查，并于10月8日决定对美团在网络餐饮外卖平台服务市场实施“二选一”垄断行为作出行政处罚决定，责令美团停止违法行为，全额退还独家合作保证金12.89亿元，处以其2020年中国境内销售额1147.48亿元3%的罚款，共计34.42亿元。

平台型企业在不断发展壮大的同时，依靠自身资本、数据和技术优势抑制市场竞争的倾向也受到各国反垄断部门越来越多的关注。国务院和国家市场监督管理总局出台的规定已经表明了我国反垄断机关的立场和态度，平台型互联网企业加强自身反垄断风险防控势在必行。

《中华人民共和国反垄断法》（以下简称《反垄断法》）第17条规定了七种滥用市场支配地位的行为，分别是不公平交易、掠夺性定价、拒绝交易、限定交易、搭售或附条件的不合理交易、差别待遇及兜底性的其他行为。由于我国互联网企业以个人业务为主，因此很少出现不公平交易的情况，而其他几种法定行为却较为常见，且具有较为明显的产业特色。

过去受立法和执法等因素影响，虽然反垄断法已经生效十余年，其存在感却一直不明显，但在执法趋严的大背景下，过去很多业内的常见做法都需要重新审视、评估反垄断风险。为此，平台型互联网企业无疑需要建立完备的反垄断合规体系，以反垄断的视角对过去的一些做法进行风险分析。同时，加强对反垄断法中豁免制度的研究，充分寻找自身商业行为的“正当理由”，通过合法途径维护企业的竞争优势。

五、企业运营中其他风险

平台型互联网企业乘着移动互联网的东风迅速发展壮大，但是企业规模的扩大并不必然意味着管理能力的提升，很多年轻的管理层缺乏必要的风险意识，导致在运营的过程中出现漏洞而招致风险。

2020年2月23日晚，全国大大小小使用微盟服务的线上商户均陆续发现管理后台出现了问题。事故原因是微盟研发中心运维部的核心员工贺某通过VPN登入内网跳板机，对微盟的数据库进行了破坏，致使大部分客户资料丢失。

微盟删库事件之所以能够发生，是企业缺乏内控机制建设的必然结果。作为成熟公司，系统权限分级和完善的权限审批、管理制度必不可少。否则，无论是个人恩怨还是劳务纠纷，甚至正常的人事变动都有可能给企业带来巨大、不可挽回而又毫无必要的损失。

除了制度建设滞后外，经验和意识缺失也有可能给企业带来无妄之灾。以2020年1月发布的《App违法违规收集使用个人信息行为认定方法》为例，其中的规定就有可能被企业运营部门忽略，从而引发风险。例如，《App违法违规收集使用个人信息行为认定方法》规定可被认定为“未经用户同意收集使用个人信息”的行为中有一项是“未经用户同意更改其设置的可收集个人信息权限状态，如 App 更新时自动将用户设置的权限恢复到默认状态”；可被认定为“违反必要原则，收集与其提供的服务无关的个人信息”行为中有一项是“收集个人信息的频度等超出业务功能实际需要”；可被认定为“未按法律规定提供删除或更正个人信息功能”或“未公布投诉、举报方式等信息”的行为中有关处理时限的规定，上述现象均属于产品动态运营过程中产生的问题。产品方在进行相关操作时可能不会征求法务部门的意见也不会进行数据合规审查，从而产生合规风险。因此，建议 App 运营主体通过专题培训、发放手册、完善数据合规审查标准等方式，对上述产品运营过程中可能造成的违规风险进行宣传，避免违规事件发生。

第二节 新业务场景带来的法律风险

以 2016 年我国《网络安全法》正式出台为标志，世界范围内掀起了一轮加强网络行业监管的立法高潮。本轮监管高潮由我国带动，我国的立法活动自然也最为积极。虽然在执法尺度上相较 GDPR 等域外立法仍然偏低，但覆盖的深度和广度无疑是走在世界前列的。这种积极立法的反面，便是企业各项业务法律风险的提升。

一、被动违法风险在上升

为落实相关政策，“两高”于 2019 年 10 月出台了《关于办理非法利用信息网络、帮助信息网络犯罪活动等刑事案件适用法律若干问题的解释》（以下简称《信息网络犯罪司法解释》），对帮助信息网络犯罪活动罪、拒不履行信息网络安全管理义务罪的适用标准进行了明确和细化。2020年新型冠状病毒肺炎疫情给经济发展带来了不利影响，但也正是在这种严峻态势下，从中央到地方均在加强对互联网的管控。网信办在全国启动为期8个月的2020清朗专项行动，重点治理色情低俗、网络暴力、恶意营销、侵犯公民个人隐私等负面有害信息；公安部“净网2020”专项行动发起的1号和2号集群战役均是针对网络水军，由此可见各级互联网行业主管部门对网络舆情、数据隐私等问题的重视。

在此背景下，帮助信息网络犯罪活动罪的案件数量更是爆发式增长，2020年较2019年增长600%，2021年1月至10月较2020年同期增长21.3倍[1]，涉事主体以互联网行业企业或从业人员为主。而在拒不履行信息网络安全管理义务罪的四类严重后果中，致使违法信息大量传播、致使用户信息泄露可以说是互联网公司最常面临的紧急事态。网信、公安网安等部门提前发布案件侦办和惩治重点，也为各家公司提前敲了警钟。

二、新业务风险集中的领域

1. 信息内容展示领域

《网络信息内容生态治理规定》第40条规定：违反本规定，构成犯罪的，依法追究刑事责任；尚不构成犯罪的，由有关主管部门依照有关法律、行政法规的规定予以处罚。该条将互联网内容治理领域的行政法规与《刑法》第286条之一进行了衔接。

《网络信息内容生态治理规定》将网络违禁内容的类型分为“不得制作、复制、发布的违法信息”和“防范和抵制制作、复制、发布的不良信息”两类，共计20种。

[1] 最高检：前三季度检察机关起诉帮助信息网络犯罪活动罪人数同比上升21.3倍[EB/OL].[2021-10-05]. https://baijiahao.baidu.com/s?id=1713941322193692779&wfr=spider&for=pc.

除规定了具体内容,《网络信息内容生态治理规定》还详细罗列了13个网络信息展示的具体环节,包括推荐、评论、弹窗、联想词等,几乎涵盖了可能展现网络信息的所有板块。

2020年5月8日,中央网信办曾专门发文,列举《网络信息内容生态治理规定》自3月1日生效后的执法成果。山西、江苏、山东等地网信部门对违规采编新闻、发布虚假信息、拒不服从网信部门约谈整改等违规行为进行批量整治,体现了网信部门对《网络信息内容生态治理规定》的重视。互联网企业应严格对照该规定,对自身产品板块和内容进行审查,确保内容风控措施实际有效。

2. 数据存储和使用领域

2020年3月4日,一"暗网"用户发布了一则名为"5.38亿微博用户绑定手机号数据,其中1.72亿有账号基本信息"的交易信息,售价1388美元。其中绑定手机数据包括用户ID和手机号,账号基本信息包括昵称、头像、粉丝数、所在地等。3月21日,工业和信息化部网络安全管理局对新浪微博相关负责人进行了约谈。工信部要求新浪微博按照《网络安全法》《电信和互联网用户个人信息保护规定》等法律法规要求,对照工信部等四部门制定的《App违法违规收集使用个人信息行为认定方法》,进一步采取有效措施,消除数据安全隐患。对此,新浪微博回应称,公司高度重视数据安全和个人信息保护,针对此次事件已采取了升级接口安全策略等措施,后续将按照工信部要求,落实企业数据安全主体责任,切实做好用户个人信息保护工作。

近两年随着大数据产业的持续发展,诸多公司存在数据安全方面的隐患。站在防范拒不履行信息网络安全管理义务罪风险的角度,最重要的是在严格落实网络实名制要求的同时,做好因业务需要而收集的个人信息安全存储。《个人信息保护法》将个人信息分为敏感个人信息和个人信息两类,"两高"司法解释对于"致使用户信息泄露,造成严重后果"的规定也重点强调了对敏感个人信息的保护,主要包括行踪轨迹信息、通信内容、征信信息、财产信息、住宿信息、通信记录、健康生理信息、交易信息等。

近年来，公安网安部门对互联网犯罪一向采取“一案双查”的原则，即使企业并未出现如新浪微博般的数据安全事件，也可能因被网安对其他网络案件的侦办被牵连而被认定为未认真履行网络安全管理义务。因此，对于上述个人敏感信息的保存，互联网企业应当采取额外的加密、防护措施。

三、防范风险的措施

1. 建立公司治理防火墙

国家此前对新兴高技术行业实施外资准入限制，挡住了很多VIE架构公司。为获得国家批文，部分公司在境内直接注册新实体，以创始人或公司高管为法定代表人或实际控制人。在此种公司架构下，一旦新业务触犯法律红线引发刑事法律风险，将直接威胁到公司高层。

从同类企业做法看，阿里巴巴和腾讯对于新业务均采用注册独立公司的方式防范风险，投资方面均以有限合伙的形式出资建立全资子公司，再由全资子公司投资建立新业务公司，新业务负责人担任法人代表的方式，对出资人和公司高管进行风险隔离。例如，阿里云计算有限公司为杭州臻希投资管理有限公司的全资子公司，杭州臻希投资管理有限公司由杭州臻强投资管理合伙企业（有限合伙）和杭州臻晟投资管理合伙企业（有限合伙）出资成立。

2. 建立“责令改正”通报联动机制

网信、公安、电信等部门以书面形式向公司发送“责令改正通知书 / 告知书”是适用拒不履行信息网络安全管理义务罪的前置条件。由于“责令改正通知书 / 告知书”不存在属地管辖限制，全国各地县级以上行政机关均有权力发送“责令改正通知书 / 告知书”，如公司内部对信息的传递出现泄露，可能会造成严重后果。故公司应建立内部通报和研判机制，任何业务线接到任何地域、层级发送的相关法律文书，均应及时同步公司内部的主管部门。

3. 加强内控内审制度的建设和宣讲

2017年《网络安全法》实施后，我国掀起了一轮互联网领域的立法高潮。

这些新法律法规对互联网企业的法定义务和违法后果均有明确规定。互联网企业依据法律法规要求建立相应的内控内审制度，其行为本身也是对法定义务的一种落实，可以在不作为犯罪类案件的审理中作为已积极履行义务的证据。

同时，在制度建立后，对员工进行宣讲和教育，不仅能够保证风控制度的有效落地，还能增强员工法律意识，形成重视风控的企业文化，真正从源头实现风险控制。

第三节 互联网企业的主动管理义务显著提升——深入解读《关于办理非法利用信息网络、帮助信息网络犯罪活动等刑事案件适用法律若干问题的解释》

为实现打击网络犯罪、维护网络秩序的目的，我国在 2015 年 11 月 1 日正式实施的《刑法修正案（九）》中增加了拒不履行信息网络安全管理义务罪（《刑法》第 286 条之一）、非法利用信息网络罪（第 287 条之一）及帮助信息网络犯罪活动罪（第 287 条之二）。为进一步明确以上三项罪名的定罪量刑标准和有关法律适用问题，依法惩治网络违法犯罪活动，最高人民法院、最高人民检察院于 2019 年 10 月 21 日正式对外发布《信息网络犯罪司法解释》，并已于 2019 年 11 月 1 日正式实施。

《信息网络犯罪司法解释》共计十九条，其中：

第 1 条至第 6 条规定了拒不履行信息网络安全管理义务罪的行为主体的范围、有关行为方式的认定以及量刑标准等内容；

第 7 条至第 10 条细化了非法利用信息网络罪的行为方式和量刑标准；

第 11 条至第 13 条明确了帮助信息网络犯罪活动罪中“明知”的认定标准和量刑标准；

第 14 条至第 18 条列示了上述三项罪名的其他规定，包括单位犯罪、犯罪情节、罚金刑、数次实施的处理及职业禁止和禁止令等内容；

第19条规定了《信息网络犯罪司法解释》的正式实施日期。

《信息网络犯罪司法解释》的发布与实施，不仅有助于保障我国网络安全，维护人民群众合法权益，同时也对网络服务提供者等企业与个人提出了新的经营要求和合规义务。本书通过对《信息网络犯罪司法解释》重点条文的主要内容进行深度解读，从而分析并提示网络服务提供者在经营过程中应当注意的刑法“红线”。

一、关于拒不履行信息网络安全管理义务罪的规定

第一条　提供下列服务的单位和个人，应当认定为刑法第二百八十六条之一第一款规定的“网络服务提供者”：

（一）网络接入、域名注册解析等信息网络接入、计算、存储、传输服务；

（二）信息发布、搜索引擎、即时通讯、网络支付、网络预约、网络购物、网络游戏、网络直播、网站建设、安全防护、广告推广、应用商店等信息网络应用服务；

（三）利用信息网络提供的电子政务、通信、能源、交通、水利、金融、教育、医疗等公共服务。

《信息网络犯罪司法解释》第一条对拒不履行信息网络安全管理义务罪的行为主体——“网络服务提供者”的范围进行了明确界定。根据所提供网络服务内容的不同,《信息网络犯罪司法解释》将网络服务提供者分为网络技术服务提供者、网络内容服务提供者以及网络公共服务提供者。[1]

对于网络技术服务提供者而言，不仅包括网络运营商、内容分发平台等传统意义上的网络技术服务提供者，新兴技术领域中提供存储服务的云服务商、

[1] 缐杰，吴峤滨 . 关于办理非法利用信息网络、帮助信息网络犯罪活动等刑事案件适用法律若干问题的解释重点难点问题解读［N/OL］. 检察日报，2019-10-27［2019-10-28］. https://www.spp.gov.cn/spp/zdgz/201910/t20191027_436313.shtml.

云计算服务提供者也应当属于网络服务提供者的范畴。

网络内容服务提供者主要包括人们日常生活中所经常使用的网站及移动应用系统（App）服务的提供者。

综上所述，《信息网络犯罪司法解释》对于“网络服务提供者”的定义十分宽泛，无论是面向B端（组织群体）还是C端（个人群体）提供网络服务的主体均属于“网络服务提供者”的范畴，这也意味着符合条文表述条件的网络服务提供者在不履行信息网络安全管理义务的情况下都有可能成为本罪的犯罪主体。

第二条　刑法第二百八十六条之一第一款规定的“监管部门责令采取改正措施”，是指网信、电信、公安等依照法律、行政法规的规定承担信息网络安全监管职责的部门，以责令整改通知书或者其他文书形式，责令网络服务提供者采取改正措施。

认定“经监管部门责令采取改正措施而拒不改正”，应当综合考虑监管部门责令改正是否具有法律、行政法规依据，改正措施及期限要求是否明确、合理，网络服务提供者是否具有按照要求采取改正措施的能力等因素进行判断。

根据《刑法》第286条之一第1款的规定，网络服务提供者构成拒不履行信息网络安全管理义务罪的前提条件是“经监管部门责令采取改正措施而拒不改正”，因此《信息网络犯罪司法解释》第二条明确了“监管部门责令采取改正措施”的具体内容，以统一司法实践的认定标准。

首先，《信息网络犯罪司法解释》明确了“监管部门”的范畴，即监管部门仅包括法律、行政法规所规定承担监管职能的执法部门，而不包括部门规章以及其他规范性文件规定的部门。

根据我国《网络安全法》第8条规定，网信、电信、公安机关为我国主要网络安全监管部门，因此《信息网络犯罪司法解释》对于监管部门的列示与《网络安全法》保持一致，并以“等”字为其他法律、行政法规规定的监管部门留有余地，实现了“行刑规定”的一致性。但《信息网络犯罪司法解释》并未明确监管部门的级别，即什么级别的监管部门所出具的文书会引起相应的法律后果，因此网络服务提供者应当持续关注后续配套法律文件对此所作出的规定，如《数据安全管理办法（征求意见稿）》第5条规定，地（市）及以上网信部门依据职责指导监督本行政区内个人信息和重要数据安全保护工作;《网络安全等级保护条例（征求意见稿）》第5条规定：县级以上地方人民政府依照本条例和有关法律法规规定，开展网络安全等级保护工作。

其次,《信息网络犯罪司法解释》明确了“监管部门责令采取改正措施”的形式要求，规定上述监管机关必须以文书形式责令网络服务提供者采取改正措施，即排除了约谈、通知等仅仅以口头告知的行为作为判断网络服务提供者是否履行信息网络安全管理义务的前提条件，且文书应当为《责令整改通知书》或与其效力相当的其他执法文件。此项规定一方面增加了执法行为的可预测性，另一方面也有利于后续司法程序中证据的获取。

最后,《信息网络犯罪司法解释》第2条第2款规定了判断网络服务提供者是否构成本罪的衡量标准。“法律不强人所难”，在判断网络服务提供者是否履行其信息网络安全管理义务时，应当综合考虑监管部门的执法要求与网络服务提供者所具备的整改能力是否匹配。对于确实因为资金、技术等条件限制，没有或者一时难以达到监管部门要求的情况，不能认定为“拒不改正”。

第三条　拒不履行信息网络安全管理义务，具有下列情形之一的，应当认定为刑法第二百八十六条之一第一款第（一）项规定的“致使违法信息大量传播”：

（一）致使传播违法视频文件二百个以上的；

（二）致使传播违法视频文件以外的其他违法信息二千个以上的；

（三）致使传播违法信息，数量虽未达到第（一）项、第（二）项规定标准，但是按相应比例折算合计达到有关数量标准的；

（四）致使向二千个以上用户账号传播违法信息的；

（五）致使利用群组成员账号数累计三千以上的通讯群组或者关注人员账号数累计三万以上的社交网络传播违法信息的；

（六）致使违法信息实际被点击数达到五万以上的；

（七）其他致使违法信息大量传播的情形。

《信息网络犯罪司法解释》第3条规定了因拒不履行信息网络安全管理义

务，致使违法信息大量传播而构成拒不履行信息网络安全管理义务罪的量刑标准。所谓违法信息，是指符合我国《互联网信息服务管理办法》第 15 条规定而被禁止制作、复制、发布、传播的信息。

该条前三项以违法信息传播数量作为衡量入罪与否的标准。如果相关信息确实为违法信息，那么此类违法视频文件传播 200 个以上，或图片、文字、音频等其他违法信息传播 2000 个以上，相应网络平台的经营者即存在触犯刑法的风险。如果传播视频或其他违法信息未达到上述标准，但根据比例折算达到有关数量标准的，网络服务提供者仍有可能构成本罪。所谓按比例折算，可参考《关于办理侵犯公民个人信息刑事案件适用法律若干问题的解释》中第 5 条第 6 款中规定的原则进行计算，如网络平台上传播违法视频文件 100 个、违法视频以外其他违法信息 1000 个，此时传播两类信息的数量均未达到前项 200 个和 2000 个的标准，那么按照 1 倍和 10 倍比关系进行折算，将 100 个违法视频文件折算为 1000 个违法视频以外的其他信息，可以视为传播其他违法信息的数量已经达到 2000 个的标准，即可按照相应规定进行定罪处罚。显然，《信息网络犯罪司法解释》实际上从侧面肯定了网络服务提供者对于发生在其网络平台上的信息传播行为应当承担一定的监督和管理责任。

该条第（四）项、第（五）项则以被传播对象的数量作为量刑的标准。向 2000 个以上用户账号传播违法信息或累计向账号数 3000 以上的通讯群组或者通过关注人员账号数累计 3 万以上的社交网络传播违法信息的，相应的网络服务提供者便有可能构成本罪。以网络服务提供者已经接到监管部门出具的责令整改通知书为前提条件，如果传播违法信息的网络直播间在线人数超过 2000、行为主体同时向 6 个及以上 500 人规模的群组发送违法信息或者拥有超过 3 万粉丝的“大 V”公开发布违法信息，那么上述网络直播平台、社交平台的经营者均存在成立拒不履行信息网络安全管理义务罪的刑事风险。有鉴于此，以上述商业模式或类似商业模式为主要业务的网络服务提供者应当特别注意此方面的经营风险。

第四条　拒不履行信息网络安全管理义务，致使用户信息泄露，具有下列情形之一的，应当认定为刑法第二百八十六条之一第一款第（二）项规定的“造成严重后果”：

（一）致使泄露行踪轨迹信息、通信内容、征信信息、财产信息五百条以上的；

（二）致使泄露住宿信息、通信记录、健康生理信息、交易信息等其他可能影响人身、财产安全的用户信息五千条以上的；

（三）致使泄露第（一）项、第（二）项规定以外的用户信息五万条以上的；

（四）数量虽未达到第（一）项至第（三）项规定标准，但是按相应比例折算合计达到有关数量标准的；

（五）造成他人死亡、重伤、精神失常或者被绑架等严重后果的；

（六）造成重大经济损失的；

（七）严重扰乱社会秩序的；

（八）造成其他严重后果的。

《信息网络犯罪司法解释》第 4 条主要规定了因拒不履行信息网络安全管理义务，导致用户信息泄露而构成拒不履行信息网络安全管理义务罪的量刑标准。其中前三项规定根据用户信息的敏感程度将量刑标准划分为三个等级。考虑到网络平台并非直接实施侵犯公民个人信息行为的主体，而仅仅是因没有采取必要措施而避免或阻止此类行为的发生，所以参考“两高”《关于办理侵犯公民个人信息刑事案件适用法律若干问题的解释》，该罪的量刑标准均按照侵犯公民个人信息犯罪量刑标准的 10 倍掌握。该条款第（四）项所规定的按比例折算的计算方式与上文相同，在此不再赘述。而该条款的最后四项实际上对此种情形下构成本罪的客观要件进行了兜底性规定，但较为模糊的损害结果判断标准仍有待在司法实务中得到进一步明确。

第五条　拒不履行信息网络安全管理义务，致使影响定罪量刑的刑事案件证据灭失，具有下列情形之一的，应当认定为刑法第二百八十六条之一第一款第（三）项规定的“情节严重”：

（一）造成危害国家安全犯罪、恐怖活动犯罪、黑社会性质组织犯罪、贪污贿赂犯罪案件的证据灭失的；

（二）造成可能判处五年有期徒刑以上刑罚犯罪案件的证据灭失的；

（三）多次造成刑事案件证据灭失的；

（四）致使刑事诉讼程序受到严重影响的；

（五）其他情节严重的情形。

《信息网络犯罪司法解释》第5条规定了因拒不履行信息网络安全管理义务，导致影响定罪量刑的刑事案件证据灭失而构成拒不履行信息网络安全管理义务罪的量刑标准。如果网络服务提供者因拒不履行信息网络安全管理义务而导致条文所明确列举的涉及国家、社会、公众利益的重大、特大犯罪案件的证据灭失的，根据该条第（一）项规定，相关网络服务提供者即可构成本罪。

该条款第（二）项通过对于刑期进行要求，将该条款的适用范围拓展至其他重大、特大犯罪行为案件之中。

该条款第（三）项从行为数量上规定了此种情形下的犯罪构成要件，但仅做“多次”表述而不明确“多次”含义所指，势必会给执法机构、司法机关以及网络服务提供者在理解和适用条文过程中带来较大的困扰，因此问题有待在司法实践中进一步明确。

该条款第（四）项则以结果为导向，规定网络服务提供者拒不履行网络安全管理义务的行为致使证据灭失，严重影响刑事诉讼程序的行为构成本罪。众所周知，“互联网+”的语境下，电子证据愈发重要。如果因网络服务提供者的上述行为导致影响定罪量刑的关键证据灭失，或导致错判、漏判等严重影响刑事诉讼程序结果的，网络服务提供者自然难辞其咎。

第六条　拒不履行信息网络安全管理义务，具有下列情形之一的，应当认定为刑法第二百八十六条之一第一款第（四）项规定的“有其他严重情节”：

（一）对绝大多数用户日志未留存或者未落实真实身份信息认证义务的；

（二）二年内经多次责令改正拒不改正的；

（三）致使信息网络服务被主要用于违法犯罪的；

（四）致使信息网络服务、网络设施被用于实施网络攻击，严重影响生产、生活的；

（五）致使信息网络服务被用于实施危害国家安全犯罪、恐怖活动犯罪、黑社会性质组织犯罪、贪污贿赂犯罪或者其他重大犯罪的；

（六）致使国家机关或者通信、能源、交通、水利、金融、教育、医疗等领域提供公共服务的信息网络受到破坏，严重影响生产、生活的；

（七）其他严重违反信息网络安全管理义务的情形。

《信息网络犯罪司法解释》第 6 条对《刑法》第 286 条之一“有其他严重情节”进行了明确，规定了构成拒不履行信息网络安全管理义务罪的其他情形。

该条款第（一）项明确表示网络服务提供者未留存绝大部分用户日志的或未对绝大部分用户真实身份信息进行认证的行为将构成本罪。我国《网络安全法》第 21 条及第 24 条早已明确我国网络服务提供者负有日志留存以及实名认证的义务，但鉴于行政执法力度较小且威慑力不足，无法触及企业的根本利益，故部分企业未有效落实上述义务。此次《信息网络犯罪司法解释》将不履行行政义务的行为后果提升至刑法层面进行规制，充分体现了我国打击网络犯罪的决心和力度，同时也给网络服务提供者敲响了警钟。网络服务提供者应当尽快依照《网络安全法》的规定履行相应义务，以避免“踩线”经营。

该条款第（二）项明确将网络服务提供者“二年内经多次责令改正拒不改正的”的行为规定为犯罪行为。就字面意思来看，《信息网络犯罪司法解释》并未对“责令整改”进行形式要件上的要求，但结合法律条文上下文，此处“责令整改”应仅限于书面文件。但此处关于“多次”的判断标准较为模糊，给法律条文的适用带来了极大的不确定性。

二、关于非法利用信息网络罪的规定

第七条　刑法第二百八十七条之一规定的“违法犯罪”，包括犯罪行为和属于刑法分则规定的行为类型但尚未构成犯罪的违法行为。

我国《刑法修正案（九）》首次规定非法利用信息网络罪，将利用信息网络实施违法犯罪的行为纳入《刑法》规制的范畴。《信息网络犯罪司法解释》第7条对此罪名中的“违法犯罪”解释为“犯罪行为和属于刑法分则规定的行为类型但尚未构成犯罪的违法行为”。据此，一方面，对《刑法》第287条之一规定中的“等”，应当作等外的理解，即不只限于该条所明确列举的类型，也包括其他违法犯罪。另一方面，对于《刑法》未规定，仅在《治安管理处罚法》或者其他法律法规规定的行政违法行为，即使利用信息网络实施，也不应当构成非法利用信息网络罪。

第八条　以实施违法犯罪活动为目的而设立或者设立后主要用于实施违法犯罪活动的网站、通讯群组，应当认定为刑法第二百八十七条之一第一款第（一）项规定的“用于实施诈骗、传授犯罪方法、制作或者销售违禁物品、管制物品等违法犯罪活动的网站、通讯群组”。

《信息网络犯罪司法解释》第8条主要从网站、通讯群组设立的目的和设立之后所从事的活动来区分非法利用信息网络的犯罪行为与正常设立网站、通讯群组的合法行为。

第九条　利用信息网络提供信息的链接、截屏、二维码、访问账号密码及其他指引访问服务的，应当认定为刑法第二百八十七条之一第一款第（二）项、第（三）项规定的“发布信息”。

非法利用信息网络罪意在打击利用信息网络发布有关制作或者销售毒品、枪支、淫秽物品等违禁物品、管制物品或者其他违法犯罪信息以及为实施诈骗等违法犯罪活动发布信息的行为，但鉴于网络技术发展催生了多样化的传播途径，点对点式的精准传播效果已经与此前发布信息所达到的效果相一致，所以该条明确将“提供信息的链接、截屏、二维码、访问账号密码及其他指引访问服务”的传播行为视为发布信息的行为，纳入了本罪的规制范畴。

第十条　非法利用信息网络，具有下列情形之一的，应当认定为刑法第二百八十七条之一第一款规定的“情节严重”：

（一）假冒国家机关、金融机构名义，设立用于实施违法犯罪活动的网站的；

（二）设立用于实施违法犯罪活动的网站，数量达到三个以上或者注册账号数累计达到二千以上的；

（三）设立用于实施违法犯罪活动的通讯群组，数量达到五个以上或者群组成员账号数累计达到一千以上的；

（四）发布有关违法犯罪的信息或者为实施违法犯罪活动发布信息，具有下列情形之一的：

1. 在网站上发布有关信息一百条以上的；

2. 向二千个以上用户账号发送有关信息的；

3. 向群组成员数累计达到三千以上的通讯群组发送有关信息的；

4. 利用关注人员账号数累计达到三万以上的社交网络传播有关信息的；

（五）违法所得一万元以上的；

（六）二年内曾因非法利用信息网络、帮助信息网络犯罪活动、危害计算机信息系统安全受过行政处罚，又非法利用信息网络的；

（七）其他情节严重的情形。

《信息网络犯罪司法解释》第 10 条主要规定了非法利用信息网络罪的量刑标准。其中第（二）项、第（三）项、第（四）项均涉及判断量刑标准时的数量计算，但就现有表述来看，《信息网络犯罪司法解释》并未明确是否涉及重复计算的问题。以第三项为例，设立用于实施违法犯罪活动的通讯群组，数量达到五个以上即可构成本罪，但若五个群组成员一致，那么此设立群组的行为是否仍然符合本罪的犯罪构成还有待司法实践进一步明确。

三、关于帮助信息网络犯罪活动罪的规定

第十一条　为他人实施犯罪提供技术支持或者帮助，具有下列情形之一的，可以认定行为人明知他人利用信息网络实施犯罪，但是有相反证据的除外：

（一）经监管部门告知后仍然实施有关行为的；

（二）接到举报后不履行法定管理职责的；

（三）交易价格或者方式明显异常的；

（四）提供专门用于违法犯罪的程序、工具或者其他技术支持、帮助的；

（五）频繁采用隐蔽上网、加密通信、销毁数据等措施或者使用虚假身份，逃避监管或者规避调查的；

（六）为他人逃避监管或者规避调查提供技术支持、帮助的；

（七）其他足以认定行为人明知的情形。

《信息网络犯罪司法解释》第 11 条明确规定了帮助信息网络犯罪活动罪的犯罪构成中的主观要件。本罪罪名实际上为帮助犯行为“正犯化”，因此罪名成立的前提即在于行为人“明知他人利用信息网络实施犯罪”。实践中主要存在两种情形：一种情形是行为人并不实际知晓他人存在犯罪行为，但对此疏于管理；另一种情形则是行为人明知他人存在犯罪行为且继续放任或允许这种行为的存在，但司法机关难以获取相应证据。因此，该条款列举了七种可以认定行为人“明知”他人利用信息网络实施犯罪的情形。

该条款第（一）项表明监管部门的告知行为可以作为判断网络服务提供者“明知”的前提条件，这便意味着企业在接收到监管部门告知后，未停止提供技术支持或帮助的行为即有可能构成本罪。据此企业在接到监管部门的告知后，应当根据《网络安全法》及相关行政法规的要求采取相应的措施，以避免被认定对网络犯罪活动提供了帮助。此处并未对监管部门的告知行为作形式要件要求，因此书面、口头告知的行为均可产生相同的法律后果。

该条款第（二）项规定举报也可以成为认定网络服务提供者知道犯罪活动存在的前置条件，网络服务提供者在接到举报后未履行法定管理职责就将被认定为对此“明知”。鉴于此项规定，企业必须依据《网络安全法》的相关规定建立举报制度，并在接到举报信息后，根据《互联网信息服务管理办法》《中华人民共和国电信条例》《计算机信息系统安全保护条例》等法律法规的要求，履行采取停止提供服务、停止信息传输、消除相关信息、做好记录并向有关部门进行报告等法定管理职责。

该条第（三）项规定实际上属于“明知”与“应知”的融合。当网络平台的交易价格或交易方式异常时，此时便推定网络平台知晓相应的网络犯罪行为。“例如第三方支付平台从一般的支付活动中收取 1.5% 的费用，而在有的赌博案件中第三方支付平台收取超过 10% 的费用。从这一收费明显异常情况，可以看出该第三方支付平台对服务对象从事犯罪活动实际上是‘心知肚明’的，故推定其具有主观明知。”

尽管条文表述也以“有相反证据除外”的表述为互联网企业等行为主体留出了抗辩的空间，但实际上是对企业提出了较高的合规要求，只有企业做好合规并做好记录的情况下，才可能实现抗辩的效果。

第十二条　明知他人利用信息网络实施犯罪，为其犯罪提供帮助，具有下列情形之一的，应当认定为刑法第二百八十七条之二第一款规定的“情节严重”：

（一）为 3 个以上对象提供帮助的；

（二）支付结算金额 20 万元以上的；

（三）以投放广告等方式提供资金 5 万元以上的；

（四）违法所得 1 万元以上的；

（五）二年内曾因非法利用信息网络、帮助信息网络犯罪活动、危害计算机信息系统安全受过行政处罚，又帮助信息网络犯罪活动的；

（六）被帮助对象实施的犯罪造成严重后果的；

（七）其他情节严重的情形。

实施前款规定的行为，确因客观条件限制无法查证被帮助对象是否达到犯罪的程度，但相关数额总计达到前款第（二）项至第（四）项规定标准五倍以上，或者造成特别严重后果的，应当以帮助信息网络犯罪活动罪追究行为人的刑事责任。

《信息网络犯罪司法解释》第 12 条明确规定了帮助信息网络犯罪活动罪的追诉标准。其中第 1 款按照计算方式的不同，将帮助信息网络犯罪活动的行为分为四类，分别根据资助对象数量、支付结算金额、提供资金金额以及违法所得金额确定了不同的追诉标准。尽管具体计算标准略有不同，但上述追诉标准所体现出的共同特点即入刑标准较低。入罪标准较低引起的高犯罪风险需要引起相关从业人员的警惕。

该条第 1 款第（五）项则规定了帮助信息网络犯罪活动罪的行刑衔接，特别提示了对于“二年内曾因非法利用信息网络、帮助信息网络犯罪活动、危害计算机信息系统安全受过行政处罚，又帮助信息网络犯罪活动的”的行为也应当认定为构成帮助信息网络犯罪活动罪。

该条第 2 款规定了在满足帮助信息网络犯罪活动罪构成要件的情况下，尽管现有证据尚不能证明被帮助对象达到犯罪的程度，在相关金额“达到第一款第（二）项至第（四）项规定标准的五倍以上”仍然可以按照帮助信息网络犯罪活动罪进行追诉。即满足上述规定的情况下，无论被帮助对象是否构成犯罪，可以仅对帮助行为进行处罚。

该条第 2 款同时以“造成特别严重后果”作为兜底条款，以确保法律规定的周延。

第十三条 被帮助对象实施的犯罪行为可以确认，但尚未到案、尚未依法裁判或者因未达到刑事责任年龄等原因依法未予追究刑事责任的，不影响帮助信息网络犯罪活动罪的认定。

《信息网络犯罪司法解释》第 13 条明确了即使被帮助对象的行为被确认为犯罪但未被追究刑事责任，提供帮助者仍可构成帮助信息网络犯罪。

四、关于三项罪名的其他规定

第十四条 单位实施本解释规定的犯罪的，依照本解释规定的相应自然人犯罪的定罪量刑标准，对直接负责的主管人员和其他直接责任人员定罪处罚，并对单位判处罚金。

《信息网络犯罪司法解释》第 14 条特别提示单位可成为上述三罪的犯罪主体，并且明确应当对单位及其直接负责的主管人员和其他责任人员实行“双罚制”。基于前述对于拒不履行信息网络安全管理义务罪和帮助信息网络犯罪活动罪的犯罪构成及量刑标准的分析，即使是合规经营的互联网企业稍有不慎也存在触犯此两种罪名的可能性，面临较大的经营风险。而企业行为一旦触犯《刑法》，直接负责的主管人员和其他责任人员也会受到波及。

第十五条 综合考虑社会危害程度、认罪悔罪态度等情节，认为犯罪情节轻微的，可以不起诉或者免予刑事处罚；情节显著轻微危害不大的，不以犯罪论处。

《信息网络犯罪司法解释》第15条规定了不以犯罪论处、不起诉或免于刑罚的情节，与我国刑法及有关司法解释的规定一致，本文不再赘述。

第十六条 多次拒不履行信息网络安全管理义务、非法利用信息网络、帮助信息网络犯罪活动构成犯罪，依法应当追诉的，或者二年内多次实施前述行为未经处理的，数量或者数额累计计算。

《信息网络犯罪司法解释》第16条规定了多次实施情形下数量或数额累计计算的规则。

第十七条 对于实施本解释规定的犯罪被判处刑罚的，可以根据犯罪情况和预防再犯罪的需要，依法宣告职业禁止；被判处管制、宣告缓刑的，可以根据犯罪情况，依法宣告禁止令。

我国《刑法修正案（八）》和《刑法修正案（九）》正式确立了禁止令及职业禁止两种保安处分措施，而《信息网络犯罪司法解释》第17条首次明确将上述两种处罚措施适用于拒不履行信息网络安全管理义务罪、非法利用信息网络罪和帮助信息网络犯罪活动罪中单位犯罪的直接负责的主管人员和其他直接责任人员以及其他个人犯罪主体。

《信息网络犯罪司法解释》如此规定，实际上加大了对于网络犯罪的惩罚力度，不仅罪名本身设置了主刑和附加刑，还对相关人员施以禁止令及职业禁止，意味着相关人员的日常行为某种程度上也会受到法律的限制。一旦有关从业人员触犯相关法律，其不仅会面临拘役、管制、有期徒刑以及罚金等法定刑的处理，还有可能会面临三年至五年禁止从事互联网行业相关事务的职业禁止；或者，在其被判处管制、宣告缓刑期间，其将被禁止从事特定活动，进入特定区域、场所，接触特定的人。显然，《信息网络犯罪司法解释》正式生效以后，一方面降低了拒不履行信息网络安全网络义务罪等网络犯罪罪名的入刑门槛，另一方面又加大了对于网络犯罪的打击力度，网络从业人员尤其是直接负责的主管人员的从业风险显著提升。

第十八条 对于实施本解释规定的犯罪的，应当综合考虑犯罪的危害程度、违法所得数额以及被告人的前科情况、认罪悔罪态度等，依法判处罚金。

《刑法修正案（九）》中明确规定了针对拒不履行信息网络安全管理义务罪，非法利用信息网络罪和帮助信息网络犯罪活动罪可以并处或单处罚金的法定刑，而《信息网络犯罪司法解释》该条内容则对罚金刑适用的衡量标准进行了细化。针对上述犯罪行为，对单位犯罪和个人犯罪适用罚金刑时，罚金数量的确定综合考虑犯罪的危害程度、违法所得数额、被告人的前科情况、依法判处罚金等进行确定。罚金刑标准的确定给予司法实践以更明确的操作指引。

第十九条 本解释自 2019 年 11 月 1 日起施行。

《信息网络犯罪司法解释》在 2019 年 11 月 1 日正式实施。

五、合规建议

综上所述,《信息网络犯罪司法解释》的实施明确了我国严惩网络犯罪的鲜明立场，通过设置较低的入罪门槛，以适当减小取证工作难度，实现对网络犯罪“打早打小”的目的。因此，信息网络安全监管的高压态势下，企业应当准确、全面理解《信息网络犯罪司法解释》的有关内容，时刻关注司法实践动态，以实现企业日常经营的合法合规，避免碰触刑法的“红线”。结合上述条文解读，我们认为网络服务提供者及从业者在提供有关服务时，应当注重以下合规工作的重要性：

①搭建自身的网络安全和数据合规体系，及时做好数据及网络安全合规工作，并保存相应记录；

②建立网络安全等级保护制度，采取相应的技术措施及管理措施保障网络安全；

③建立个人信息保护制度，避免个人信息泄露事件发生；

④建立日志留存制度以及进行用户实名制验证；

⑤加强对其平台行为的监督和管理，尽到合理的注意义务；

⑥谨慎处理相关监管部门发出的口头告知、责任整改通知书及其他形式的文书。

第四节　从全国首例企业拒不履行安全管理义务入刑案，看企业提供网络服务易踩的 4 个雷区

央视曝光全国首例企业拒不履行安全义务入刑案，为众多网络服务提供者敲响了警钟，企业网络安全管理义务的刑事合规边界究竟为何？本节从首案判决入手，揭示企业提供网络服务过程中易踩的四个雷区。

一、案情简介

2021 年 4 月 16 日，虚拟运营商远特（北京）通信技术有限公司（以下简称“远特公司”），因拒不履行信息网络安全管理义务罪，董事长王某及部分高管被昆明市盘龙区人民法院一审判处一年四个月至一年十个月的有期徒刑或拘役。这是全国第一起电信运营商因手机卡实名制监管不到位，造成电信网络诈骗犯罪严重后果发生而获刑的判例。

2016 年 12 月 21 日，远特公司因违反《电话用户真实身份信息登记规定》第 6 条被辽宁省通信管理局处以三万元人民币罚款，并责令立即改正。

2017 年 1 月 10 日，工业和信息化部网络安全管理局在《关于电话用户真实身份信息登记违规行为的通报》中，对抽查远特公司部分网点违反实名制问题进行了通报，提出立即进行整改并严格落实电话用户登记工作的有关规定。

2017年2月21日，工业和信息化部办公厅《关于防范打击通信信息诈骗工作专项督导检查情况的通报》中对远特公司检查存在的“电话实名工作落实情况”问题进行了通报，并要求进行整改。

以上相关部门的处罚及责令改正情况均与违反实名制规定有关。

2019年3月，云南昆明警方接报一起案值30万元的网络电信诈骗案，通过这起诈骗案，昆明警方调查发现一家名为“黑兔子”的工作室。

“黑兔子”工作室倒卖虚拟账号、贩卖手机“黑卡”的行为，引起了公安部、云南省公安厅两级公安机关的重视，公安机关将该案件列为“净网2019”专项行动挂牌督办案件，并为此成立“3·15”专案组。

2019年5月，专案组警员在山东警方的配合下抓获了以任某、苏某为首的犯罪团伙130余人。

2019年9月，在公安部的直接指挥下，专案组警员在北京抓获了远特公司的董事长王某和公司高层李某某、岳某等人。

据公安机关相关人员介绍，远特公司作为电信运营商的一级代理商，为了获取高额回报，与通信营运商内部人员勾结，从通信营运商手中违规获取大量电话卡，为全国300多个类似“黑兔子”窝点的犯罪团伙提供大量电话“黑卡”，用于盗取微信号和从事电信网络诈骗活动，仅2018年就非法提供“黑卡”1000万余张。同时他们还自己组建盗号团队，直接实施盗号、发送非法短信等各类违法犯罪行为，成了境内外电信网络诈骗犯罪活动的有力推手。

二、法院裁判情况

1.裁判理由

被告人李某某负有查验、评估、审核行业卡使用情况的职责，在明知违反实名制管理规定的情况下，仍然将大量带有公民个人信息的回收卡交给亚飞达信息科技股份有限公司，违反用户实名制进行挑卡，造成严重后果，且在两年内经监管部门多次责令改正而拒不改正。

2020年7月14日，经工业和信息化部网络安全管理局出具《关于涉及远特（北京）通信技术有限公司相关咨询的复函》证实，远特公司将绑定个人微信号的移动电话卡回收制作成行业卡销售给其他公司，未落实行业卡短信功能限制要求，未认真履行行业用户安全评估责任，违反了电话用户实名制、行业卡安全管理等相关规定。

被告人李某某无视国家法律，作为网络服务提供管理者，拒不履行信息网络安全管理义务，经监管部门责令采取改正措施而拒不改正，其行为触犯了《刑法》第286条之一之规定，犯罪事实清楚，证据确实、充分，其行为已构成拒不履行信息网络安全管理义务罪。

2. 裁判结果

被告人李某某犯拒不履行信息网络安全管理义务罪，判处有期徒刑一年零三个月，并处罚金5000元。

三、法律问题分析

根据《刑法》第286条之一的规定，远特公司负责人李某某作为网络服务提供者，拒不履行信息网络安全管理义务，经监管部门责令采取改正措施而拒不改正，致使用户信息泄露，造成严重后果，其行为已构成拒不履行信息网络安全管理义务罪。

《刑法》第二百八十六条之一规定，网络服务提供者不履行法律、行政法规规定的信息网络安全管理义务，经监管部门责令采取改正措施而拒不改正，有下列情形之一的，处三年以下有期徒刑、拘役或者管制，并处或者单处罚金：

（一）致使违法信息大量传播的；

（二）致使用户信息泄露，造成严重后果的；

（三）致使刑事案件证据灭失，情节严重的；

（四）有其他严重情节的。

单位犯前款罪的，对单位判处罚金，并对其直接负责的主管人员和其他直接责任人员，依照前款的规定处罚。

有前两款行为，同时构成其他犯罪的，依照处罚较重的规定定罪处罚。

1. 远特公司负责人李某某属于刑法规定的“网络服务提供者”

根据《关于办理非法利用信息网络、帮助信息网络犯罪活动等刑事案件适用法律若干问题的解释》第1条的规定，远特公司作为电信运营商，属于“利用信息网络提供通信公共服务”的单位；李某某作为远特公司的高级运营总监，负有查验、评估、审核行业卡使用情况的职责，属于“利用信息网络提供通信公共服务”的个人，构成刑法意义上的“网络服务提供者”。

本罪中的“网络服务提供者”，实际上包括网络技术服务提供者、网络内容服务提供者以及网络公共服务提供者。

①网络技术服务提供者：信息网络接入、计算、存储、传输服务提供者；

②网络内容服务提供者：信息发布、搜索引擎、即时通讯、网络支付、网络购物、网络游戏、广告推广、应用商店等信息网络应用服务提供者；

③网络公共服务提供者：电子政务、通信、能源、交通、水利、金融、教育、医疗等公共服务提供者。

2. 远特公司“不履行法律、行政法规规定的信息网络安全管理义务”，且“经政府有关部门责令采取改正措施而拒不改正”

自2016年至案发，远特公司曾因为未落实电话用户实名登记等义务，多次被监管部门责令改正。

① 2016年12月21日，远特公司因违反《电话用户真实身份信息登记规定》第6条被辽宁省通信管理局处以3万元人民币罚款，并责令立即改正。

② 2017年1月10日，工业和信息化部网络安全管理局在《关于电话用户真实身份信息登记违规行为的通报》中，对抽查远特公司部分网点违反实名制问题进行了通报，提出立即进行整改并严格落实电话用户登记工作的有关规定。

③ 2017年2月21日，工业和信息化部办公厅《关于防范打击通信信息诈骗工作专项督导检查情况的通报》中对远特公司检查存在的“电话实名工作落

实情况”问题进行了通报，并要求进行整改。以上相关部门的处罚及责令改正情况均与违反实名制规定有关。

对于上述整改通知，远特公司及相关人员一直拒不改正，继续实施违反电话用户实名制、行业卡安全管理等相关规定的行为。

“经监管部门责令采取改正措施而拒不改正”，为网络服务提供者成立拒不履行信息网络安全管理义务罪的前提条件。首先，关于“监管部门”的范围，根据《信息网络犯罪司法解释》第2条的规定，是指“网信、电信、公安等依照法律、行政法规的规定承担信息网络安全监管职责的部门”。其次，关于“责令采取改正措施”的形式，仅限于监管部门“以责令整改通知书或者其他文书形式”责令整改，以避免不当地扩大了此罪的适用范围。最后，关于“拒不改正”的认定，应当“综合考虑监管部门责令改正是否具有法律、行政法规依据，改正措施及期限要求是否明确、合理，网络服务提供者是否具有按照要求采取改正措施的能力等因素进行判断”，即此处的“拒不改正”更强调网络服务提供者主观上的“不愿为”，因此将客观上的“不能为”排除在外。

3. 远特公司及李某某“二年内经多次责令改正拒不改正”

李某某在明知违反实名制管理规定的情况下，仍然将大量带有公民个人信息的回收卡交给亚飞达信息科技股份有限公司，违反用户实名制并造成严重后果，且二年内经多次责令改正拒不改正。

拒不履行信息网络安全管理义务罪属于结果犯，若要成立此罪，需满足一定的结果要件，即具有下列情形之一：

致使违法信息大量传播的；

致使用户信息泄露，造成严重后果的；

致使刑事案件证据灭失，情节严重的；

有其他严重情节的。

第一，关于“致使违法信息大量传播”。

根据《互联网信息服务管理办法》第15条的规定，“违法信息”指法律禁止制作、复制、发布、传播的信息。拒不履行信息网络安全管理义务，致使传播违法视频文件 200 个以上、其他违法信息 2000 个以上、向 2000 个以上用户账号传播违法信息、利用群组成员账号数累计 3000 以上的通信群组或者关注人员账号数累计 30 000 以上的社交网络传播违法信息、违法信息实际被点击数达到 50 000 以上等情形，均属于“致使违法信息大量传播”。

第二，关于“致使用户信息泄露，造成严重后果”。

拒不履行信息网络安全管理义务，致使泄露行踪轨迹信息、通信内容、征信信息、财产信息 500 条以上，泄露住宿信息、通信记录、健康生理信息、交易信息等其他可能影响人身、财产安全的用户信息 5000 条以上，其他用户信息 50 000 条以上，造成他人死亡、重伤、精神失常或者被绑架等严重后果，造成重大经济损失，严重扰乱社会秩序等情形，均属于“致使用户信息泄露，造成严重后果”。

第三，关于“致使刑事案件证据灭失，情节严重”。

拒不履行信息网络安全管理义务，造成危害国家安全犯罪、恐怖活动犯罪、黑社会性质组织犯罪、贪污贿赂犯罪案件的证据灭失，造成可能判处五年有期徒刑以上刑罚犯罪案件的证据灭失，多次造成刑事案件证据灭失，刑事诉讼程序受到严重影响等情形，均属于“致使刑事案件证据灭失，情节严重”。

第四，关于“其他严重情节”。

拒不履行信息网络安全管理义务，对绝大多数用户日志未留存或者未落实真实身份信息认证义务、二年内经多次责令改正拒不改正、致使信息网络服务被主要用于违法犯罪等情形，均属于“其他严重情节”。

四、合规建议

为避免不慎触犯拒不履行信息网络安全管理义务罪，对于网络服务提供者，我们作出如下建议。

（1）加强自身网络服务内容审核义务，确保网络服务不包含法律禁止制作、复制、发布、传播的信息。例如，反对宪法所确定的基本原则的；危害国家安全，泄露国家秘密，颠覆国家政权，破坏国家统一的；损害国家荣誉和利益的；煽动民族仇恨、民族歧视，破坏民族团结的；破坏国家宗教政策，宣扬邪教和封建迷信的；散布谣言，扰乱社会秩序，破坏社会稳定的；散布淫秽、色情、赌博、暴力、凶杀、恐怖或者教唆犯罪的；侮辱或者诽谤他人，侵害他人合法权益的；含有法律、行政法规禁止的其他内容的。

（2）建立网络服务合规体系，防范用户信息泄露的风险。同时，应提前制定应急预案，当发生信息泄露事件时，确保能够及时作出应对，并向主管机关作出汇报，防止危害结果进一步扩大，避免达到刑事犯罪的立案追诉标准。

（3）在日常提供网络服务的过程中，按照法律法规的要求，严格落实《网络安全法》中规定的网络服务提供者留存相关网络日志和要求用户提供真实身份信息的义务，记录、保存、提供相关互联网络资料及用户信息等内容。一方面，防止因刑事案件证据灭失承担法律责任；另一方面，积极履行打击违法犯罪活动的义务，主动提供相关信息，配合办案机关的侦查活动，协助打击相关刑事犯罪。

（4）当监管部门作出责令改正措施时，应当及时作出整改，履行安全管理义务。如对监管部门作出的责令改正措施是否具有法律、行政法规依据，改正措施及期限要求是否明确、合理等问题具有异议，应当及时向有关部门提出，协商议定能够具体落实的整改措施，切勿对于整改措施置之不理。

第五节　线下数据应用的法律风险

“Wi-Fi 探针”作为一种获取用户数据的设备，在近年来数据合规监管日趋严格的大形势下，被贴上了负面的标签。但是我们也应该清楚，如同其他科技手段一般，通过“Wi-Fi 探针”以获取线下数据这一新兴科技方式本身是中性的，不带有任何好与坏的属性，其性质完全取决于使用它的商家经营者。如果是在合法及被授权的情况下使用，线下数据将会大大地赋能实体经济、提高运营效率，同时为消费者提供更智慧、更贴心、更便利的服务与产品。但如果被违法、不当使用，不仅消费者权利受到侵害，商家经营者也会面临各种类型的经营风险、法律风险。

为了使大家对线下数据有一个初步印象，本书针对“顾客进店选购衣服”预设两个场景。传统场景下，一位顾客欲购买一套衣服，服务人员只能在顾客进店后通过其年龄、相貌、体态、穿衣品位等特征，结合自己的主观经验为顾客推荐衣服，结果往往也很难令顾客称心如意。那么，我们再看看线下数据得到充分应用的场景。顾客进店后，服务人员马上能判断出顾客是否来过本店、来过几次、在店内停留多长时间、在店内什么区域停留过、购买过什么衣服。此外，结合门店会员数据和销售数据还能轻松判断出顾客的消费水平、个人喜好、消费习惯等，对顾客进行精准画像后，服务人员可以有针对性地推荐款式、颜色、价位均合适的衣服，提高用户体验的同时也增加了销售业绩。上面这个场景就是线下数据最基本的应用，下面我们来具体看看什么是线下数据，线下数据如何收集，线下数据的应用场景及存在哪些法律合规风险。

一、线下数据的内涵

目前对线下数据并没有一个统一的定义，普遍认为线下数据是实体世界的数据化，包括用户端数据、场景数据、生产端数据、物流数据等各类与人、货、场相关的数据。从商用角度看，更重视用户端数据与货、场数据相匹配，实现精准营销，故本书着重研究用户端数据的使用和合规问题，用户端数据包括轨迹数据、位置数据、人像数据、MAC 地址数据等。

二、线下数据的采集方式

“Wi-Fi 探针”是线下数据主要的收集工具，主要采集用户的轨迹和位置数据。其工作原理为：只要终端设备 Wi-Fi 处于开启状态，就会发出探测请求帧寻找可连接的 Wi-Fi 信号，当该终端设备出现在 Wi-Fi 探针的侦听范围时，探针会将此帧截获并分析出 MAC 层与物理层的信息，故 Wi-Fi 探针不需要与周围的设备有任何交互，即实现了无感知获取数据。Wi-Fi 探针采集到的数据主要为 MAC 层的信息，如设备 MAC 地址、Wi-Fi 信号强度、Wi-Fi 信号频道、信号帧类型，再通过信号强度和在探针范围的停留时间分析生成活动轨迹、停留时间等数据信息。在商用层面，主要解决“谁（MAC 地址）—在哪—停留多长时间”的问题，有效收集顾客的活动轨迹信息。

三、线下数据的采集、使用主体

通过上述技术对线下数据进行采集并使用的主体一般包括数据公司以及线下销售商。

数据公司往往与大型互联网公司合作，充分融合现有的线上、线下数据资源，利用数据分析技术向商家提供“设备研发—数据采集—数据分析”全链条数据服务。

另外也存在部分大型线下零售商利用自己所租用的设备对顾客数据进行采集的情况，再与自身会员数据、消费数据相结合进行数据分析，或由数据公司对其采集的数据进行分析。

四、线下数据应用的具体场景

1. 精准营销

营销的主要目的在于把正确的商品推给正确的人，这就需要将线下数据与消费数据、支付数据、购买习惯、个人喜好等线上数据相结合，进行综合分析，从而实现“谁—活动区域—消费水平—个人喜好”的全方位精准用户画像，从用户的基础属性、兴趣喜好、消费习惯、消费水平等多角度出发，勾勒出立体饱满的用户画像，构建用户消费行为数据模型，挖掘用户的真实需求，有针对性地推送商品从而实现精准营销。

2. 门店选址

通过对已有门店客流数据进行标签化分类，归纳受众用户的喜好和活动区域特点，结合线上数据和线下消费数据进行用户画像，再根据门店所在商圈特点提取变量构建模型，统计拟选地点周边客流量和目标用户流量，选择目标用户与模型匹配度较高的地点作为最终门店地址。

3. 货品管理

通过线下数据的采集，实现客流信息数据库的建立，通过客流的停留时间和用户画像等维度建立模型，选择最优回报率的产品和数量。将潜在用户的细化描述直观地体现在场景中，分析热力图中用户群体的分布，根据不同地址商铺周边消费者多维度的偏好调整商品配备。

4. 经营分析

经营分析主要以转化漏斗为基本方法，依托商圈客流、周边客流、入店客流和购买客流数据进行分析，目的在于实现“商圈客流→周边客流→入店客流→购买客流”的层层转化，将客流转化为销售额。同时，结合购买周期、再访周期、停留时间、下单量、下单金额等变量，综合对门店经营情况进行分析。

五、收集、使用线下数据的合规风险

线下数据作为新类型的数据资源，依托其自身优势在线下传统销售领域发挥重大的作用，但由于发展较晚、受关注度较低等原因，在数据的采集、存储、使用、与线上数据共享方面均面临着较大的合规风险。

1. 数据采集未经被收集者同意

《网络安全法》规定：个人信息，是指以电子或者其他方式记录的能够单独或者与其他信息结合识别自然人个人身份的各种信息，包括但不限于自然人的姓名、出生日期、身份证件号码、个人生物识别信息、住址、电话号码等。从上述定义可以看出个人信息的最主要判断依据为是否能识别自然人身份，而线下数据中的MAC地址、行为轨迹、位置信息在一定程度上虽单独不能识别自然人，但与其他信息相结合则可能识别特定自然人。

而对于个人信息的收集,《网络安全法》和《中华人民共和国消费者权益保护法》(以下简称《消费者权益保护法》)明确规定，网络运营者或经营者收集个人信息，应遵循合法、正当、必要的原则，公开收集规则，明示收集信息的目的、方式、范围，并经被收集者同意。

从刑事风险的角度看，从现有相关刑事判决案例分析，暂未发现利用探针技术收集MAC地址或一定范围内活动轨迹信息的判例，且从严格意义上讲，单纯依靠上述两种信息也很难识别自然人而被认定为刑法意义上的个人信息。但从行政监管的角度，按照《信息安全技术个人信息安全规范》(以下简称《个人信息安全规范》)的规定，MAC地址被认定为个人信息，因此商家经营者对上述两类信息收集的合规性审查应高度重视。

2. 线上、线下数据共享均未得到用户授权

由于线下数据本身的特性，仅能采集用户的活动轨迹信息，从商用的角度只能掌握店内客户的数量、停留时间、店外的客流量等信息，无法对用户进行

标签化进而匹配自身的商品。对顾客进行完整的用户画像，必须同线上的支付数据、会员数据、消费数据、营销数据、地理数据及线上数据做深度的结合。

在数据分属于不同控制者的情况下，必然会涉及数据共享的问题。因此，依据《个人信息安全规范》的规定，个人信息控制者需要与第三方进行信息共享，必须事先征得用户主体的授权同意或明示同意（敏感信息），向信息主体告知共享个人信息的目的、数据类型及共享方的信息安全保护能力等，除此之外还应对安全影响进行评估。

3. 广告定向投放未经用户同意

数据控制者为了达到精准营销的目的，往往与线上移动端媒体进行合作，向目标用户定向投放广告信息。例如，顾客曾前往某服装品牌店，在晚上回家后打开某手机 App 就会有该品牌服装的广告。对此，《消费者权益保护法》第 29 条规定，经营者未经消费者同意或者请求，或者消费者明确表示拒绝的，不得向其发送商业性信息。因此，商家经营者在未取得用户同意的情况下向其定向推送广告，可能会触犯《消费者权益保护法》的规定，也会让用户感觉个人隐私遭到泄露。

4. 对外提供数据未经用户同意或未进行匿名化处理

如上文所述，数据公司通过 Wi-Fi 感知技术采集并使用线下数据，往往与大型互联网公司合作，利用数据分析技术向商家提供“设备研发—数据采集—数据分析”全链条数据服务，其中不可避免地会提供数据以及数据产品给线下销售商。而《网络安全法》第 42 条规定，未经被收集者同意，不得向他人提供个人信息。但是，经过处理无法识别特定个人且不能复原的除外。

5. 未保障信息主体的基本权利

除了上述不得在未经被收集者同意、授权的情况下采取数据处理行为之外，在得到被收集者明确同意、授权的情况下，数据控制者仍然应当注意对信息主体基本权利的保障，如信息主体访问、更正、删除、注销账户、撤回同意等权利，畅通申诉渠道，建立申诉管理机制，在合理时间内对申诉进行响应。否则，一旦信息主体权利不能有效保障，则可能会受到监管处罚或引发舆情事件。

6. 数据存储不符合安全标准

数据控制者还应注意对数据的保护，按照规定做好计算机信息系统等级保护备案，采取数据加密存储、去标识存储、加密传输、防渗透、防黑客侵入等安全措施，以防止发生数据泄露或非法使用的安全事件发生。

7. 侵犯公民个人信息罪、扰乱无线电管理秩序罪的刑事风险

部分数据采集者欲打通线上线下数据的壁垒，形成完整的数据链条，关键在于获取用户的手机号码信息，一旦获取手机号码信息即可将线下的轨迹信息与线上的消费、搜索、支付数据相结合，形成完整的用户画像，达到精准营销的效果。出于此种目的，部分人员利用技术手段（不排除使用伪基站）获取精准的用户信息（IMSI 码、手机号码等）。数据采集者在未经信息主体同意的情况下，采取技术手段秘密获取信息主体手机号码等相关个人信息，且其提供服务并不必然需要收集用户手机号码，对收集数据进行使用形成数据产品向他人销售、提供进行盈利，可能触犯《刑法》第 253 条之一的规定，构成侵犯公民个人信息罪。如存在利用“伪基站”采集客流的 IMSI 码或手机号码的情况，可能会触犯《刑法》第 288 条之规定，构成扰乱无线电管理秩序罪。

第六节　《网络安全法》的这些红线千万别碰

上海网警部门在“净网 2019”专项工作中发现，当地购物导流平台“惠花花”和“小鸟浏览器”两款 App 运营企业，未落实公民个人信息保护安全技术措施，并存在未向公安机关备案、未建立网络安全保护管理制度、未落实网络安全保护技术措施等违法违规行为。根据相关规定，上海公安网安部门依法对“惠花花”App 运营企业“上海奥璨电子商务有限公司”和“小鸟浏览器”App 运营企业“吞炎（上海）网络科技有限公司”分别处以停机整顿三个月和停机整顿一个月的行政处罚。

上述两家公司此次受到的处罚不可谓不严厉，在竞争环境日趋激烈的互联网江湖，停机三个月基本上就宣告了一个产品的死亡。《网络安全法》生效后，在监管趋严的大背景下依然对法律风险视若无睹，在基本管理制度、数据安全、技术安全等多个方面存在管理漏洞，两家企业的遭遇多少有些咎由自取。

纵观《网络安全法》的第6章法律责任部分共有17条，其中规定了“责令暂停相关业务、停业整顿、关闭网站、吊销相关业务许可证或者吊销营业执照”的有五条，分别涉及用户实名制、网络安全工作开展、数据安全管理和内容安全管理四个方面，可以说是网络安全法的四条红线。前事不忘，后事之师。“净网行动”已成为全国网安部门的年度例行工作，尽可能规避那些致命的法律风险是互联网企业当下风控工作的重点。

一、严格落实用户实名制

《网络安全法》第61条规定，网络运营者未要求用户提供真实身份信息，或者对不提供真实身份信息的用户提供相关服务的，由有关主管部门责令改正；拒不改正或者情节严重的，处五万元以上五十万元以下罚款，并可以由有关主管部门责令暂停相关业务、停业整顿、关闭网站、吊销相关业务许可证或者吊销营业执照，对直接负责的主管人员和其他直接责任人员处一万元以上十万元以下罚款。

网络实名制作为遏制网络犯罪、防止网络谣言和网络暴力传播的重要措施，在进入21世纪后逐步出台并落实，现已成为互联网运营的基本制度之一。《网络安全法》第24条第1款对该制度进行确认和强调并在第61条规定了相应的罚则。

根据《网络安全法》第24条第1款规定，网络运营者为用户办理网络接入、域名注册服务，办理固定电话、移动电话等入网手续，或者为用户提供信息发布、即时通讯等服务，在与用户签订协议或者确认提供服务时，应当要求用户提供真实身份信息。用户不提供真实身份信息的，网络运营者不得为其提供相关服务。

需要强调的是，这里的用户实名制不仅指普通的网民，还包括“网红”经纪公司等机构用户。如全国“扫黄打非”办于2018年8月会同公安部等六部委下发的《关于加强网络直播服务管理工作的通知》就强调在网络直播领域落实用户实名制，加强网络主播管理，建立主播黑名单制度等内容。2021年1月颁布的《互联网用户公众账号信息服务管理规定》第8条明确要求公众账号信息服务平台应当采取复合验证等措施，对申请注册公众账号的互联网用户进行基于移动电话号码、居民身份证号码或者统一社会信用代码等方式的真实身份信息认证，提高认证准确率。

二、依法开展网络安全工作

《网络安全法》第62条规定，开展网络安全认证、检测、风险评估等活动，或者向社会发布系统漏洞、计算机病毒、网络攻击、网络侵入等网络安全信息的，由有关主管部门责令改正，给予警告；拒不改正或者情节严重的，处一万元以上十万元以下罚款，并可以由有关主管部门责令暂停相关业务、停业整顿、关闭网站、吊销相关业务许可证或者吊销营业执照，对直接负责的主管人员和其他直接责任人员处五千元以上五万元以下罚款。《网络安全法》第26条则规定，开展网络安全认证、检测、风险评估等活动，向社会发布系统漏洞、计算机病毒、网络攻击、网络侵入等网络安全信息，应当遵守国家有关规定。

虽然《网络安全法》第26条要求有关组织和个人发布系统漏洞等行为时应当遵守国家规定，但实际上我国在此领域长期处于立法空白的状态，这也是乌云网等白帽网站长期处于灰色地带的原因。不过，这一局面已经有所改变。2021年7月12日，工业和信息化部、国家互联网信息办公室、公安部联合印发通知，公布《网络产品安全漏洞管理规定》，自2021年9月1日起施行。该规定第九条明确要求组织或个人向社会发布网络产品安全漏洞信息的，应当遵循必要、真实、客观及有利于防范网络安全风险的原则，并遵守8项更加细致的要求。

除了白帽子应遵守相关规定外，各类互联网企业自身也要加强技术安防措施，重视漏洞发现与管理。《计算机信息网络国际联网安全保护管理办法》第21条规定，有下列行为之一的，由公安机关责令限期改正，给予警告，有违法所得的，没收违法所得；在规定的限期内未改正的，对单位的主管负责人员和其他直接责任人员可以并处五千元以下的罚款，对单位可以并处一万五千元以下的罚款；情节严重的，并可以给予六个月以内的停止联网、停机整顿的处罚，必要时可以建议原发证、审批机构吊销经营许可证或者取消联网资格：①未建立安全保护管理制度的；②未采取安全技术保护措施的；③未对网络用户进行安全教育和培训的；④未提供安全保护管理所需信息、资料及数据文件，或者所提供内容不真实的；⑤对委托其发布的信息内容未进行审核或者对委托单位和个人未进行登记的；⑥未建立电子公告系统的用户登记和信息管理制度的；⑦未按照国家有关规定，删除网络地址、目录或者关闭服务器的；⑧未建立公用账号使用登记制度的；⑨转借、转让用户账号的。

三、保障数据安全

《网络安全法》第64条规定，网络运营者、网络产品或者服务的提供者违反该法第22条第3款、第41条至第43条规定，侵害个人信息依法得到保护的权利的，由有关主管部门责令改正，并可根据情节单处或者并处警告、没收违法所得、处违法所得一倍以上十倍以下罚款，没有违法所得的，处一百万元以下罚款，对直接负责的主管人员和其他直接责任人员处一万元以上十万元以下罚款；情节严重的，并可以责令暂停相关业务、停业整顿、关闭网站、吊销相关业务许可证或者吊销营业执照。第66条规定，关键信息基础设施的运营者违反本法第37条规定，在境外存储网络数据，或者向境外提供网络数据的，由有关主管部门责令改正，给予警告，没收违法所得，处五万元以上五十万元以下罚款，并可以责令暂停相关业务、停业整顿、关闭网站、吊销相关业务许可证或者吊销营业执照；对直接负责的主管人员和其他直接责任人员处一万元以上十万元以下罚款。

《网络安全法》第 64 条和第 66 条本质上都是为了保护公民个人信息和网络数据安全。随着近年来大数据产业的快速发展，隐私和数据安全逐渐进入人们的视野，特别是“徐玉玉被电信诈骗致死案”等电信网络诈骗案件的发生不断提醒我们数据安全的重要性。国家对此更是高度重视，率先将侵犯公民个人信息纳入刑法规制。《网络安全法》第 64 条专门与《刑法》第 253 条之一进行了衔接，根据刑法规定，侵犯公民个人信息涉嫌犯罪的，最高可以判处七年有期徒刑，单位也可以成为该罪主体并实施双罚。

四、严格落实内容审核

《网络安全法》第 68 条规定，网络运营者违反本法第 47 条规定，对法律、行政法规禁止发布或者传输的信息未停止传输、采取消除等处置措施、保存有关记录的，由有关主管部门责令改正，给予警告，没收违法所得；拒不改正或者情节严重的，处 10 万元以上 50 万元以下罚款，并可以责令暂停相关业务、停业整顿、关闭网站、吊销相关业务许可证或者吊销营业执照，对直接负责的主管人员和其他直接责任人员处 1 万元以上 10 万元以下罚款。

内容违规可以说是当前互联网企业最经常面临的问题，而且这一问题非常致命。网络上因内容违规而被处以停机整顿甚至永久下架的例子数不胜数，其中就包括著名的“内涵段子”App。在内容审核领域，企业需要遵守的政策文件也非常多，包括但不限于《互联网新闻信息服务管理规定》《互联网跟帖评论服务管理规定》《互联网直播服务管理规定》等。在“内涵段子”App 被永久关停后，“今日头条”建立了一支极其庞大的人工内容审核团队，确保内容合规的重要性可见一斑。

除《网络安全法》外，在互联网管理领域也有诸多办法和规则，甚至许多加强管理的通知中也存在停业整顿、关闭网站、吊销许可证的处罚规定，比如

《非经营性互联网信息服务备案管理办法》《关于加强网络预约出租汽车行业事中事后联合监管有关工作的通知》《非银行支付机构网络支付业务管理办法》等。这些办法和规则多是行业性规定，主要针对特定行业和特定业务，需要互联网从业者从自身情况出发进行细致的研究并采取相应措施。

第七节　互联网企业常见的垄断行为有哪些

2019年以来，国家加强反垄断立法的态势就日趋明显。国务院出台《关于促进平台经济规范健康发展的指导意见》单独列出反垄断条款，国家市场监管总局先后出台了《禁止垄断协议暂行规定》和《禁止滥用市场支配地位行为暂行规定》。2020年12月举行的中央经济工作会议将“强化反垄断和防止资本无序扩张”作为2021年要抓好的八大重点任务之一。在2021年3月发布的“十四五”规划和2035年远景目标纲要中，“反垄断”亦多次出现。

与此同时，反垄断案件不断落地。经过107天的调查，2021年4月10日，国家市场监督管理总局责令阿里巴巴集团停止滥用市场支配地位行为，并处182.28亿元罚款。同月，国家市场监督管理总局又宣布对美团开展反垄断调查，并罚款34.42亿元。7月24日，国家市场监督管理总局对腾讯音乐下发《行政处罚决定书》，责令其30日内解除独家版权，停止高额预付金的版权费用支付方式等。反垄断已不再是空中楼阁，而是悬在每一家大型企业头上的达摩克利斯之剑。

一、市场支配地位认定标准不断细化

长期以来，市场支配地位的认定问题一直困扰着互联网领域反垄断案件的审理。早在2014年，最高人民法院就通过判决指出：“在互联网企业所处的

高度动态的竞争环境中，市场份额只是判断市场支配地位的一项指标，而不是唯一的指标，特别是互联网环境下的竞争存在高度动态的特征，相关市场的边界远不如传统领域那样清晰，在此情况下，更不能高估市场份额的指示作用。”但该判决并未说明具体的考量因素。

2019 年 6 月 26 日，国家市场监督管理总局发布的《禁止滥用市场支配地位行为暂行规定》第 11 条对互联网等新经济业态市场支配地位的认定进行了明确。《禁止滥用市场支配地位行为暂行规定》规定，认定互联网经营者市场支配地位可以从竞争特点、经营模式、用户数量、网络效应、锁定效应、技术特性、市场创新、掌握和处理相关数据的能力及经营者在关联市场的市场力量等因素进行考虑。虽然规定仍然过于原则，但较此前相关规定已有进步。

二、互联网行业常见的滥用市场支配地位行为

在国家已经用一系列文件、会议和案例表明态度的情况下，互联网公司必须改变过去十余年已经习以为常的竞争方式，适应新时代的反垄断监管趋势。

2022 年 6 月 24 日第十三届全国人民代表大会常务委员会第三十五次会议通过的《全国人民代表大会常务委员会关于修改〈中华人民共和国反垄断法〉的决定》规定，将旧法在第 17 条规定的滥用市场支配地位行为后移至第 22 条，共规定了 7 种滥用市场支配地位的行为，分别是不公平交易、掠夺性定价、拒绝交易、限定交易、搭售或附条件的不合理交易、差别待遇以及兜底性的其他行为。由于我国互联网企业大多以个人业务为主，因此很少出现不公平交易的情况，而其他几种法定行为却较为常见，且具有较为明显的产业特色。

1. 掠夺性定价

长期以来，以免费吸引用户、以补贴争夺市场是我国互联网企业常见的市场竞争方式。在反垄断执法力度相对宽松的背景下，此种做法可以被执法机构视为市场竞争行为，毕竟表面上看用户利益并未受到实质性损害。但如果透过现象看本质，我们就会发现，互联网产业竞争的核心与传统产业有本质上的区

别。互联网企业之间竞争的是数据和流量，许多平台都是以免费模式来获取用户数据，用户以自己付出的数据信息获取平台提供的免费服务，互联网平台通过整合用户数据将之运用于精准营销等广告领域获取收益。而且，通过掠夺性定价获胜的企业在完成行业集中后很有可能进行提价。即使没有提价行为，掠夺性定价本身就会带来一系列伤害，如降低产品质量或减少消费者选择。国家高度关注互联网巨头介入社区团购，便是对其通过掠夺性定价抢占小商贩生存空间的担忧。综合来看，在新的执法背景下，成熟互联网公司的巨额补贴行为很有可能招来执法机构的反垄断调查。

2. 拒绝交易

互联网平台是以开放 API 为基础的互联网服务模式。基于平台属性，平台型互联网企业一般都愿意向第三方开放其平台以提升用户黏性，获取更多的数据资源。但随着数据资源的日益重要，企业间围绕数据权益的争夺也日趋激烈，近年来，在微信和抖音、多闪之间爆发的数据争夺战便是这一趋势的真实写照。

应当讲，平台型互联网企业花费大量人力与资金成本建立的平台拒绝第三方利用具有一定的正当性，我国法院在司法实践中也倾向于维护企业的数据权益，如天津市滨海新区人民法院就曾于 2019 年 3 月裁决要求抖音立即停止将微信 /QQ 开放平台授权登录服务提供给多闪使用的行为，但这并不代表拒绝数据流通绝对不会引发反垄断调查。笔者认为，具有市场支配地位的互联网平台按照行业惯例可以向第三方开放 API 接口而拒绝开放或者选择性开放时，其行为就有可能被认定为滥用市场支配地位的垄断行为。微信长期禁止用户分享抖音短视频的做法，在笔者看来就有可能构成滥用市场支配地位。

3. 限定交易

限定交易行为在我国网购领域较为常见，网购领域的京东和淘宝，外卖领域的美团和饿了么等企业之间每过一段时间就会被曝出逼迫入驻商家二选一，近年来拼多多等后来者也加入其中。此前，反垄断执法部门在此类问题上难以有所作为的原因无非是企业的市场支配地位难以界定，而《禁止滥用市场支配地位行为暂行规定》第 11 条正是为了解决这一问题而设置的。阿里巴巴、美团已先后因为二选一问题被处以巨额罚款。

4.搭售或附加其他不合理交易条件

搭售和附加不合理条件的行为在平台类互联网企业中并不明显，但也并非绝对不存在，尤其是在平台企业逐步向线下发展的今天，附加不合理条件的行为越来越多。如果互联网平台在某一领域具有市场支配地位，其利用该市场支配地位提供与平台无关服务的行为就可能构成反垄断意义上的搭售行为。举例来说，如果一款浏览器被认定为具有市场支配地位，而其仅提供同一公司或关联公司的搜索引擎服务，就可能被认定为搭售行为。而附加不合理条件最典型的便是拒绝使用竞争对手的支付渠道，沃尔玛和腾讯联手抵制支付宝、盒马鲜生拒绝微信支付这些行为，在笔者看来都是非常典型的附加其他不合理交易条件的行为，触发反垄断调查与否全都取决于企业主体是否被认定为具有市场支配地位。

5.差别待遇

差别待遇是指具有市场支配地位的经营者，没有正当理由，对条件相同的交易相对人在交易价格等方面实行差别待遇。近年来，“大数据杀熟”已经为公众所熟知并屡次成为热门话题，每隔一段时间就会被提出，只是具体涉及的公司有所变化。这种依据算法实现“千人千价”的经营行为很难通过企业外部调查获得强有力的客观证据。但如果反垄断执法机构介入并进行深入调查，此种做法无疑将引火烧身。

过去受立法和执法等因素影响，虽然反垄断法已经生效十余年，其存在感却一直很薄弱。但在执法趋严的大背景下，过去很多业内的常见做法都需要重新审视、评估反垄断风险。为此，平台型互联网企业无疑需要建立完备的反垄断合规体系，以反垄断的视角对过去的一些做法进行风险分析。同时，加强对反垄断法中豁免制度的研究，充分寻找自身商业行为的“正当理由”，通过合法途径维护企业的竞争优势。

第八节 全球首部针对网络平台的反垄断指南——《国务院反垄断委员会关于平台经济领域的反垄断指南》解读

2021 年 2 月 7 日，国务院反垄断委员会发布了《国务院反垄断委员会关于平台经济领域的反垄断指南》（以下简称《反垄断指南》）。这是全球首部官方制定的、针对网络平台的反垄断指南。《反垄断指南》共有六章 24 条，包含了从垄断地位认定到垄断行为认定的一系列详细、可操作的标准。虽然《反垄断指南》本身并不具有强制性，但作为由国务院反垄断委员会发布的正式文件，必将在未来一段时间成为网络平台反垄断调查的具体指引。

一、明确市场的内涵和外延，细化垄断认定标准

由于互联网行业的特殊性，如何认定一家网络平台企业具有市场支配地位，一直是执法和司法机关的困扰。最高人民法院在 2014 年以判例的形式对如何认定互联网企业的市场支配地位作出了原则性的描述。2019 年 6 月，国家市场监督管理总局发布的《禁止滥用市场支配地位行为暂行规定》第 11 条明确，认定互联网经营者市场支配地位可以从竞争特点、经营模式、用户数量、网络效应、锁定效应、技术特性、市场创新、掌握和处理相关数据的能力及经营者在关联市场的市场力量等因素进行考虑。虽然规定仍然过于原则，但较此前相关规定已有进步。

此次《反垄断指南》在第一章开篇，便对支配地位认定问题作出了回应。第 4 条规定可以从“相关商品市场”和“相关地域市场”两个维度来界定网络平台所在市场的边界。所谓相关商品市场，具体而言，可以根据平台一边的商品界定相关商品市场；也可以根据平台所涉及的多边商品，分别界定多个相关

商品市场，并考虑各相关商品市场之间的相互关系和影响。当该平台存在的跨平台网络效应能够给平台经营者施加足够的竞争约束时，可以根据该平台整体界定相关商品市场。而“相关地域市场”通常界定为中国市场或者特定区域市场，根据个案情况也可以界定为全球市场。对于具体采用何种计算方式,《反垄断指南》则明确采取个案分析原则，不同类型垄断案件对于相关市场界定的实际需求不同，为执法机关根据具体案情灵活适用留足了空间。

在解决市场边界的定性后,《反垄断指南》在第 11 条又对具体的市场支配地位认定标准进行了细化。执法机关可以从经营者的市场份额及相关市场竞争状况、经营者控制市场的能力、经营者的财力和技术条件、其他经营者对该经营者在交易上的依赖程度、其他经营者进入相关市场的难易程度，以及其他因素等多个维度，判断网络平台是否具有市场支配地位。

二、详细定义滥用行为，同时留出抗辩空间

在明确了垄断地位的认定方式后,《反垄断指南》在《反垄断法》的基础上，结合网络平台经济特点，在第三章中对滥用市场支配地位的行为进行细化。《反垄断指南》规定了不公平价格行为、低于成本销售、拒绝交易、限定交易、搭售或者附加不合理交易条件、差别待遇六种行为，无兜底性条款的规定。从细化内容看,《反垄断指南》对大数据杀熟、强迫二选一等社会热点均作出了回应。具体来说,《反垄断指南》将不合理补贴归类于低于成本销售行为，强迫二选一归于限定交易行为，大数据杀熟则归入差别待遇。

《反垄断指南》在结合网络平台经济特点对《反垄断法》规定的滥用市场支配地位行为的内涵进行细化的同时，也给出了专门的合理化理由，这在“大数据杀熟”上表现得最为明显。《反垄断指南》第 13 条规定，具有市场支配地位的平台经济领域经营者，可能滥用市场支配地位，没有正当理由，以低于成本的价格销售商品，排除、限制市场竞争的行为，属于低于成本销售。同时,《反垄断指南》给出了五种正当理由，包括在合理期限内为发展平台内其他业

务、在合理期限内为促进新商品进入市场、在合理期限内为吸引新用户、在合理期限内开展促销活动、能够证明行为具有正当性的其他理由。其中，“在合理期限内为吸引新用户”和“在合理期限内开展促销活动”明显可以作为新老用户价格差异的正当化解释。

三、专门强调协议控制架构，明确申报标准

协议控股结构，也称“VIE 结构”，又称“新浪结构”，由新浪在纳斯达克上市时所创造，后被普遍运用于互联网、出版等“外资禁入”行业的企业境外红筹上市。

如图 4.1 所示，VIE 之所以称为“协议控制”，是由于当事人以其控制的境外公司名义，返程设立外商独资企业（WFOE），并以 WFOE 名义，通过排他性管理咨询或技术服务协议等合同，控制境内企业的全部经营活动，进而取得境内企业的主要收入和利润。通过上面的一系列安排，虽然从表面上看，境内企业仍然为独立的内资企业，但实际上该企业的一切经营及其相应的资产、收入和利润均归属境外公司，被境外公司实际控制。受多种因素影响，我国的互联网企业，特别是境外上市公司大多采用 VIE 架构。数据显示，截至 2018 年 5 月，美股上市的中国公司有 42% 采用了 VIE 架构。

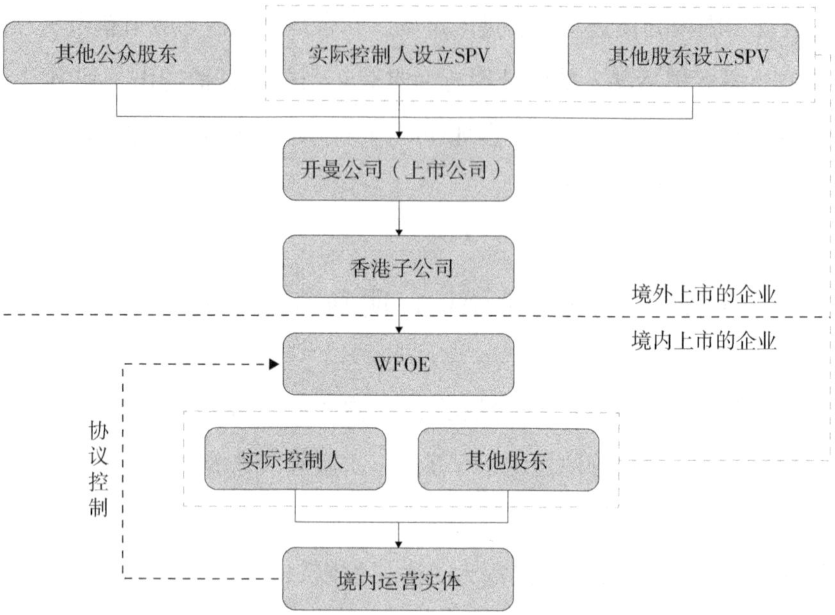

图 4.1　VIE 架构示意图

在过往经验中，业内默认 VIE 架构下的并购交易无须向反垄断部门进行申报。主要原因之一在于经营者集中申报表格的其中一项规定，需要交易双方对于交易的合规性及集中各方在中国境内的合规性予以确定。而外商投资法律对于 VIE 架构的合法性未置可否，使其成为灰色地带。因此，一方面，企业难以对前述问题出具“清洁”结论；另一方面，反垄断审查机关对于涉及 VIE 架构的企业的受理非常谨慎，执法机关担心自己的反垄断审批被误读为给 VIE 架构的合法性背书。因此，在新浪与分众的交易因为反垄断申报未获立案而流产后，部分 VIE 架构企业并购最终选择不再申报，从而形成颇具特色的“堰塞湖”。但《反垄断指南》在第 18 条申报标准专门指出，涉及协议控制架构的经营者集中，属于经营者集中反垄断审查范围。

同时，《反垄断指南》还明确，未达到申报标准的交易也属于反垄断监管范围，具体包括参与集中的一方经营者为初创企业或者新兴平台、参与集中的经营者因采取免费或者低价模式导致营业额较低、相关市场集中度较高、参与竞争者数量较少等类型。

总体来看，此次出台的《反垄断指南》专业程度高、可操作性强，对未来一段时间互联网平台经济领域的反垄断调查具有重要的指导意义。该《反垄断指南》的出台也进一步释放出国家强化互联网领域反垄断监管执法的决心。

第五章 互联网企业的广告合规

第一节　短视频平台广告违规风险分析

短视频是近年来互联网行业的热门创业领域，尤其是随着抖音、快手等平台的崛起，以 BAT 为首的各大头部企业也均推出了自家的同类产品。除了短视频产品的 DAU[1] 和用户使用时长的高增长外，数据背后代表的变现能力，才是吸引各大头部企业亲自下场的关键因素。各公司在推出五花八门短视频 App 的同时，在变现渠道方面却并没有太大的创新，以广告、内容电商、直播打赏分成三种类型为主，而广告则发挥着现金流的支柱作用。

从目前市面上主流的短视频 App 产品看，短视频 App 广告主要有开屏广告、信息流广告、内容广告、定制主题活动广告四大类。违规风险从低到高依次是开屏广告、信息流广告、定制主题活动广告、内容广告。

一、开屏广告：价值最大、风险最低

开屏广告是指打开 App 时弹出的全屏或半屏广告，可以是静态图片、动态图片、短视频等多种形式。开屏广告由于可以触及每一名 App 使用者，因此影响力最大、传播范围最广，相应的单价也最高。但开屏广告均为公司自主承接的广告业务，其图片文字均已受到 App 服务商和广告主的双重审核，出现违法违规情况的可能性较小。

---

[1] DAU（Daily Active User），日活跃用户数量，主要用来衡量服务的用户黏性及服务的衰退周期，可以反映网站、互联网应用等运营情况。

二、信息流广告：效果最好、风险较低

信息流广告是指 App 运营者根据在提供服务过程中所收集的用户使用习惯，夹杂在原生内容中推送给用户的广告。信息流广告由于可以精准触达用户，其传播面虽然没有开屏广告广泛，但是抵触情绪弱、转化率高，在某种程度上效果反而超过开屏广告。总体上看，信息流广告与开屏广告同样作为自营广告业务，事前审查严格，合规风险较低，但信息流广告在短视频领域应用的过程中遇到了合规要求和用户体验的冲突。根据《广告法》和《互联网广告管理暂行办法》的规定，广告经营者应当为消费者提供拒绝接收广告的渠道。2022 年 3 月 1 日,《互联网信息服务算法推荐管理规定》第 17 条规定，算法推荐服务提供者应当向用户提供不针对其个人特征的选项，或者向用户提供便捷的关闭算法推荐服务的选项。用户选择关闭算法推荐服务的，算法推荐服务提供者应当立即停止提供相关服务。但目前主流短视频 App 均未提供拒绝接收的方式和途径，涉嫌违反相关规定。此外，信息流广告在短视频领域应用过程中还面临隐私保护、跳转落地页违规等多方面的合规风险。

三、定制主题活动广告：双赢机制、隐患颇多

随着短视频的兴起，一些厂商会与短视频平台合作，通过发起主题挑战赛、创意广告征集等形式，诱导 UGC[1] 用户发布含有广告内容的短视频。广告主运营此类活动成本较低且效果较好，平台方则通过此类活动增加了内容和话题度，实现了广告主和平台的双赢。但需注意的是，此类活动本身及活动中产生的短视频均可能被视为广告，从而适用《广告法》的规定。虽然此类短视频

---

[1] UGC 互联网术语，全称为 User Generated Content，也就是“用户生成内容”，即用户原创内容。UGC 的概念最早起源于互联网领域，即用户将自己原创的内容通过互联网平台进行展示或者提供给其他用户。UGC 是伴随着以提倡个性化为主要特点的 Web2.0 概念而兴起的，也可叫作 UCC（User-created Content）。它并不是某一种具体的业务，而是一种用户使用互联网的新方式，即由原来的以下载为主变成下载和上传并重。

的内容大多经过活动发起者预先设定，降低了违规风险，但由于主要内容系用户自发创作，违规风险仍然较高，相关平台对于此类内容应参照互联网广告的有关规定，对其实施相应的发布前审查，避免违规。

四、内容广告：重在间接利益，违规风险极大

内容广告是目前为诸多短视频平台正在积极探索尝试的变现渠道，其主要形式是UGC用户上传短视频，短视频平台通过自建电商平台或与已有电商平台合作的方式，提供边看边买服务。根据《互联网广告管理暂行办法》规定，凡是推销含有商品或服务链接的文字、图片或者视频等，均应视为互联网广告，因此边看边买的短视频必然被划归广告范畴，而一旦被划归广告，由于其UGC的属性，则面临着极大的违规风险。众所周知，我国《广告法》对广告产品、广告用语、广告资质等均作出了较为严格的规定，而UGC视频的内容是自发创作的，发布环节未经严格审核，数量上又较为庞大，这些因素导致此类视频或多或少地存在违规问题，尤其是医疗保健、医美整形、命理预测等领域，违规风险问题突出。同时，随着《中华人民共和国电子商务法》（以下简称《电子商务法》）的正式实施，短视频平台如果自建电商，还面临着对UGC用户销售内容承担连带责任的风险。

为有效应对此类风险，事前审查必不可少。目前，各大平台在探索“短视频＋电商”模式时，均未将短视频作为广告看待，使相关内容可以不经广告合规审查随意发布，建议各大视频平台对于附加购买链接的短视频，要单列为广告内容，对其内容和形式依据《广告法》及相关法律法规进行审查，审查通过后再予以发布，以免遭受无妄之灾，甚至承担连带责任。

第二节　二类电商广告风控制度体系

所谓“二类电商”，是指未搭建专门的销售平台和支付渠道，网民通过单一网页下单并以货到付款的方式支付货款，最终完成商品交易的一类网络购物形式。如图 5.1 所示，在二类电商场景下，用户访问的并非是某个购物网站，而是一个单纯的商品详情页面。

二类电商已经成为网络广告行业的重要客户之一，但二类电商存在的虚假宣传、质量瑕疵、售卖违禁品甚至诈骗的问题也不胜枚举。对二类电商推广应该应如何监管，成为互联网广告平台必须面对的问题。

图 5.1　用户二类电商购物基本流程

一、质量的问题交给标准

二类电商售卖的大多是普通日用品，根据《中华人民共和国产品质量法》（以下简称《产品质量法》）规定，对于可能危及人体健康和人身、财产安全的工业产品，须符合国家标准或相关行业标准。未制定国家标准、行业标准的，须符合保障人体健康和人身、财产安全的要求。对于国家未设定强制质量检测标准的普通日用品，企业可以根据自愿原则申请企业质量体系认证。现行强制国家标准共有 2108 个，其中家用和商业设备类 139 个、食品技术类 58 个、医药卫生技术类 135 个、服装工业类 5 个。

除了各种强制或非强制性标准，国家还按照分类管理原则对一些特殊日用品实施市场准入或强制认证等特殊管理制度。例如,《市场准入负面清单(2019版)》包含21个大类131种经营行为,《强制性产品认证目录(2019版)》包含21大类137种产品，食品质量安全市场准入制度对28大类食品实施强制性的检验。获得市场准入许可的企业可以获得行业主管部门的相关批文，通过强制性产品认证的产品获得3C标志，通过食品质量安全认证的产品获得QS标志。

在承接二类电商广告时，广告平台应当在合同中明确要求二类电商推广的商品需要具备国家法律法规所规定的所有资质文件，对于实施行业准入、强制认证、强制标准、事前审核的行业，还需要专门提交相应的法律文件副本。

二、客户资质造假问题交给积分预警和行业限制

由于商户资质和管理能力的不同，考虑到商业风险，还需要对不同商户采取不同的行业准入和行业限制措施。例如，阿里巴巴要求所有推广商品均应具备国家法律法规规定的所有资质文件，并区分对待天猫和淘宝的推广商户，对天猫推广商户不开放推广的行业有17个，有条件开放的19个；对淘宝推广商户不开放推广的行业有33个，有条件开放的29个。

对于普通广告平台而言，虽然无法简单地将客户区分为天猫和淘宝客户，但也需要将行业风险分析、客户实力、用户投诉记录等数据打通，对客户资质进行综合打分，并根据评分对客户进行分级。例如，某些高风险行业仅能对优质客户开放。

三、客户满意度交给统一的售后保障体系

根据《产品质量法》规定，对于国家实施行业准入制度和强制质量认证的产品，销售者应当要求生产者提供行业准入证明和第三方质量检测报告。对于其他类型产品，销售者应当建立并执行进货检验制度，检验产品合格证明与其他标识，并在后续生产销售活动中通过抽检等方式，保持销售产品的质量。

虽然广告平台并非真正的产品销售者，但由于二类电商展现形式的特殊性，往往会给人留下二类电商和广告平台为同一主体的印象。出于维护品牌声誉、保证长远发展的目的，广告平台也应当建立必要的事中抽查抽检制度。

此外，二类电商最大的问题在于售后难保障，消费者投诉无门，进而迁怒于推广者。如果推广者流量资源优质，可以依凭自身优势，在客户中建立“消费者权益保护联盟”和售后标准。如此，不仅能够形成商业闭环，也能在一定程度上掌握用户交易数据，还可提升用户体验，避免因二类电商自身的问题波及平台。

第三节　直播带货中的平台责任

近年来，直播带货异军突起，已成为所有网络平台都必须亲身入局的流量变现方式或电商形式。特别是 2020 年受疫情影响，线下渠道几乎瘫痪，直播带货模式受到了更多关注。在行业飞速发展的同时，直播带货相关的监管政策和法律法规却一直处于缺失状态，直播平台、主播、商家之间的权责不明，导致网络电商领域长期存在货品真假难以保障、产品质量参差不齐、售后服务缺失等影响消费者权益和购物体验的情况。

随着行业问题的日益凸显，2020 年下半年以来，从国家部委到行业组织陆续出台了多部规范直播营销的文件，包括《互联网直播营销信息内容服务管理规定（征求意见稿）》《市场监管总局关于加强网络直播营销活动监管的指导意见》《网络直播营销行为规范》《视频直播购物运营和服务基本规范》等。

上述文件由于出台主体不同、法律位阶不一，直播平台对于直播营销行为到底需要承担何种法律责任，还需进行系统性的整理和分析。

一、内容管理责任

直播首先属于一种内容，直播平台自然首先要履行内容提供者的责任。在内容管理方面，平台同时具备内容提供者和广告发布者的双重角色，但并非需要同时履行双重责任。

1.内容审核责任

早在2016年，网信办就颁布了《互联网直播服务管理规定》，对直播内容管理进行初步规定。2020年3月，《网络信息内容生态治理规定》正式实施，对网络内容生态管理责任做了全面的规定。

作为网络内容提供者，直播平台首先需要确保直播内容不存在《网络信息内容生态治理规定》第6条、第7条规定的内容。为有效监测和屏蔽违规内容，根据该规定第7条的要求，直播平台应当配备与服务规模相适应的专业人员，健全信息审核、信息安全管理、值班巡查、应急处置、技术保障等制度。互联网直播服务提供者应当建立直播内容审核平台，根据互联网直播的内容类别、用户规模等实施分类分级管理，对图文、视频、音频等直播内容加注或播报平台标识信息。此外，直播平台还应当具备随时中断直播间活动的技术能力，技术方案应符合国家相关标准。

《互联网直播营销信息内容服务管理规定（征求意见稿）》第7条第3款规定，直播营销平台应当制定直播营销目录，设置法律法规规定的禁止生产销售、禁止网络交易、禁止商业推销宣传以及不适宜以直播形式推广的商品和服务类别。第9条要求平台建立分级管理、实时巡查等制度，建立风险识别模型，对高风险行为采取弹窗提示、违规警告、限制流量、阻断直播等措施。

2.广告审核责任

国家市场监督管理总局在《关于加强网络直播营销活动监管的指导意见》规定，网络平台为商品经营者（含服务提供者，下同）或网络直播者提供付费导流等服务，对网络直播营销活动进行宣传、推广，构成商业广告的，应按照《广告法》规定履行广告发布者或广告经营者的责任和义务。也就是说，如果直播平台为带货类直播提供导流服务，则需要对商家和商品资质进行更加严格的审核，承担更重的法律责任。

二、人员管理责任

为了保证内容管理落实到位，各文件均要求网络直播平台加强对主播的管理。

1.主播强实名

网信办在《互联网直播营销信息内容服务管理规定（征求意见稿）》中规定，直播平台应当根据身份证号或统一社会信用代码对主播进行强实名认证，每次开播前也应当进行身份核验。《互联网直播服务管理规定》第12条规定，互联网直播服务提供者应当对互联网直播发布者的真实身份信息进行审核，向所在地省、自治区、直辖市互联网信息办公室分类备案，并在相关执法部门依法查询时予以提供。实际上，除了该征求意见稿，网信办此前已出台的一系列网络信息内容管理规范，已对信息发布者的实名制作出了明确规定。

除了实名制，直播平台还需要对主播进行动态监管，建立信用评价制度、黑名单制度、公示制度等历史行为评价体系。其中，信用评价制度应当将用户评价和投诉举报、平台处理、监管部门通报等信息作为信用评价指标，根据信用情况确定服务范围及功能，并对直播间运营者账号信用情况进行公示。直播营销平台应当对违反法律法规和服务协议的直播间运营者账号，视情采取警示提醒、限制功能、暂停发布、注销账号、禁止重新注册等处置措施，保存记录并向有关主管部门报告。

2.用户弱实名

根据《互联网直播服务管理规定》要求，互联网直播服务提供者应当按照“后台实名、前台自愿”的原则，对互联网直播用户进行基于移动电话号码等方式的真实身份信息认证。同时，直播平台需要肩负起数据安全管理义务，保护互联网直播服务使用者身份信息和隐私，不得泄露、篡改、毁损，不得出售或者非法向他人提供。

三、消费者保护责任

除了对内容和主播的管理责任，作为交易平台，众多直播管理政策文件也均对直播平台规定了消费者保护义务。

市场监管总局颁布的《关于加强网络直播营销活动监管的指导意见》尤其重视直播平台在消费者保护方面的责任，强调直播平台属于《电子商务法》规定的“电子商务平台经营者”，应按照相关法规履行责任和义务。在具体的消费者保护义务内容上，网信办的《互联网直播营销信息内容服务管理规定（征求意见稿）》则规定得更详细。综合两个文件，直播平台应履行以下义务：

1.受理投诉举报的义务

直播营销平台应当建立健全投诉、举报机制，明确处理流程和反馈期限，及时处理公众对于违法违规信息内容、营销行为的投诉举报。

2.协助举证的义务

应当以显著方式警示用户平台外私下交易等行为的风险。用户通过直播间内链接、二维码等方式跳转到其他平台购买商品或者接受服务，发生争议时，相关直播营销平台应当积极协助用户维护合法权益，提供必要的证据支持。

3.保存直播内容的义务

直播营销平台应当记录、保存直播内容，保存时间不少于六十日，并提供直播内容回看功能，直播内容中的商品和服务信息、交易信息，保存时间自交易完成之日起不少于三年。法律、行政法规另有规定的，依照其规定。

4.保证数据和评论真实的义务

根据《电子商务法》《反不正当竞争法》的规定，禁止平台帮助经营者进行虚假或引人误解的商业宣传，禁止商业诋毁，防止擅自删除消费者评价，履行对消费者的安全保障义务。

四、直播平台履行内容风控责任的模式和边界仍有待探索

虽然上述文件给直播平台附加了诸多义务，但在责任承担方式上，各监管部门均给直播平台留有余地。例如，在内容责任上，网信办在《互联网直播营销信息内容服务管理规定（征求意见稿）》第7条规定，直播营销平台可以依据协议，要求MCN公司[1]承担部分内容生产、发布、审核责任，此规定为平台、MCN公司、主播、商品经营者之间的合作模式留下了探索空间。

除了为直播营销各参与主体之间的合作方式留有余地外，由于规范性文件的出台主体、执法权限、角色定位各有不同，也使条文之间存在冲突和矛盾。

在主播的年龄方面，目前已经实施的多部文件出现了不一致的情况，《互联网直播营销信息内容服务管理规定（征求意见稿）》要求主播年龄应年满16周岁，低于16周岁的应征得监护人同意。但《视频直播购物运营和服务基本规范》则规定主播年龄不得低于10周岁。

在购买链接的设置方面，网信办的文件允许在直播间内设置链接、二维码等跳转交易方式，仅强调直播平台在必要时应当配合取证。但中国广告协会的《网络直播营销行为规范》第37条，则明确禁止主播诱导用户绕过合法交易程序。

在上述冲突条款中，网信办的文件属于部门规章，在法律效力上显然位阶要高于行业标准和行业规范，但《互联网直播营销信息内容服务管理规定》仍处于意见征求过程中，相关条款最终如何规定还缺乏定论。

总的来看，网信办的文件倾向于将网络直播平台视为内容发布主体，市场监管部门则更倾向于电子商务平台和广告发布者。这与部门执法权力边界有关，也体现了直播带货行业“九龙治水”的监管现状。

---

[1] MCN（Multi-Channel Network），是一种网红经济运作模式。这种模式将不同类型和内容的PGC（专业生产内容）联合起来，在资本的有力支持下，保障内容的持续输出，从而最终实现商业的稳定变现。MCN公司其实就是网红中介机构，主要负责网红人员管理、内容创作、流量变现等工作。

第六章 互联网企业的数据合规

第一节　数据到底属于谁

2007年，脸书上线了基于用户社交关系链的展示广告，并以应用编程接口（API）作为流量入口。通过API，第三方应用开发者可以在脸书网站部署应用程序，此种模式被视为开放平台的肇始。此后，脸书股价一路狂奔，直至2018年3月的隐私丑闻案爆发。

从近年来全球互联网产业的发展趋势看，开放平台作为互联网产业发展的大方向已势不可挡，但由此引发的隐私和数据安全问题却尚未得到根本性地解决。随着互联网和大数据产业的飞速发展，人们不断将自己各类信息上传至网络，逐步形成了能够完整刻画自然人特点的数字人格。但这些数据到底属于谁？由这些数据汇集形成的数据产业所带来的利益又应归于谁？无论是法学界还是互联网业界都还缺乏统一的认识。

截至目前，欧盟于2016年颁布的《通用数据保护条例》被普遍认为是在个人信息保护领域最严格、最详尽的立法成果。综合来看，该法以列举的方式规定了个人信息主体对因其产生的数据享有一系列权利，包括信息访问权、被遗忘权、更正权、可携带权等，这些具体权利本质上可以归纳为个人信息自决权。由此可见，即便是最为详尽的立法，对所有权问题也进行了回避。

由于所有权作为物权中最重要也最完整的一种权利，包括了占有、使用、收益、处置四项重要权利，且具有绝对性、排他性、永续性三个基本特征。数据所有权一旦确定，采集、流转、交易、保护等环节的各项制度均需围绕其进行设计或调整。而数据是算法进化和优化的燃料，在保护隐私前提下的数据流动对于人工智能产业的创新发展具有实质性意义。即便《通用数据保护条例》并未对此作出规定，业界依然指责该法监管过严、抑制企业创新。

相较欧盟立法的严苛和成体系，美国在个人信息方面的立法则体现出力度较弱且分散的特点，但由于美国互联网产业一直处于全球领先的状态，其立法起始却很早。美国国会早在1996年便通过了涉及个人信息流转的《健康保险可携性和责任法》，美国医疗和人力服务部则根据该法颁布《个人可识别医疗信息隐私标准》，这一标准规定了个人对医疗信息的隐私权和控制权。2018年的《加州消费者隐私法案》明确指出，民众期待对隐私和个人信息的更多控制，加州消费者应当能够就其个人信息行使控制权。

由此可见，欧美在个人信息保护路径的方式方法、监管力度手段、大数据和人工智能产业政策促进等方面存在很大差异，但在保护个人对数据的控制权方面具有一致性。

回归到我国的立法、司法现状看，虽然我国已经颁布实施了《网络安全法》《电子商务法》等一系列与个人信息有关的法律法规，《数据安全法》《个人信息保护法》等专门性法规也已经生效，但总体而言我国在该领域的立法活动存在起步晚、内容过于原则等问题，对个人信息数据的保护思路也并未跳脱出增强数据主体知情权、控制权的已有路径。与此相反，由于近年来国内互联网产业的飞速发展，我国在个人数据领域的司法实践却十分丰富，我国法院已经通过“新浪微博诉脉脉案”“淘宝诉美景案”“微信诉多闪、抖音案”等一系列司法实践，事实上承认了企业对于用户数据的占有和收益权。必须肯定这种判决立场有利于产业发展，但也要注意到，在缺乏上位法系统规定的情况下，此种判决忽视了数据产生主体的个人意愿与权利，普通公众从一般价值判断出发难以完全接受。从“微信诉多闪、抖音案”判决后的网络舆情看，有不少网友无法接受微信对自己头像、用户名称等数据享有权益。

综合境内外立法、司法实践看，数据权属之所以难以确定，最根本的原因在于数据既具有人身属性，同时也具有财产属性，但是单一个体的数据更多地表现出人身属性，其财产价值难以衡量，使用人难以向单一个体支付对价。

纵观已有的各类民事权利，知识产权应当是与数据权利最为相似的一种，也同时具有人身和财产双重属性。因此，在今后的立法活动中，我们可以参考知识产权的立法模式，在承认人身和财产双重属性的前提下，为两种属性确定完全不同的权利内容和保护制度。人身属性方面，以增强数据主体对个体数据的控制为出发点进行设计，而财产属性方面则从产业利益出发进行规划和保护。唯有如此，才能使个人权利和产业发展之间取得平衡。

第二节　企业数据合规之路

近年来，飞速发展的数据产业使人们对数据价值的认识越来越深刻，数据被誉为除算法和算力以外的第三种重要资产。但在产业持续扩张的同时，与数据有关的负面新闻也大幅增加，特别是国内连续发生多起以徐玉玉案为代表的精准电信诈骗案，国外谷歌、脸书等巨头也连环曝出数据泄露丑闻，人们对于数据和隐私安全的担忧日益加深。为规范大数据应用、确保数据和隐私安全，世界各国都在持续不断地加强立法，欧盟和美国先后出台了《通用数据保护条例》《加州消费者隐私法案》，我国则先后推出了《网络安全法》《电子商务法》,《个人信息安全规范》已经过多次修改完善,《数据安全法》《个人信息保护法》也已经生效。数据合规将成为维护产业平稳健康发展，保障公司商业利益和正常运营的重要基石。

广义上讲，企业掌握的数据一般包括职工信息、产品信息、运营数据、用户数据、研究成果等各种类型，而数据合规风险主要来自用户数据。从隐私保护的角度，企业用户数据可以分为个人数据和非个人数据。从数据来源看有业务采集数据、外部网络抓取数据及合作企业采购数据等。而要发挥数据的价值，数据的加工、使用、存储、传输等多个环节也都可能引发风险，而招致行政处罚甚至触碰刑法红线。因此，本节将从数据全生命周期的角度，探讨企业如何在经营过程中防范数据隐私问题带来的法律风险。

一、自采集：用户同意与权限合理是关键

企业在经营过程中，为了实现提供服务的目的会采集一定的用户个人信息、行为数据等。我国现行法规要求企业在采集公民个人信息时坚持“同意、合理、最小化”三项基本原则。同意原则是指企业采集个人信息必须经过用户同意，根据个人信息敏感程度不同，表示同意的方式也有所区别；合理原则指的是采集用户相关个人信息必须具有相应的服务场景；最小化原则是指企业应当在服务所需的最小范围内采集个人数据，不应过度延伸。我国《网络安全法》和《电子商务法》中关于个人信息采集的相关规定均是在以上三个原则指导下制定的。

为了具体指导和规范个人信息采集，工信部于 2018 年 5 月颁布了《个人信息安全规范》，后又于 2019 年对规范进行了修改完善。此《个人信息安全规范》虽属推荐性的技术性规范且不具有强制性，但对个人信息的定义、采集原则、权限设置等均作出系统而详细的规定，监管部门在执法过程中也参考此规范作为执法依据。根据《个人信息安全规范》，企业在收集个人敏感信息时，应取得个人信息主体的明示同意，在其完全知情的基础上自愿给出具体、清晰明确的愿望表示；在通过主动提供或自动采集方式收集一般性的个人信息时，应向信息主体告知所提供产品、服务的核心业务功能及必需收集的个人信息类型，并明确告知拒绝提供、拒绝同意所带来的影响，且应允许信息主体自愿选择是否提供或同意方式；如果为了提供附加功能而收集个人信息时，应当在事前逐一说明，并允许信息主体逐项选择同意与否，当信息主体拒绝时，不能以此为由拒绝提供核心业务功能，并应当保障服务质量。简单来讲，如果消费者不同意为附加功能提供个人信息，企业不能拒绝提供核心服务。针对未成年人,《个人信息安全规范》作出了特殊规定，对于 14 周岁以下未成年人，只有征得监护人同意才可以收集其个人信息。

就企业经营活动而言，最经常面临的问题是用户授权不充分和采集相关个人信息却没有对应的服务场景。因此，企业应当建立信息采集权限动态审查机

制，对核心功能和附加功能需要采集的个人信息进行分级、分类，并根据功能调整进行定期或不定期的审查回溯，确保核心功能获得充分授权，冗余权限及时关闭，避免因过度采集个人信息受到商誉损失和行政处罚。

二、数据爬取：注意爬虫本身的功能及被爬取方声明

在移动互联网时代，大量的数据被封装在了各种垂直网站或 App 应用中，基于行业调查分析、丰富自身数据库等多种多样的目的，利用爬虫技术抓取数据的主角逐渐从搜索引擎演变为大数据公司或 SaaS 类服务公司。如果爬取对象是提供公开查询服务的网站，在不影响系统正常运行的情况下合规风险较小。但在大多数情况下，如爬取对象是各类商业服务网站，且这类网站设置了 robots 协议，甚至采取了反爬技术措施，此时便需要数据爬取方高度重视合规问题。

当网站设置了 robots 协议，即建立网络爬虫排除标准（Robots Exclusion Protocol）时，数据爬取方应当对 robots.txt 中所记载的禁止爬取范围进行规避，若不遵守该协议，则可能面临侵权纠纷或反不正当竞争之诉，爬取方将陷入被动局面，并可能需要赔偿商业损失。

比遵守 robots 协议更重要的是，爬虫不能有绕过或突破被爬取方反爬措施的功能。根据相关司法解释，如爬虫具备绕过或突破对方反爬技术措施的功能，则可能被认定为对计算机信息系统的侵入行为，从而触犯《刑法》第 285 条或第 286 条。在“车来了”爬取“酷米客”公交数据一案中，正是由于“车来了”所采用的爬虫具有伪装用户行为的功能，被认定为对对方信息系统的侵入行为。

如果一个商业服务网站或 App 既未设置反爬措施也无公开反爬声明，也并不意味着可以随意抓取其相关数据。2016 年，大众点评发现百度通过爬虫程序大量抓取其用户点评信息并将其用于自家的百度地图、百度知道等产品，遂以不正当竞争为由向法院提起诉讼，最终法院判定百度构成不正当竞争并判

决赔偿经济损失 300 余万元。因此，对于可爬取数据，如属于被爬取方的核心主营业务积累的商业数据，应尽量避免以爬虫方式获取，从而降低涉嫌不正当竞争、侵犯商业秘密等民事纠纷或非法获取计算机系统数据罪的风险。

此外，爬取方式上应充分考虑被爬取系统的负载，尽量避免采取多线程爬取方式，以免给对方系统正常运行造成影响。

三、外部采购：做好交易对手和交易数据的尽职调查

涉及个人识别信息（Personally Identifiable Information，PII）的数据交易是数据采购的核心风险来源。我国《刑法》第 253 条之一第 3 款规定，窃取或者以其他方法非法获取公民个人信息的，依照第 1 款的规定处罚。2018 年 7 月，山东临沂警方破获了因运营商内鬼倒卖数据引发的特大侵犯公民个人信息案件，震惊全行业。此案再次提醒我们，在做数据交易的过程中一定要做好交易对手和交易所涉及数据的尽职调查，否则非法交易的直接参与者、作出购买决策的一系列管理者及相关财务人员均可能面临刑事法律风险。

对于交易对手的尽职调查，应考虑数据出售方资质、数据来源合法性、接收数据的范围和形式等多方面。一般而言，大型数据公司长期受到监管部门的关注，也有足够的资源完善其内部合规制度。与其合作，数据购买方的合规压力也将相应减小，容错空间增加。

比交易对手资质更为重要的是要确保交易涉及数据来源的合法性以及匿名化程度是否达到法律要求。我国《网络安全法》第 42 条为数据交易设置了两条合法化路径，一条路是匿名化，另一条路是用户同意。

匿名化是企业间数据流通最常见的操作方式。所谓“匿名化”，是指企业将数据中能够指向自然人的数据项删除或做技术处理，再将余下无法直接识别自然人的数据项对外出售。实务中，多采用统计分析的方法，以“是 / 否”双维度或“分值”区间值的方式对外提供数据，以实现匿名化的目的。虽然我国现行法律法规并未对匿名化的程度作出具体规定，但从相关司法解释“经过处

理无法识别特定个人且不能复原的除外”的描述可以确定，法律严禁对匿名化数据进行重标识。公司一旦利用多维度数据对匿名化数据进行了重标识，使得可以重新识别特定自然人，则可能会触碰刑法红线。

数据交易合规的另一条路便是获得用户授权，即用户以明示的方式同意企业将数据售卖给第三方。企业需要将信息售卖的对象、用途及后续处理方式等情况详尽地告知用户，并得到用户主动的同意。如果不征求同意，根据《App违法违规收集使用个人信息行为认定方法》“未告知用户对外提供、转让个人信息的目的、类型及接收方身份，且数据未经处理即通过客户端或嵌入的SDK等代码、插件提供给了第三方”，属于典型的“未经同意向他人提供个人信息”行为。根据“两高”《关于办理侵犯公民个人信息刑事案件适用法律若干问题的解释》，非法获取、出售或者提供公民个人信息情节严重的，构成侵犯公民个人信息罪。如果严格按照法律规定办理，不仅对用户使用服务构成了骚扰，而且会大幅降低用户信任感，取得用户同意的可能性极低，因此现实中较少会采取这一路径。

把好入口关，仅仅是企业数据合规的第一步。在实现数据采集合规后，要切实履行数据控制者的责任，根据法律要求建立完善的数据存储与管理合规体系，确保数据安全，全面降低数据泄露事件的发生概率，实现商业利益、用户权益和法律责任的有机统一。

四、数据存储：境内存储＋最短期限

我国《网络安全法》第37条规定，关键信息基础设施的运营者在中华人民共和国境内运营中收集和产生的个人信息和重要数据应当在境内存储。因业务需要，确需向境外提供的，应当按照国家网信部门会同国务院有关部门制定的办法进行安全评估；法律、行政法规另有规定的，依照其规定。《数据安全法》第31条规定关键信息基础设施的运营者在中华人民共和国境内运营中收集和产生的重要数据的出境安全管理，适用《网络安全法》的规定；其他数据处理者在中华人民共和国境内运营中收集和产生的重要数据的出境安全管理办法，由国家网信部门会同国务院有关部门制定。虽然上述法律规定明显倾向于约束关键信息基础设施运营者，但结合《关键信息基础设施确定指南（试行）》及《关键信息基础设施安全保护条例》《信息安全技术数据出境安全评估指南（征求意见稿）》等规定，电信网、广播电视网、互联网等信息网络，以及提供云计算、大数据和其他大型公共信息网络服务的单位应当纳入关键信息基础设施保护范围。由此可见，互联网赛道上的“玩家”均有可能被视为关键信息基础设施运营者，需要符合数据境内存储的规定要求。

在存储期限上，《个人信息安全规范》提出了“最小化”的要求，即信息保存时间应与企业提供服务的时间区间一致，应满足一定的必要性，在超过保存期限后，应将信息删除或进行匿名化处理。该规定将从两个方面给企业带来影响，一方面，要求企业对数据资产进行定期排查，对过期数据进行删除或匿名化处理；另一方面，如果数据存储期限超过业务需要，企业可能将承担额外的管理义务和法律风险。

五、安全管理：技术措施和管理制度需符合等级保护要求

《数据安全法》第 27 条规定，开展数据处理活动应当依照法律、法规的规定，建立健全全流程数据安全管理制度，组织开展数据安全教育培训，采取相应的技术措施和其他必要措施，保障数据安全。利用互联网等信息网络开展数据处理活动，应当在网络安全等级保护制度的基础上，履行上述数据安全保护义务。网络安全等级保护制度本质上是国家有关部门根据各类主体所从事的业务领域、数据重要性及一旦发生数据泄露事件所造成危害程度的不同，对相关主体进行等级划分并根据等级的不同进行分类管理的制度。根据等级保护有关规定，网络运营者应当依照国家法律法规规定和网络安全等级保护制度要求，建立并落实重要数据和个人信息安全保护制度；采取保护措施，保障数据在收集、存储、传输、使用、提供、销毁过程中的安全；采取技术手段，保障重要

数据的完整性、保密性和可用性。

由此可见，企业的数据安全管理体系应当包括技术措施和管理制度两个层面，同时涵盖数据的收集、存储、传输、使用、提供、销毁等全生命周期。

从数据本身来看，虽然很多内容都可被视为数据，但是数据之间的重要性和商业价值存在明显差异。在刑法上，侵犯公民个人信息罪的立案标准对于不同类型的数据设置了 50 条、500 条、5000 条三个级别，其中行踪轨迹信息、通信内容、征信信息、财产信息属于极为敏感的个人信息；住宿信息、通信记录、健康生理信息、交易信息等其他可能影响人身、财产安全的公民个人信息则属于敏感的个人信息；其他公民个人信息则统一被划为了一般信息。

站在降低法律风险的角度，企业应当采取技术防护措施并制定严格的数据管理制度。但出于保证商业可持续性的考虑，企业则需要对自身的业务模式、数据的重要性及社会影响力进行综合考虑，建立一套符合国家法律、等级保护制度以及业务发展需要的数据分级管理与保护制度，选择相应的管理举措和安防技术。

在多数情况下，企业应当建立集中的数据存储和使用管理机构，全权负责数据脱敏、数据安全、数据使用权限审批、数据清理等方面的制度建设和日常管理工作。此种做法不仅是遵守《网络安全法》的相关规定、落实企业数据管理主体责任的具体体现，更能够帮助企业开展数据领域的中台建设，提升管理效率，降低因数据分散管理而造成的越权访问、泄露、滥用等风险。

同时，企业还需要根据实际情况建立一系列的内部数据信息安全管理制度和操作规程，包括数据安全官制度、从业人员背景审查和管理制度、系统建设及管理制度等。此外，企业还应当建立投诉处理机制和审计审核制度，制定网络安全事件应急预案，及时处置系统漏洞、计算机病毒、网络攻击、网络侵入等安全风险等。技术层面应当采取防范计算机病毒和网络攻击、网络侵入等危害网络数据信息安全行为的技术措施；采取监测、记录网络运行状态、网络安全事件的技术措施，并按照规定留存相关的网络日志。

所有企业采集、存储数据目的均为有效使用和流转，以换取经济利益，大数据的本质即对大体量的数据进行加工、分析，进而产生商业价值。因此，数据在使用和流转过程中的合规问题，应是企业数据合规的重中之重，数据使用和流转过程中的合规才是数据合规体系的核心和灵魂。

数据使用从主体层面看，分为企业自用和流转给第三方使用两种。整体来看，企业自用的合规风险相对较低，而数据流通环节则存在民事、商事甚至刑事风险，在建立合规制度和具体交易过程中要重点加以防范。

六、企业自身应加强内控制度的体系化建设

从现行法律规定和司法实践看，我国立法和司法层面均承认企业对于自身实际掌握数据具有一定的财产性权益。因此，对于使用环节的合规，企业的风险防控重点在于确保信息安全、防止数据泄露和禁止侵犯隐私行为等方面。

具体来讲，企业采集的用户个人信息需要进行加密，并且将去标识化后的数据与可用于重新识别个人信息的数据分开存储。对于个人生物识别信息，企业则只有在进行了适当的技术处理后才能储存。

此前发生的诸多公民个人信息泄露案，问题源头多是企业“内鬼”。因此，企业应当重视内控内审制度的设计和落地。在底层逻辑上，企业应当按照“最小范围”和“确实必要”的原则，将被允许访问个人信息的内部数据操作人员的数量控制在最小范围内，并使其仅能访问职责所需最小范围内的个人信息，如通过设置多层级审批降低请求次数。理论上，数据安全管理人员、操作人员、审计人员应分别设置，使其形成有效的制衡，防止内部泄密情况的发生。

实际上，企业实际控制的与自然人相关的数据并不都属于个人信息。出于提升商业价值和工作效率的考虑，企业应当参照《个人信息安全规范》附录的有关内容对既有数据进行分级分类，对于已经去标识化的数据可以采用层级较低的审批方式；而对属于个人信息甚至个人敏感信息的原始数据，在使用过程中则应当设立严格的审批制度，并尽可能地采用粗颗粒度的方式进行展示，在技术上采取防止批量访问、下载的措施。更为重要的是，企业应当确保数据的

使用方式和使用范围与用户授权的方式和范围保持一致。

为了确保上述措施能够有效落实，我国《网络安全法》等法律法规明确要求企业建立一整套专门负责数据安全与隐私合规的管理体系，这一体系应建立负责个人信息保护的专门负责人、专门机构及专门人员。该体系应深度参与企业对个人信息相关数据的管理和使用，制定、签发、实施、更新隐私政策，建立、维护和更新数据分级分类清单，开展个人信息安全影响评估，组织个人信息安全培训，在产品或服务上线发布前进行检测，定期进行内部审计。

七、积极履行法定义务

单纯从《网络安全法》《关于办理侵犯公民个人信息刑事案件适用法律若干问题的解释》《个人信息安全规范》等相关法律规定看，对数据进行匿名化处理或取得用户合法有效的同意是规避数据交易法律风险的有效途径。但问题在于，如果数据在流通过程中发生泄露甚至引发违法犯罪，个人信息流通的关联方同样难辞其咎。《网络安全法》第 21 条规定，互联网企业在维护数据安全等方面的积极义务,《刑法修正案（九）》在原第 287 条后增加了之一、之二两条，将网络犯罪的帮助行为正犯化。因此，仅做到匿名化和合法授权只能确保数据流通行为没有显著违反国家法律法规，却无法完全避免法律风险。

企业在数据交易过程中不仅要确保自身依法依规，还要做好交易对手的尽职调查和风控工作，并根据匿名化数据的重标识风险等级有选择地进行交易。如果匿名化数据的重标识风险较低，将其向大范围受众披露也基本不会导致个人信息主体被重新识别。反之，如果匿名化数据的重标识风险较高，则建议仅向特定机构披露，获得这种重标识风险较高的匿名化数据的受众越少，个人信息被重新识别的概率也就越小。上述披露的合法性基础在于数据利用的价值，因为重标识风险越高，往往也意味着该数据的可利用价值越大。但由于重标识风险较高，进行此种数据交易的企业则必须遵守额外的义务来确保数据主体不被重新识别。在重标识风险较高的数据交易过程中，数据提供者和交易平台应当以合同约定等多种形式确保数据接收者做到以下四点：一是仅将数据用于合同约定的目的，二是确保数据安全，三是禁止数据再披露、再流转，四是禁止开展任何再识别操作。在商业上可接受的前提下，数据出售方还可以通过为数据接收方制定安全规范标准、提供安全技能培训等多种形式强化其积极义务的履行，进而规避法律风险。

八、建立完善的安全事件应急处置机制

通过对内建立完善的管理体系和对外开展全面的合规调查，企业能够最大限度降低自身的数据合规风险。但是世界上没有绝对的安全，由于网络黑灰产业的诱惑过于巨大，互联网企业从业人员众多且技术发展迅速，任何企业和组织都无法保证永远不发生个人信息安全事件。而一旦发生安全事件，企业首先要确保自己有完善的应急预案和应对处理机制，防止事态进一步扩大。

制定应急预案不仅是为了确保公司各有关部门能够快速响应信息泄露事件，也是相关法律规定的明确要求。在发生安全事件后，企业需要在第一时间对泄露事件进行记录并采取措施防止事态扩大，全面评估影响，还需要按照《国家网络安全事件应急预案》的规定及时上报，上报的内容要包括涉及个人信息主体的类型、数量、内容、性质等总体情况，事件初步评估结果，已采取或将要采取的处置措施，事件处置相关人员的联系方式等。

在完成上述工作的同时，企业还需要向可能受到安全事件影响的个人信息主体进行告知，如果难以逐一告知，则应当采取合理、有效的方式发布与公众有关的警示信息。告知的内容包括但不限于安全事件的内容及可能产生的影响，已采取或将要采取的处置措施，个人可能需要采取的防范措施和补救措施，事件处置相关人员或机构的联系方式等。

除了在事件发生后进行补救，相关法律法规还要求企业在日常经营管理过程中建立高效的个人信息保护投诉渠道。《网络安全法》第 49 条规定，网络运营者应当建立网络信息安全投诉、举报机制，公布投诉、举报方式等信息，及

时受理并处理有关网络信息安全的投诉和举报。

“促进数据利用，防止数据滥用”是国家大数据行业发展的整体方针，但在数据商业化利用的过程中，势必会在一定程度上与个人信息保护产生冲突，为有效调解二者之间矛盾，合规体系建设将是一条必要且有效的路径。数据合规体系建设并非为企业数据利用行为增加非必要的负担，而是确保企业能够在法律规定的框架下合理使用数据，确保数据在合法合规的轨道上发挥效能，充分发挥数据在促进经济发展过程中的重要作用，为人民生活提供便利。

第三节　匿名化：数据交易的合规基石

自 20 世纪 80 年代大数据概念被提出以来，大数据技术及产业已经得到了长足发展。进入 21 世纪，大数据更是成为世界各主要经济强国竞相争夺的高地，我国也先后发布了《促进大数据发展行动纲要》《大数据产业发展规划（2016—2020 年）》等文件，以鼓励和促进产业发展与技术进步。在大数据时代，除了算法和算力，数据本身也已成为一项重要的资产，数据交易也自然成为一种客观需要。2015 年 4 月，贵阳大数据交易所在贵阳市国资委的支持下挂牌运营，并完成了首次交易。同年 8 月，武汉成立了长江大数据交易中心。此后，各地的数据交易中心或企业如雨后春笋般不断出现。但与传统的有形资产不同，数据资产极有可能涉及大量的公民个人信息甚至隐私信息，一旦发生泄露或被非法利用极易造成重大损失和不良社会影响。因此，世界各国在鼓励大数据产业发展的同时，也陆续制定了严格的法律法规以保护公民隐私。因此，如果在数据交易中未能做好合规工作，企业将遭受重大损失，相关人员甚至将身陷囹圄，山东数据堂公司常某、颜某某侵犯公民个人信息案就是一个典型案例。

2018 年 7 月，山东临沂警方成功破获了一起特大侵犯公民个人信息案，抓获犯罪嫌疑人 57 名，查封涉案公司 11 家。数据堂作为涉案公司之一，其在

8个月的时间内，日均传输公民个人信息1.3亿余条，累计传输数据压缩后约为4000GB，公民个人信息达数百亿条，数据量特别巨大（简要案情见图6.1）。在此次事件前，数据堂已经成长为数据交易和数据服务领域的领军企业，并完成新三板上市。据悉，早在2017年5月，数据堂就因数据问题被警方调查，其已对合法性界定不清的金融线及营销线业务予以关停。同时，针对数据合规产生的法律风险，数据堂也进行了相应的措施，如在公司网站的醒目位置或专用位置发布了隐私条款、免责声明和知识产权保护条款，使被采集方及数据提供方能够在注册、上传、提供数据的各个阶段知晓数据用途和隐私保护措施，预判自己行为的法律后果，根据用户举报及管理程序删除高危数据，并对所采集数据进行技术加密，以保证数据的合法性和安全性。即便如此，也未能挡住2018年7月的刑事调查。据报道，本次涉案的公民隐私数据来自联通合作商的两名“内鬼”员工，信息涉及全国15个省份联通机主的上网数据和偏好，包括手机号、姓名、上网数据、浏览网址等，均为原始未脱敏数据，平均正确率为99.99%。据警方透露，数据堂的该批数据来自另一家公司，并非直接从“内鬼”处购得，而数据堂在数据销售过程中，将涉及公民隐私的数据拆分成不同部分，虽然每段均无法识别到个人，但需求端进行融合后即可重新识别自然人。由此可见，数据堂此次涉案的根本原因在于未能做好数据脱敏和匿名化。如果做好匿名化工作，可能会有效避免公司的刑事风险。数据堂侵犯公民个人信息案数据处理流程图。

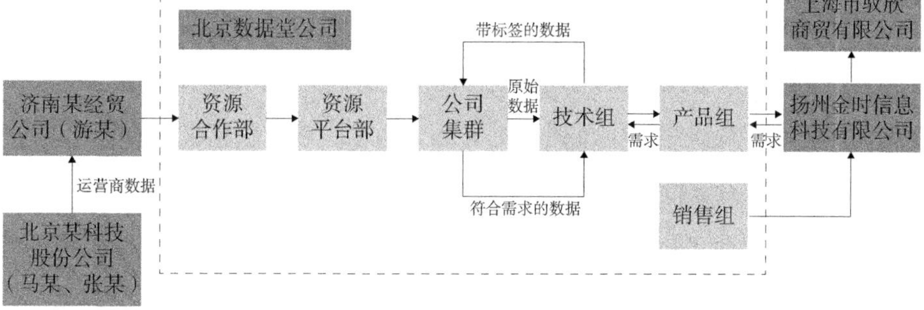

图6.1 数据堂案情简介

那么，数据匿名化到底是什么？为何如此重要？我们又该如何做好匿名化呢？

匿名化是指对能够指向特定自然人的数据进行加工，使其无法关联特定自然人，从而使个人信息变成一般数据的过程。我国《网络安全法》第42条规定，网络运营者不得泄露、篡改、毁损其收集的个人信息；未经被收集者同意，不得向他人提供个人信息。但是，经过处理无法识别特定个人且不能复原的除外；《个人信息保护法》第4条规定，个人信息不包括匿名化处理后的信息；《最高人民法院、最高人民检察院关于办理侵犯公民个人信息刑事案件适用法律若干问题的解释》第3条第2款规定未经被收集者同意，将合法收集的公民个人信息向他人提供的，属于《刑法》第253条之一规定的“提供公民个人信息”，但是经过处理无法识别特定个人且不能复原的除外。从相关法律规定看，匿名化是商业领域个人信息不得流转原则的例外情形，不做匿名化处理将涉嫌违法。

如此规定是由于数据商业化应用和个人信息保护是一个硬币的两面，而对数据的匿名化处理可有效地平衡二者之间的矛盾。数据匿名化既能防止用户信息的泄露，又能为诸如金融风控等应用场景提供服务。由此可见，匿名化制度构建的关键就是数据主体被重标识的风险控制与管理。总的来看，需要从以下三个方面进行制度设计。

一、建立再识别风险分级制度

匿名化技术有很多种，每种匿名化技术所带来的重标识风险均不同，所以对各种匿名化技术进行重标识风险的等级分类是必要的。欧盟在《匿名化技术指引》中，列举了当代社会常用的两类匿名化技术手段，即随机分派和资料概括化，前者包括资讯添加、排列变更和拆分隐私，后者包括数据聚合、匿名、多样性和相似性。该指引还对上述各种匿名化手段进行了风险分析，并得出了相应的结论。由此可以看出，重标识风险的分类分级是一项技术性极强的工作，应当结合统计学或其他学科的专业人员共同完成，单纯凭借法学界是无法完成此项工作的。当今社会团队合作的重要性日益突出，通过跨学科、跨团队的合作，企业或有关机构才能制定出匿名化技术的重标识风险分级对应表。对于构建法律制度而言，仅需要将重标识风险进行从高到低地排序即可。

二、建立完善交易对手尽职调查和风险管控制度

企业完成自身的数据匿名化工作，并不意味着完全避免了相关法律责任。我国《网络安全法》第 21 条规定了互联网企业在维护数据安全等方面的积极义务。《刑法修正案（九）》在原第 287 条后增加了之一、之二两个条款，将网络犯罪的帮助行为正犯化。《数据安全法》第 27 条规定，开展数据处理活动应当依照法律、法规的规定，建立健全全流程数据安全管理制度，组织开展数据安全教育培训，采取相应的技术措施和其他必要措施，保障数据安全。利用互联网等信息网络开展数据处理活动，应当在网络安全等级保护制度的基础上，履行上述数据安全保护义务。第 33 条规定从事数据交易中介服务的机构提供服务，应当要求数据提供方说明数据来源，审核交易双方的身份，并留存审核、交易记录。这一系列法律的出台意味着，企业在数据交易过程中不仅要确保自身依法依规，还要做好交易对手的尽职调查和风控工作，并根据匿名化数据的重标识风险等级有选择地进行交易。如果匿名化数据的重标识风险较低，将其向大范围受众披露也基本不会导致数据主体被重新识别。反之，如果匿名化数据的重标识风险较高，则仅能向特定机构提供，获得这种重标识风险较高的匿名化数据的受众越少，数据主体被重新识别的概率也就越小。上述对外提供的合法性基础在于数据价值的利用，因为重标识风险越高，往往也意味着该数据的可利用价值越大。但由于重标识风险较高，进行此种数据交易的企业就必须遵守额外的义务来确保数据主体不被重新识别。在重标识风险较高的数据交易过程中，数据提供者和交易平台应当以合同约定等多种形式确保数据接收者做到仅将数据用于合同约定的目的，确保数据安全，禁止数据再提供、再流转，禁止开展任何重标识操作。

三、建立被害人投诉和权益维护机制

前述风控工作均为事前措施，但无论风控措施如何完善，均仅是在成本收益比可接受的前提下所作出的最佳选择，数据主体被重新识别的风险始终存在。一旦数据交易后产生损害结果，必须建立相应的应急预案，一方面帮助受害者维护自身权益，另一方面维护企业形象、降低刑事风险。建立投诉和维权机制不仅仅是出于商业利益，更是法定义务。《网络安全法》第 49 条规定，网络运营者应当建立网络信息安全投诉、举报机制，公布投诉、举报方式等信息，及时受理并处理有关网络信息安全的投诉和举报。《个人信息保护法》第 65 条第 2 款规定，履行个人信息保护职责的部门应当公布接受投诉、举报的联系方式。

综上所述，大数据交易作为前沿商业行为，其相关规范在世界范围内仍处于摸索阶段，但大数据产业的主要参与国都在持续加强对数据交易的规范和监管。现阶段，我国大数据交易的刑事风险较高，有关参与各方均有必要根据《刑法》《网络安全法》《数据安全法》《个人信息保护法》等相关法律法规，严格做好数据匿名化工作，在交易伊始便将刑事风险控制在最低范围内。

第四节　数据买卖与委托处理的边界在哪里

随着大数据产业的持续发展，数据流通已成为相关企业无法回避的话题。无论是为了提供精准的内容推送，还是提供便捷的在线服务，或是增加用户的可触达性，企业均需要在一定程度上互通用户数据。但用户数据往往涉及个人隐私，国家法律法规对数据流通有着严格的规定和限制，极易触碰刑法红线。在激烈的竞争中，要如何确保竞争优势，又避免人财两空，成为企业必须面对的问题。

一、法律风险极高的数据交易

首先必须强调，我国《网络安全法》《个人信息保护法》等法律法规并不完全禁止用户数据交易，而是给用户数据交易设定了较高的合规门槛。《网络安全法》第 42 条规定了两种免责事由，一是经过用户授权同意，二是将数据匿名化。《个人信息保护法》第 4 条也将匿名化数据排除在个人信息保护范畴之外，第 23 条则规定了“告知—同意”的合规原则。

匿名化是企业间数据流转最为常见的操作方式。所谓匿名化，是指企业将数据中能够指向特定自然人的部分删除，再将余下无法直接识别特定自然人的数据项对外出售。虽然我国现行法规并未对匿名化的程度做具体规定，但从相关司法解释“经过处理无法识别特定个人且不能复原的除外”的描述可以确定，法律严禁对匿名化数据进行重标识。公司一旦利用多维度数据对匿名化数据进行重标识，使其可以重新识别特定自然人，则可能触犯刑法。

数据交易合规的另一条路便是获得用户授权同意，即用户以明示的方式同意企业将数据与第三方共享。企业需要明确告知用户第三方的用途以及后续处理方式等详尽的信息。

如果不征求同意，根据《个人信息保护法》第 71 条规定，构成违反治安管理行为的，依法给予治安管理处罚；构成犯罪的，依法追究刑事责任。而根据《App 违法违规收集使用个人信息行为认定方法》“未告知用户对外提供、转让个人信息的目的、类型及接收方身份，且数据未经处理即通过客户端或嵌入的 SDK 等代码、插件提供给了第三方”，属于典型的“未经同意向他人提供个人信息”行为。根据“两高”《关于办理侵犯公民个人信息刑事案件适用法律若干问题的解释》的相关规定，非法获取、出售或者提供公民个人信息情节严重的，构成侵犯公民个人信息罪。

如果严格按照法律规定办理，征求用户单独同意不仅对用户使用服务构成了骚扰，而且会大幅降低用户信任感，取得用户同意的可能性极低。因此现实中极少会采取这一路径。

二、作为数据流转合法依据的委托处理

虽然直接数据交易有着这样或那样的限制，但生意总是要做。于是，很多企业将目光转向了委托处理。

根据《个人信息安全规范》的规定，企业委托处理个人信息只要不超出个人信息主体给予控制者的授权范围及控制者给予处理者的授权范围，就不再需要单独征求个人授权。《个人信息保护法》规定，接受委托处理个人信息的受托人，应当依照本法和有关法律、行政法规的规定，采取必要措施保障所处理的个人信息的安全，并协助个人信息处理者履行本法规定的义务。对此，我们可以这样理解，由于个人信息始终处于个人信息控制者或处理者[1]的控制下，受托人对个人信息的处理被限定在原授权范围内，如同个人信息控制者或处理者亲自处理个人信息一样，原授权足以涵盖，因此委托处理时就没有必要再获取个人的授权。

因此，欲将数据流通业务纳入委托处理范畴，受托人首先需确实为控制者或处理者提供基于个人信息的某种服务。在实务中，有诸多委托处理的案例。例如，专业数据服务公司会为大企业提供专门的数据清洗、数据结构化、数据分析等数据治理服务，其本质是拥有客户数据的大企业将一部分数据处理业务委托外包，此种委托处理行为并没有另行征得相关个人的授权同意，相关个人甚至根本不知道这些专业数据服务公司的存在。

其次，作为受托人不能超越控制者或处理者对数据所享有的权限范围。《个人信息安全规范》明确规定“不得超出已征得个人信息主体授权同意的范

[1] 《个人信息安全规范》中的个人信息控制者指的是有权决定个人信息处理目的、方式等的组织或个人。《个人信息保护法》中的个人信息处理者指的是对个人信息进行收集、存储、使用、加工、传输、提供、公开、删除等活动的组织或个人。二者的内涵和外延存在一定差异。本书将二者并列，避免造成概念上的歧义。

围或遵守前条款的规定”。《个人信息保护法》也明确规定受托人应当按照约定处理个人信息，不得超出约定的处理目的、处理方式等处理个人信息；委托合同不生效、无效、被撤销或者终止的，受托人应当将个人信息返还个人信息处理者或者予以删除，不得保留，并要求受托人配合处理者履行义务。

最后，最重要的是要保证控制者或处理者对个人信息的掌控。受托人不应缓存相关数据，并利用自动化技术手段对数据进行加工处理。这不仅能够保证受托人不会构成“非法获取”，也是对控制者或处理者“控制权”的一种保证。这方面的反例便是杭州魔蝎数据科技有限公司、周某某、袁某侵犯公民个人信息案，根据魔蝎公司在和个人贷款用户签订的《数据采集服务协议》，魔蝎科技明确告知贷款用户“不会保存用户账号密码，仅在用户单独授权的情况下采集信息”，但在实际使用过程中未经用户许可，仍采用技术手段长期保存用户隐私信息并存于租用的阿里云服务器中。截至 2019 年 9 月案发时，法院等部门对魔蝎公司租用的阿里云服务器进行勘验检查，发现以明文形式非法保存的个人贷款用户各类账号和密码条数多达 21 241 504 条。这些不合规行为导致法人周某某被判有期徒刑三年，缓刑四年；技术总监袁某被判有期徒刑三年，缓刑三年。

三、委托处理需要注意哪些事项

虽然委托处理并不需要“额外”征求用户同意，但其仍然以用户授权为前提。这就要求个人信息控制者或处理者应当在其《用户协议》《隐私政策》等文件中列明数据委托处理或者第三方合作等事项，以获得用户的基础授权。

同时，控制者或处理者应对委托行为进行个人信息安全影响评估，确保受托人具备足够的数据安全能力，并提供足够的安全保护水平。控制者或处理者还应准确记录和保存委托处理个人信息的情况，对受托人进行监督，包括通过合同等方式规定受托人的责任和义务，以及对受托人进行审计等。

受托人则应严格按照控制者或处理者的要求处理个人信息，如因特殊原因未按照要求处理个人信息，应及时反馈。如需再次委托时，应事先征得控制者或处理者的授权同意。同时，应协助控制者或处理者响应个人提出的访问、更正、删除个人信息或撤回同意、注销账户、获取副本或约束信息系统自动决策等请求。如受托人在处理个人信息过程中，无法提供足够的安全保护水平或发生了安全事件，应及时向控制者或处理者反馈，并在委托关系解除时不再保存个人信息。

第五节　怎样撰写一份合格的隐私协议

隐私政策，或称“隐私协议”“隐私声明”“隐私条款”，是网站及 App 运营者向消费者、使用者发布关于个人信息采集、储存、使用等内容的法律文本。发布隐私政策不仅是个人信息控制者履行告知义务、遵循公开透明原则的重要体现，也是约束企业行为和配合监管的重要机制。因此，隐私政策对于网站和 App 而言是仅次于用户服务协议的重要法律文本，其形式、内容都应严格按照法律法规进行制定，并需企业严格遵守。

一、法律法规对隐私政策文本的形式有明确规定

在撰写的依据和标准上，虽然国家市场监督管理总局和国家标准化管理委员会发布的《个人信息安全规范》并非强制性标准，但该规范已经事实上成为业内重要参考依据，因此必须严格根据规范要求进行制度设计，以赢得用户信任，规避合规风险。此外，《大众化应用基本业务功能及必要信息规范》《App 违法违规收集使用个人信息治理评估要点》等技术文件也是重要的参考依据。

对于隐私政策所使用的语言语句，应尽量采用通俗易懂的语言，拒绝使用概括性、模糊性语句描述所收集信息。同时，应当通过引导目录、要点摘要等方式为用户提供快速浏览、查阅政策文本，对专业术语进行解释。

而在展示方面，国家法律作出了“易获得”的要求。为落实该规定，App运营者应当在用户初次使用App、注册账号或关联登录等初始阶段通过弹窗、推送或显著位置展示等方式向用户展示隐私政策并获取用户的授权同意。在进入App后，还应为用户查阅隐私政策提供简单明确的路径。在隐私政策更新后，运营企业还应当及时以推送的形式向用户进行说明，对内容进行重大变更，应当重新获得用户授权同意。

二、隐私政策应当包含与个人信息保护有关的所有内容

从个人信息流动的全过程看，企业对于用户的个人信息处理涉及信息采集、信息存储、信息共享、技术防护等方面。除此之外，根据法律规定和商业需求，隐私政策还应标明用户权利，并为用户提供投诉反馈渠道。

在信息收集和使用方面，隐私政策应详细列举所收集的用户个人信息、使用目的和对应的业务功能，并根据App自身的核心功能和附加功能进行区分，对不同功能需要使用的信息或权限进行分别标注。根据相关要求，隐私政策还应当向用户解释App向用户申请特定权限的目的，并为用户自主关闭该权限提供指导说明。由于Cookie所记载的内容大多涉及个人信息，所以隐私政策应当对Cookie的使用情况进行单独说明。如果是平台类App，还应当说明是否允许第三方通过平台采集个人信息，以及针对此类行为的相关政策。2019年12月30日，国家互联网信息办公室、工业和信息化部、公安部、国家市场监督管理总局联合发布《App违法违规收集使用个人信息行为认定方法》，明确将“未逐一列出App委托的第三方或嵌入的第三方代码、插件”的行为视为“未明示收集使用个人信息的目的、方式、范围”。

在信息共享流转方面，隐私政策应当说明是否会与第三方共享用户的个人信息，并详细阐述企业与第三方共享个人信息的场景、目的及可能的第三方范围，还应当承诺在获得用户明示同意前，不会因为商业目的向第三方提供个人信息，但可能会依据法律法规为政府及司法机关提供必要支持。2021年11月

8日，工业和信息化部发布《关于开展信息通信服务感知提升行动的通知》，要求企业建立个人信息保护“双清单”制度，即已收集个人信息清单和与第三方共享个人信息清单。除主动流转外，还应说明被动流转的情况，即当涉及企业合并、收购或破产清算时，用户的个人信息将被如何处理。

此外，用户权利和投诉反馈制度也是隐私政策的重要组成部分。根据《网络安全法》第43条规定，个人有权要求网络运营者更正、删除个人信息。因此，企业应当在隐私政策中为用户介绍个人信息的查阅方式，并向用户说明个人信息的更正方法、删除情形，对于改变、撤回自身授权、注销账户等权利也应当加以说明。关于投诉机制，企业应当承诺随时接受用户投诉，并提供网络在线、电话号码、电子邮件和信函地址等多种联系方式，明确投诉反馈期限，企业还应当承诺在信息安全事件发生后将及时告知用户并承担法律责任。

除了对运营机制和用户权利进行说明外，企业为保护用户个人信息而采取的技术措施也是隐私政策需要着重声明的内容。企业应当在隐私政策中明确承诺保护用户个人信息，详细说明为此设计的管理制度和采取的技术措施，详细介绍隐私政策制定所依据的法律、规范、协议等，提示相关安全风险，还应专门介绍针对未成年人等特殊群体个人信息的特殊保护措施，明确保存个人信息的时间范围和地点。如果个人信息涉及跨境传输，还需要进一步说明传输目的地及相关法律、协议情况。

三、应当写入隐私政策的小细节

在做好有关个人信息保护等主要内容撰写的同时，还有一些细节需要多加注意。

从实践情况看，各App对隐私政策文本的命名较为随意，有隐私政策、隐私协议、隐私声明、隐私条款等多种称呼，但规范的隐私政策标题应当是“产品名称+隐私政策”的命名方式。对于既有移动应用也有网站的企业，还应当在隐私政策的名称和内容中明示该政策的适用范围是仅限于网站或App，还是两者同时适用。

文本更新时间、效力范围及政策依据也是隐私政策需注明的重要内容。隐私政策应当在开头注明文本最近一次的更新时间，在结尾处阐明制定该文本的法律法规和政策依据。

最后需要重点提示的是，严禁采用霍布森选择（使用即同意）。《个人信息保护法》第16条明确规定，个人信息处理者不得以个人不同意处理其个人信息或者撤回同意为由，拒绝提供产品或者服务；处理个人信息属于提供产品或者服务所必需的除外。隐私政策文本在内容上难免会涉及个人信息采集权限的索取问题，而国家政策法规反复强调收集个人信息应通过明示的方式取得授权同意。因此，具有霍布森选择条款的隐私政策将不可避免地会被要求进行整改，需要多加注意。

为了更加清晰地展示隐私政策需要包含的内容，笔者制作了一张表格放在文末，希望对大家有所帮助（表6.1）。

表6.1　App隐私政策内容缩略表

类目	内容
一般内容	隐私政策的发布时间
	隐私政策要点摘录
	隐私政策查阅方式
	隐私政策的效力及适用范围
	隐私政策依据的法律法规和政策文件
信息收集与使用	提供服务所需的硬件设备权限
	设备权限涉及的个人信息种类
	设备权限对应的业务功能，区分核心功能和附加功能
	是否使用了Cookie及相关情况
	本企业将如何使用个人信息
	是否允许第三方收集个人信息以及相关政策
	第三方将如何使用个人信息
	未成年人及其他特殊群体的特殊政策

续表

类目	内容
信息流转	是否会向第三方提供个人信息
	与向第三方提供个人信息有关的政策
	可能的第三方的范围
	在收购、并购、破产清算等情况下，个人信息的权属和处置政策
信息存储	如何存储个人信息，包括保存期限和存储地点等
	是否会跨境传输、存储及相关政策
	为保护个人信息安全而采取的技术措施
	为保护个人信息安全而采取的管理制度
用户权利	用户对个人信息采集明示同意的权利
	撤回、修改同意表示的权利及方式
	访问、修改、删除个人信息的权利及方式
	注销账户的权利及方式
	发生信息安全事件的知情权
	投诉建议权及相关渠道

第六节　强监管时代下，大数据产业链中的各方该如何应对？

数据商业化应用是互联网行业提供免费服务的基石，一方面，通过精准营销获取经济利益并为消费者带来便利，另一方面，也隐含了巨大的法律风险。线下商家、设备厂商及数据公司等，如果对他人的个人信息进行不当收集、融合并进行商业化应用，除可能侵犯公民个人信息外，还有可能因危及他人人身财产安全而触犯刑事犯罪，其背后的法律风险不可不察。本节在深入分析个人信息的商业化应用模式的基础上，梳理其背后的法律风险，并针对大数据产业链中的不同主体提出可落地执行的合规建议。

一、个人信息收集使用迎来强监管时代

人脸数据滥用：“万店掌”非法采集顾客人脸信息，相关人员被带走调查，事件还涉及科勒卫浴、宝马、MaxMara、名创优品等线下门店。

个人简历泄露：求职简历信息泄露严重，智联、前程无忧、猎聘被央视点名。

老年人手机安全陷阱：老年人手机软件秘密窃取信息用于诈骗犯罪。

2021 年“3·15”晚会上曝光的上述案件，仅仅是我们信息泄露并被违法使用的冰山一角。大数据分析的极致应用，催生了一条由数据收集、分析、应用环环相扣的大数据产业链，其最初被商家用于提供“读心术”般的精准营销服务，以实现商业利益最大化。但是，在用户无意识、无感知的情况下收集数据及分析应用的行为，可能侵犯公民个人信息。更严重的是，原本单独作用受限的线下、线上数据在经过结合使用后，能够精准定位识别到特定自然人，一旦这些信息被违法犯罪分子利用，其严重后果可以想见。

个人信息滥用的乱象并非今日才有，国家此前也一直致力于打击相关违法犯罪。2020 年，公安部开展“净网 2020”专项行动，侦办网络犯罪案件 5.6 万起，持续加大侵犯公民个人信息违法犯罪的打击力度。但是，从根本上而言，我们国家对于个人信息收集使用的立法存在缺位，因此始终收效甚微，个人信息滥用屡禁不止。2021 年两会期间，全国政协委员、恒银金融科技股份有限公司党委书记、董事长江浩然提案建议加快开展对数据采集及数据使用等方面的立法协商，尽快启动立法工作，明确数据采集及使用的流程和权限，保障企业及个人的数据安全。3 月 12 日，国家互联网信息办公室秘书局、工业和信息化部办公厅、公安部办公厅、国家市场监督管理总局联合发布《常见类型移动互联网应用程序必要个人信息范围规定》，于 2021 年 5 月 1 日开始施行。据悉，国家将陆续出台个人信息收集使用的相关法律法规，为打击涉及个人信息违法犯罪提供立法层面的支持。

对线下商家、设备厂商、数据公司等而言，个人信息收集使用将迎来强监管，根据自身商业模式梳理法律风险点，并拟定相应的合规对策势在必行。

二、个人信息被滥用背后，线下、线上数据的商业化应用模式及法律风险

1. 线下、线上数据的商业化应用模式

在个人信息被滥用的背后，实际上隐藏着一条大数据产业链，产业链中的各方主体通过将收集而来的各种线上、线下数据共享整合，实现商业化应用。

线上数据，主要指用户的网络痕迹。

线下数据，则指在线下场景所产生的数据，本书特指线下场景中具有数据采集功能的设备所收集的海量数据，其主要分为以下两类：

①通过视频监控采集的体貌特征信息（如人脸信息）；

②通过探针采集的活动情况或轨迹信息。

线下门店，以及诸如“万店掌”的其他线下数据收集企业，在线下利用人脸识别或摄像设备收集人脸数据，利用探针技术收集手机 MAC 地址，以及通过对 MAC 地址数据进行处理而形成的活动情况等各种信息。而后，为实现数据商业化应用的利益最大化，其会与掌握海量数据资源的互联网公司、数据公司合作，将其掌握的线下数据与线上数据（如通过 App 采集的手机号等）进行融合，打通线上、线下数据壁垒，即先获取顾客的网络虚拟身份（如手机号码等），而后根据掌握顾客在现实生活中的活动情况，在数据充分融合的情况下，对顾客进行精准画像、精准营销。

2. 法律风险

在上述商业化应用模式中，主要存在以下法律风险点。

（1）原罪：个人信息的“无感知”收集。

诸多设备厂商在对外营销过程中，以“无感知”作为自身设备的卖点，殊不知“无感知”却是个人信息违法收集的原罪。“无感知”，即意味着在自然人不知情的情况下“偷偷”获取数据。大多数设备厂商获取的数据，无论是视频设备收集的人脸数据，还是探针设备收集的 MAC 数据，在法律层面均会被认定

为个人信息，甚至人脸数据作为一种生物识别信息会被认定为个人敏感信息。

我国个人信息合规获取的基本原则为“授权同意”，即“向个人信息主体明示个人信息处理目的、方式、范围等规则，征求其授权同意”，而“无感知”与“授权同意”则是完全相悖的两种方式。

（2）线下、线上数据共享难合规。

线下数据无法与特定自然人相关联（如 Wi-Fi 探针所收集 MAC 地址仅能反映一个设备的活动情况，并无法识别特定自然人），在此种情况下为获取更大经济利益，部分设备厂商与数据公司合作进行数据共享，利用数据公司线上 App 收集的海量数据，将线下数据与能够识别自然人身份的信息（如手机号码）相关联，即掌握了网络虚拟人（如手机号码所注册的账号）在现实生活中的活动情况。如数据涉及公民个人信息，其共享的合规路径也为“授权同意”。《个人信息安全规范》规定：“个人信息控制者共享、转让个人信息时，应向个人信息主体告知共享、转让个人信息的目的、数据接收方的类型以及可能产生的后果，并事先征得个人信息主体的授权同意。”作为线下数据收集者的设备厂商，由于缺少与特定自然人交互的场景，在对外提供或共享数据的过程中，难以取得个人信息主体的授权同意。

（3）数据滥用会侵害信息主体的合法权益，甚至可能因被他人用于违法犯罪而作为共犯承担刑事责任。

2021 年“3・15”晚会所曝光的人脸数据应用场景，为针对顾客在线下门店的精准营销行为，目的仅为店员在推荐商品时更有针对性。平心而论，上述行为对个人信息主体的影响相对较小，在一定程度上甚至还可能会为顾客提供一定便利。但是在线下数据与线上数据充分融合的情况下，一旦数据被滥用，将会产生非常严重的后果。最常见的情况是，信息主体的生活中会充斥着各种骚扰电话，其生活安宁会直接受到影响；更严重的是，数据的泄露及非法利用，可能会影响到相关主体的财产及人身安全。

我们可以试想一个场景，如某一数据控制者掌握 Wi-Fi 探针收集的设备活动情况、监控设备收集的人脸信息、设备对应的手机号码三类信息，即代表其能够明确某手机号码的机主长什么样、喜欢去某个商场甚至门店购物，一旦此信息被私家侦探甚至违法犯罪分子利用，在茫茫人海中定位到具体某个人将会轻而易举。

三、合规建议

1. 给线下门店的合规建议：明示 + 告知

线下门店作为数据收集设备的所有者和数据使用者，按照相关法律及国家标准规定，属于个人信息控制者，故应履行相应的主体责任。建议在门店明显处，采用提示性标语的方式，告知顾客“该区域设有监控设备及客流分析设备，为提高您的购物体验，会采集并使用您……信息”。

2. 给设备厂商的合规建议：本地存储 + 匿名化

《个人信息保护法》对公共场所收集个人信息作出明确规定：“在公共场所安装图像采集、个人身份识别设备，应当为维护公共安全所必需，遵守国家有关规定，并设置显著的提示标识。所收集的个人图像、身份识别信息只能用于维护公共安全的目的，不得用于其他目的；取得个人单独同意的除外。”设备厂商作为技术服务提供商，接受服务方为线下门店并非进店顾客，因缺少与顾客的交互场景无法获取顾客同意，故其收集数据不具有合法性。

在此种情况下，建议设备厂商将所收集数据进行本地存储，而非回传至自身所控制系统存储，且对相关应用程序进行改进，对线下数据（如人脸信息）进行处理，使相关数据既能为线下门店向顾客提供优质服务提供支持，同时保证线下数据本身或与其他信息相结合后均无法识别特定自然人且不能复原，实现数据商业化应用与个人信息保护之间的平衡。

3. 给数据公司的合规建议：同意 + 评估

数据公司以间接获取的方式收集线下数据，建议对数据来源进行审核，对数据共享行为的安全性进行评估，确保涉及个人信息的相关数据共享已获取个人信息主体的授权同意。同时，应着重关注下游服务使用方的审核和监控，防止数据被滥用而对个人信息主体造成影响。

人工智能技术飞速发展，广泛应用于我们生活中的各个角落，我们在享受科学技术带来的各种便利的同时，也不得不警惕其背后的风险。对于社会大众，我们需注意防范自己的个人信息被他人不当收集使用，在发现权利受侵害时积极维权；对于线下商家、设备厂商及数据公司等，需合法合规经营，避免触犯法律红线。同时，我们殷切期待国家建立专门的个人信息保护系统，从立法层面规范个人信息的收集使用。

第七章 互联网企业的内容合规

第一节　网络内容领域的核心规章
——《网络信息内容生态治理规定》解读

国家互联网信息办公室制定的《网络信息内容生态治理规定》(以下简称《生态治理规定》)已于 2020 年 3 月 1 日生效。《生态治理规定》对网络信息内容生产者、网络信息内容服务平台、网络信息内容服务使用者各方的法定义务和责任进行了梳理和明确。

一、重申违法信息范围，明确平台主体责任

《生态治理规定》在第 6 条明确了禁止制作、传播的 11 种违法信息类型，分别为：①违反宪法所确定的基本原则的；②危害国家安全，泄露国家秘密，颠覆国家政权，破坏国家统一的；③损害国家荣誉和利益的；④歪曲、丑化、亵渎、否定英雄烈士及其事迹和精神的；⑤宣扬恐怖主义、极端主义，煽动民族仇恨、民族歧视，破坏民族团结的；⑥煽动民族仇恨、民族歧视，破坏民族团结的；⑦破坏国家宗教政策，宣扬邪教和封建迷信的；⑧散布谣言，扰乱经济秩序和社会秩序的；⑨散布淫秽、色情、赌博、暴力、凶杀、恐怖或者教唆犯罪的；⑩侮辱或者诽谤他人，侵害他人名誉、隐私和其他合法权益的；⑪法律、行政法规禁止的其他内容。

上述违法信息的分类本身并不新颖，但此前多散见于各类文件、通知之中，此次对违法信息的种类进行统一规定，也算是一种重申和强调，有利于后续执法活动的开展。

在规定禁止性信息的同时，此次文件还较为新颖地对价值观导向性信息进行了规定，要求网络信息内容生产者不得制作，网络信息内容服务平台不得复

制、发布、传播以下不良信息，分别为：①使用夸张标题，内容与标题严重不符的；②炒作绯闻、丑闻、劣迹等的；③不当评述自然灾害、重大事故等灾难的；④带有性暗示、性挑逗等易使人产生性联想的；⑤展现血腥、惊悚、残忍等致人身心不适的；⑥煽动人群歧视、地域歧视等的；⑦宣扬低俗、庸俗、媚俗内容的；⑧可能引发未成年人模仿不安全行为和违反社会公德行为、诱导未成年人不良嗜好等的；⑨其他对网络生态造成不良影响的内容。

从法律后果上看，《网络安全法》第 68 条规定，网络运营者违反该法第 47 条规定，对法律、行政法规禁止发布或者传输的信息未停止传输、采取消除等处置措施、保存有关记录的，由有关主管部门责令改正，给予警告，没收违法所得；拒不改正或者情节严重的，处十万元以上五十万元以下罚款，并可以责令暂停相关业务、停业整顿、关闭网站、吊销相关业务许可证或者吊销营业执照，对直接负责的主管人员和其他直接责任人员处一万元以上十万元以下罚款。而制作、传播不良价值观导向性信息，受到的处罚则相对较轻，主要是由网信等有关主管部门依据职责采取约谈、责令限期改正等管理措施。

但需要注意的是，虽然制作、传播不良价值观导向性信息在受到初次处罚时后果较轻，但对于拒不改正或者情节严重的，可以依法给予警告、罚款、责令停业整顿直至吊销许可证；构成犯罪的，依法追究刑事责任。此处将行政违法行为与《刑法》第 286 条之一拒不履行信息网络安全管理义务罪进行了接驳，实际上强化了法律责任。

二、进一步明确网络信息内容服务平台的管理责任

《生态治理规定》不仅要求网络信息内容服务平台对内容加强监管，而且对管理的范围和方式也进行了明确规定。

《生态治理规定》要求网络信息内容服务平台对包括但不限于 12 个重点环节、位置或服务类型、板块加强监管，分别为：①互联网新闻信息服务首页（屏）、弹窗和重要新闻信息内容页面等；②互联网用户公众账号信息服务文

章列表标题、封面图及精选、热搜等；③微博客信息服务热门推荐、榜单类及基于地理位置的信息服务板块等；④互联网信息搜索服务热搜词、热搜图及默认搜索等；⑤互联网论坛社区服务首页（屏）、榜单类等；⑥互联网音视频服务首页（屏）、发现、精选、榜单类、封面、弹窗等；⑦网络文学（动漫）服务首页（屏）、精选、榜单类、封面等；⑧网络游戏服务场景、角色、道具及公共聊天室等；⑨生活服务平台首页（屏）、热门推荐等；⑩电子商务平台首页（屏）、推荐区、商品列表封面等；⑪移动智能终端预置应用软件首屏、推荐区、弹窗等；⑫以未成年人为服务对象的网络信息内容服务。

在监管手段方面，《生态治理规定》要求网络信息内容服务平台对信息流服务建立能够体现主流价值导向的推荐模型，建立健全人工干预机制，建立用户自主选择机制。这就要求内容分发平台在对算法进行调整的基础上，需加强人工审核，并且为用户提供拒绝接收某类信息的途径。值得一提的是，这种监管思路在 2021 年 8 月 27 日公布的《互联网信息服务算法推荐管理规定（征求意见稿）》中也得到了体现和加强。该征求意见稿第 15 条规定，算法推荐服务提供者应当向用户提供不针对其个人特征的选项，或者向用户提供便捷的关闭算法推荐服务的选项。用户选择关闭算法推荐服务的，算法推荐服务提供者应当立即停止提供相关服务。这种监管思路上的延续表明了执法机关的严肃态度，内容服务平台应当高度重视并认真落实。在用户监管方面，《生态治理规定》还要求内容平台建立用户账号信用档案，根据用户账号的信用等级提供相应的服务。

而在法律责任方面，内容平台违反相应的管理义务，主要由网信办等主管部门依据职责采取约谈、责令限期改正等管理措施。拒不改正或者情节严重的，依法给予警告、罚款、责令停业整顿直至吊销许可证；构成犯罪的，依法追究刑事责任。

三、创新性地对用户责任进行了规定

此前关于网络内容管理的文件主要是从内容的创作和传播角度进行规定，约束对象则主要是内容生产者和服务平台，而此次颁布的《生态治理规定》设置专章对网络信息内容服务使用者的责任进行规定是一种创新和突破。

从具体条文上看，内容服务使用者的义务主要包括加强自主管理、禁止网络暴力、禁止非法删帖、禁止利用国家大事开展营销等。

但值得注意的是，《生态治理规定》第 24 条要求“网络信息内容服务使用者不得利用深度学习、虚拟现实等新技术新应用从事法律、行政法规禁止的活动”。笔者认为，该规定可能意在对目前广为流行的第三方小程序的运营者进行规制。

同时，《生态治理规定》第 24 条还对网络刷量行为进行了规定，要求网络信息内容服务使用者不得通过人力或者技术手段实施流量造假、流量劫持及虚假注册账号、批量买卖账号、操纵用户账号等破坏网络生态秩序的行为。但遗憾的是，对于用户违法的责任，《生态治理规定》仅笼统地规定“依照相关法律、行政法规的规定处理”。这可能是考虑到用户类型、行为性质、后续影响等各种因素的复杂性而作出的妥协。

总的来看，此次出台的《生态治理规定》既有对过往规定的重申和总结，又有创新性的规定和要求，需要内容产业各方参与者结合自身实际认真加以研究。特别需要注意的是，《生态治理规定》在法律责任部分多次要求对拒不整改或情节严重的从业者进行刑事处罚。在此背景下，拒不履行信息网络安全管理义务罪的适用可能会迎来一个高峰期。

第二节　高危网络红线怎么躲

“内涵段子”永久关停、今日头条国际频道停更一个月……近年来，我国网络内容监管不断收紧，触碰内容红线的后果日益加重。从大背景看，这种趋势是《网络安全法》正式实施后，内容安全明确成为网络安全重要组成部分的必然趋势。在执行层面，2019 年 11 月 18 日，网信办联合文旅部、广电总局出台了《网络音视频信息服务管理规定》。除了该文件，各部委不仅陆续出台了《互联网群组信息服务管理规定》《微博客信息服务管理规定》《生态治理规定》等法规政策，还显著加强了行政执法力度，开展了“净网”“清朗”“秋风”“护苗”等一系列针对互联网内容的专项执法行动，腾讯、字节、小红书等知名公司也在被执法行列，网络内容风险已经成为能够影响互联网产品生死的重要因素。

一、我国内容监管发展历程

通过分析近年来颁布的网络内容相关政策文件可以看出，国家对网络内容的管理要求从无到有，逐渐清晰。

在对网络传播内容的要求上，国家对违法违规内容的认识逐渐明确，从单纯的禁止发布传播违法违规信息发展为违法违规和不良价值观导向的双重要求。在 2000 年颁布的《互联网信息服务管理办法》中，仅要求互联网信息服务提供者不得制作、复制、发布、传播九种违法信息，2020 年生效的《生态治理规定》不仅违法信息增加到十种（增加了“歪曲、丑化、亵渎、否定英雄烈士及其事迹和精神的”），而且新增了十种不良价值观导向型信息。

在丰富违法信息内涵的同时，法规对企业的管理要求也在不断明确。2019 年之前国家的立法思路一直是按领域和产品对不同类型的网络服务提出不同的管理要求,《互联网群组信息服务管理规定》《微博客信息服务管理规定》分别针对即时通信工具和微博,《网络音视频信息服务管理规定》则将短视频、小视频也纳入了法律规制。值得注意的是,《生态治理规定》出现了统一规定、统一管理的趋势，该规定第 11 条综合了传播内容和传播途径，要求网络信息内容服务平台对弹窗、标题、热搜等 12 个重点环节加强监管，并未对具体 App 种类进行区分。

除了明确违禁内容和重点传播环节外，网络传播平台的管理责任也在逐渐压实。在 21 世纪初，我国互联网内容管理的主责机关并不明确，但随着近年来一系列法律法规的出台，以网信部门为主，公安、新闻出版等部门协助的执法监督体系已经趋于成熟。对于网络传播平台的内容管理责任，在最早的《互联网信息服务管理办法》中并未作出明确规定，但在《生态治理规定》中，相关法律责任已得到了清晰表述。“网络信息内容服务平台违反本规定第 10 条第 1 款、第 11 条规定的，由网信等有关主管部门依照《网络安全法》的规定，给予警告，没收违法所得；拒不改正或者情节严重的，处十万元以上五十万元以下罚款，并可以责令暂停相关业务、停业整顿、关闭网站、吊销相关业务许可证，对直接负责的主管人员和其他直接责任人员处一万元以上十万元以下罚款。”

二、内容安全策略

在互联网在我国还是新兴事物时，对于互联网内容管理，网络传播平台一直依靠“避风港”原则进行风险规避，主张平台只是技术服务提供者，对于违法违规信息的传播并不负有责任，这种抗辩最接近“谁侵权、谁负责”“谁违法、谁负责”的本意。但在移动互联网背景下，行政执法机关直接对数亿网民进行管理和处罚存在现实上的困难。鉴于此，国家只能将管理责任转移至平台，通过前文的发展对比能够轻易地发现强调平台责任的立法趋势。

实际上，这种趋势并非我国独有。近年来，各国政府日益重视对平台企业内容安全治理责任的强化和督导，尤其是在美国大选“通俄门”，英国脱欧民意被操纵，乌克兰、土耳其、德国、法国监测发现关于政党选举和政治议题的舆情被诱导等事件爆发后，欧盟、印度、澳大利亚等国家和地区接连出台指导性法规政策，要求即时通信和社交平台加强对用户举报投诉的处理，加大执法协助力度，采取信息标签追踪、非法内容主动检测、技术屏蔽、引入第三方监控等方式进行内容治理，消除仇恨、暴恐、色情等违法信息。

在这种大背景下，互联网企业，特别是平台类企业应如何应对？正如本节开头时所说，内容安全已经被国家法律定义为网络安全的重要内容之一，因此互联网公司也应当将其视为产品和业务安全的重要组成部分，建立体系化的内容治理能力。

1. 改变传统思想观念

传统思维模式下，大多数平台企业并不会积极主动地对平台上的违法信息进行挖掘和清理。一方面许多标题党文章、擦边球内容确实能够吸引眼球，提升平台活跃度。另一方面企业认为自身既非违法内容的制作者，也未积极主动参与传播，在“避风港”模式下，不应负有法律责任。

但实际上，平台依靠内容获得了关注，赚取了收益，与违法违规内容的传播并非完全割裂的关系。同时，随着信息流的普及，平台算法在违法信息传播过程中起到了推波助澜的作用，网络平台的经营者理应肩负起内容治理的责任。这种责任既是法律责任，也是社会责任，要予以重视。

2. 加强与监管部门的沟通协调及争取互信

对于绝大多数中小平台而言，被动接受网信部门的违规样本指导便可以达到政府对于内容治理的要求和责任。但随着平台的发展壮大，被动等待样本更新将会给企业带来不利影响。尤其是当全新违规样本发源于自家平台却被竞争对手先行向监管部门报送时，会使企业陷入非常被动的局面。

因此，当平台度过初始阶段，进入新的发展时期后，搭建技术、人力、第三方相互配合补充的内容审查体系，增强新样本主动挖掘能力则必不可少。同时，企业还需要与网监部门建立顺畅的沟通渠道，及时报送和屏蔽新样本。

3. 建设完善的内容审核体系

字节跳动在今日头条发生监管问题之后表示内容审核团队要扩编 4000 人，再结合脸书、Youtube 等公司的做法。我们可以得到启示：人工审核才是内容审核的核心。但是，人工审核虽然对复杂内容判断更准确，却存在效率低、成本高的问题。尤其对于中大型平台而言，人工审核团队无法对每天新产生的全部内容进行逐一审核，由此便产生了机器审核需求。随着通信技术从 3G、4G 再到 5G 的发展，网络内容传播形式也经历了由文字到图文再到短视频的进化过程。当前，文字识别已经不再具有技术障碍，但在图文和短视频内容的识别上，机器依然无法完全取代人工。各家公司也普遍采用机器初筛过滤，再由人工复核的内容审核机制。在审核管理流程上，主要是根据公司产品特点、业务目标和监管需求，制定审核策略，再将策略程序化、产品化，机器标注的及用户举报的内容交由人工处理，最后呈现出高质量的内容。

至于人力和机器审核之间该如何平衡，一看产品的规模与影响，二看算法的智能程度。算法的水平不仅仅取决于算法工程师的水平，更取决于数据积累和策略效果。

因此，平台企业在搭建内容审核体系时需要注意以下四点：

一是用户分级，把工作重心放在风险高的用户群上；

二是内容过滤系统与时俱进，能有效识别文本、图片、视频、音频等；

三是分级处理，根据违规程度等级决定禁言或封号，既达到惩戒的效果，又不影响内容生产积极性；

四是积累数据，用于机器学习，使算法更准确，策略更有效。不管是用户特征的准确分析，还是内容性质的精准识别，数据的积累都是非常重要的。

除了自建审核体系外，向第三方外采词库也是近年来新出现的一种增强内容管理能力的途径。大公司可能并不需要，但对于中小公司而言，也不失为在控制成本的同时获取内容管理能力的方法。所谓外采词库就是由专门的供应商对敏感、违禁词汇进行整理，以 API 的形式直接调用，可以嵌入用户昵称录入、文本上传、用户私信等模块，只要上传文本，均会进行一次词库过滤，及时发现违禁词。优点是快速上线，缺点是词库是暗箱状态（属于供应商），并且业务关键数据容易泄露（API 调用的入参容易被供应商拿走商用）。

外采词库终究无法与公司自身业务进行紧密结合，存在一定程度的误伤和遗漏，所以企业最终还需要与自有词库、算法结合使用。中小公司如果能与一个强大的第三方合作，或多或少能为自己免去一些麻烦。

第三节　网赚类游戏暗藏巨大法律风险

近年来，网赚游戏作为一个门类迅速崛起，其中的代表非某养猪游戏 App 莫属。根据第三方机构统计，这款养猪游戏 App 在 2020 年 1 月至 2 月通过各个渠道疯狂进行推广，甚至冲到了榜单前三的位置。

这类网赚类游戏模式大同小异，基本是网赚加广告。初期给玩家一只猪、猫、狗，可以不停地赚金币，金币积累到一定数额就可以提现，如果想加快猪、猫、狗的培养或者金币积累速度，就必须看一定时长的广告。这种网赚模式兴起于新闻类 App“趣头条”，针对的主要是三四线城市等下沉市场。

在游戏开发者赚得盆满钵满的同时，为此类 App 提供广告投放的各家平台则需要高度关注他们给平台带来的风险隐患。

一、宠物交易可能被用于诈骗

2020 年下半年，一款名为“喵喵”的 App 跑路引发数千名受害者维权，涉案总金额高达数亿元。此次“爆雷”的“喵喵”App 宣称在网上虚拟养猫即能赚钱，而且还是高额回报，“一个月能挣一万块”。

该 App 内的“宠物集市”有众多的虚拟猫等待出售，不同品种的猫有不同的价格。这些虚拟猫通过卡通图片的形式在 App 内展示，卡片上还附有猫咪的价格、抢购时间、合约收益等。以“喜马拉雅猫”为例，猫的价值在 1988 元到 5988 元之间，投资者需使用“猫粮”进行预约，抢购成功后，才可通过微信或者支付宝进行支付购买。1 个“猫粮”的价格在 1 元左右，预约这只“喜马拉雅猫”需支付 30 个“猫粮”，即 30 元左右。最初的投资者可以从平台购买“猫粮”，而后加入的人仅能从上家手中购买。

“喜马拉雅猫”的合约收益显示为 7 天 15.5%。这意味着投资者购买后，这只“喜马拉雅猫”会在投资者的账户中停留 7 天，在此期间虚拟猫会升值。7 天后，系统会自动匹配到下一名投资者，连本带利将猫转卖出去。届时，投资者的账户便会收到本金以及 15.5% 的回报收益。以这只“喜马拉雅猫”的价格为 5000 元为例，7 天后投资者便会收到本金加回报收益共计 5775 元。

根据受害者描述，该平台自 2020 年 6 月开始出现登录异常情况，直到 8 月份彻底无法登录。截至 8 月底，受害者们建立的维权群已有数千人，个人的投资金额从几万元到几十万元不等，均无法取回。

从目前来看，“喵喵”App 属于典型的资金盘诈骗，本质上就是一个“庞氏骗局”。运营者用后来者的钱补贴先加入者的分红，当资金池积累到一定规模或者难以为继，运营者就会卷款跑路。

二、玩法天然适合传销

无论是此次“爆雷”的“喵喵”App 还是爆火的养猪游戏 App，或是网赚模式鼻祖“趣头条”，都不约而同地采用了奖励拉人头的拓展模式。这种多层分级、充值返佣、多级提成的会员 / 用户发展模式极易涉嫌非法传销。如果达到《关于办理组织领导传销活动刑事案件适用法律若干问题的意见》中的标准，有可能构成传销相关犯罪。

在著名的花生日记案中，广州市市场监督管理局认定电子商务平台、商品智能导购 App 广州花生日记网络科技有限公司（“花生日记”App 运营主体）

涉嫌传销（直销）违法行为，其会员层级最多达51级，累计收取佣金超过4.5亿元，被依法予以行政处罚，累计罚没7456万元。

三、“网赚”噱头涉嫌虚假宣传

能赚钱、能提现是网赚类游戏App的最大卖点，但如果真的能让用户顺利提现，那游戏开发者还赚什么钱呢？事实上，大部分网赚游戏App的提现之路都异常困难。还是以某养猪游戏App为例，1万猪币相当于1块钱，玩家每天做日常任务，养猪、合成更高等级的猪，总产出为220猪币，按兑换比率折算，价值2.2分钱。如果想要从日常任务中获得翻倍的收益，玩家需要观看7个视频广告，平均下来，每个广告仅能提供0.3分的额外收益。也就是说，玩家在游戏中折腾几个小时、观看数十个视频广告之后，总收益可能不到1块钱。而其他同类游戏的收益可能还赶不上这款养猪游戏App。

除了额度限制，这类游戏设置的提现门槛五花八门，而要达到这些门槛无一例外是非常困难的。这就与宣传中提及的“网赚”产生了矛盾，涉嫌虚假宣传。根据《广告法》第56条规定，广告经营者、广告发布者对其发布的虚假广告承担部分连带责任。

四、版号问题可能引发非法经营风险

众所周知，一款网络游戏有其特定的生命周期，周期的长短与游戏类型、运营能力等有直接的关系。网赚类游戏属于特别典型的短平快项目，生命周期短，需频繁更换包装。某养猪游戏App的开发者在发行两个月以后已经转型开养猫场了。根据法律规定，网络游戏变更名称、内容视为新游戏，需要重新审批。

我国目前对于网络游戏采取的是版号管理原则，所有上线运营的游戏均须经宣传部门（原文化部门）审批。未经审批的游戏可能被认定为非法出版物，如果获利达到法定数额则可能构成非法经营罪。

根据《关于贯彻落实国务院〈“三定”规定〉和中央编办有关解释进一步加强网络游戏前置审批和进口网络游戏审批管理的通知》要求，“未经新闻出版总署前置审批的网络游戏，一律不得上网，电信运营企业也不得为其提供互联网接入服务。对经新闻出版总署前置审批过的网络游戏，可以上网使用，任何部门不再重复审查，文化、电信等管理部门应严格按新闻出版总署前置审批的内容管理。”“未经新闻出版总署前置审批上网运营或审批后擅自改变内容的网络游戏，新闻出版总署将通知有关地方新闻出版管理部门责令其停止运营服务，并依法予以查处。”根据相关通知要求，无版号网络游戏可以视为非法出版物，按照有关司法解释，可能构成非法经营罪。

2018 年以来，我国政府对游戏版号的审批逐渐趋严，从申请到拿到版号短则半年，长则数年。这些短平快的网赚类游戏绝大多数都属于未经审批的“裸奔”游戏，对于这种“裸奔”行为的严厉执法检查也正在酝酿。2020 年以来，北京、广州等地的宣传部门已经组织了多场会议，通报了一批违规运营游戏，“广告平台推广未经审批的游戏”等行为也在通报的违规行为之列。

五、赌博和侵犯公民个人信息是潜在风险

笔者已经在网赚游戏 App 中观察到了违法犯罪的趋势，主要涉及赌博、传销和侵犯公民个人信息。

根据原文化部《网络游戏管理暂行办法》（已废止）、《关于规范网络游戏运营加强事中事后监管工作的通知》等规定，网赚游戏中的金币可以按照固定比例兑换为现金这种模式本身就涉嫌违规。部分 App 还设有抽奖模块，虽然大部分奖励都是游戏内的各种道具，涉赌风险较低，但已经有部分网赚 App 设立了实物类奖励，存在像捕鱼游戏一样滑向赌博的可能。

侵犯公民个人信息风险则主要是发生在提现过程中的实名认证环节。某网赚游戏 App 在用户登录时，会给用户发一个一块钱以内的红包并可以提现，

用户如果想提现就需要进行实名认证，填写比较详细的身份信息。这就使 App 运营者能够掌握大量由姓名、手机号、身份证号组成的个人信息，而这些个人信息存在被违法使用的巨大风险。

综上所述，我们能够看到网赚游戏虽然火爆一时，但背后蕴含着巨大风险。

第四节　棋牌类游戏的高压线在哪里

棋牌游戏作为中国传统游戏类型之一，一经触网便受到网民的喜爱，发展势头可以用野火燎原来形容。但与此同时，以麻将、炸金花、同花顺等为代表的游戏或玩法由于其本身就具有赌博性质，逐渐被不法分子用于组织网络赌博。近年来，网络赌博案的涉案人员动辄成百上千，冻结赌资频频上亿，政府对网络赌博的打击力度也在不断加强。那么，供普通大众休闲娱乐的棋牌游戏和网络赌博的界限到底在哪里？作为合法经营者，又应当如何恪守这些底线？

一、赌博与否的界限

经营棋牌类网络游戏是否涉嫌赌博，在于虚拟物品 / 货币与现实货币之间是否能够无障碍地兑换，游戏经营者是否能够从玩家的输赢中抽成，这是公安机关区分正规棋牌室和赌场的重要标准。

按照传统观念，赌博是指就偶然的输赢以财物进行赌事或者博戏的行为。截至目前，虚拟物品在我国法律体系内并不能被认定为具有实际价值的物品，不能被直接视为财物。因此，单纯使用虚拟货币参与下注的行为便自然无法被认定为赌博，但如果游戏经营者或第三方按照固定比例为玩家提供虚拟货币兑换现实货币服务，则使虚拟物品有了稳定的现实价值，根据司法解释便可以按照固定比例计算赌资。

除直接兑换现金外，投注不设数量和次数限制也是一种较为明显的赌场特征。根据“两高”《关于办理赌博刑事案件具体应用法律若干问题的解释》，只有在“进行少量财物输赢的娱乐活动”时，其经营行为才不以赌博论处。腾讯旗下的《天天德州》、联众的《楚汉德州》等游戏都曾因单局下注额度过大引发涉赌舆情，而腾讯的《天天德州》更是在2018年9月永久下架关停。

抽头则是传统赌场常见的盈利方式。根据我国《刑法》第303条规定，赌博犯罪主观方面需要以盈利为目的，“不以赌博为主要收入来源的，或者为赌博提供场地、用具，但本人未从中抽头渔利的，都不认定为犯罪”。根据《关于办理网络赌博犯罪案件适用法律若干问题的意见》规定，抽头数额累计达到3万元以上即为“情节严重”。在目前的棋牌游戏业态中，常见的抽头方式包括直接从玩家输赢中抽头、从玩家间的转赠中抽头以及付费开房等。“云游南浔麻将”“龙港麻将”等App均系以销售房卡为方式进行赌博而导致开发运营者被抓。

此外，与代理商的关系及代理商的经营行为也会影响游戏运营者。在实践中，代理商异化为“银商”的情况比比皆是，如果对其在游戏内的各种兑换行为管理不力，甚至直接参与代理商的利润分成，极易被一同认定为开设赌场。“飞五游戏”平台的经营者便是因此获罪。

二、游戏本身是否合法

在网络内容管理越来越严格的当下，除了运营行为的合法性外，游戏本身的合法性也需要开发运营者高度关注。

根据原文化部、新闻出版广电总局等部委的相关规定，公司要合规上线一款网络游戏需要取得《增值电信业务经营许可证》《网络出版服务许可证》、游戏批准文号等至少三种行政许可文件，均为前置审批，分别由工信部和广电部门负责。

根据原新闻出版广电总局通知，自2016年7月1日起，未经原新闻出版广电总局批准的移动游戏，不得上网出版运营。未审核即出版的，一经发现，相关出版行政执法部门将按非法出版物查处。一旦被认定为非法出版物，运营者就会涉及触犯非法经营罪的问题。根据最高人民法院《关于审理非法出版物刑事案件具体应用法律若干问题的解释》，经营数额在 5 万元至 10 万元以上的，违法所得数额在 2 万元至 3 万元以上的，属于非法经营行为“情节严重”；经营数额在 15 万元至 30 万元以上的，违法所得数额在 5 万元至 10 万元以上，属非法经营行为“情节特别严重”。棋牌类游戏的经营数额往往远大于 30 万元，可以判处 5 年以上有期徒刑直至法定最高期限的 15 年（数罪并罚可以到 25 年）。

从 2018 年起，广电总局便开始严控游戏批文，审批工作停止了接近一年。版号审批重启后，总局的游戏批复也并未显著提速。在停发近 1 年后，2022 年第一批游戏版号发放让游戏圈“喜大普奔”，但其中并无棋牌类游戏公司的身影。事实上，随着行业监管的加强，部分棋牌游戏自 2018 年年底就开始从版号名单中销声匿迹。同时，为了提升打击效率，全国“扫黄打非”办还印发了《“扫黄打非”工作举报奖励办法》，目的主要是调动广大人民群众参与“扫黄打非”工作的积极性，有效打击制售侵权盗版等非法出版物的违法犯罪分子，净化出版物市场和网络文化空间，这一系列举措均能看出国家政策方向的变化。

三、怎样才能合规经营

在政策和监管趋严的大背景下，棋牌类游戏的合规经营必须严守以下几条底线。

①合法上线。依法取得各项经营资质是一切合法运营的前提。如前所述，非法经营罪有可能被判处 15 年甚至更高的刑期。与之相比，开设赌场罪情节严重的最高刑期也为 10 年，两者均属于重刑罪名。

②虚拟币不得兑换法定货币或实物。玩家通过人民币充值在棋牌游戏中获

得的所有虚拟收益，均不能以任何方式直接或间接兑换为人民币、有价证券、实物，或非本游戏内的其他虚拟资产及服务。

③每局游戏设置投注上限。设置上限的方式多种多样，除了直接限定玩家下注总次数及全局下注总额、单次下注次数及下注总额，还可以通过划分区域等方式进行间接限定。

④收取固定额度的服务费。游戏运营者不能根据玩家游戏输赢按照比例进行收费，也不能根据玩家拥有的虚拟币数量的增减收费。但是可以设置与输赢或与虚拟财物变动无关的标准，收取一定的服务费。

⑤加强游戏内部管理。游戏运营者需要对角色名称、聊天记录、邮件等数据加强内容管理，对于明显违反国家规定以及明示提供虚拟币兑换的内容，应当及时删除。

尽管棋牌游戏市场存在各种各样的问题，但游戏本身并非诱发这一切的原罪。无论哪个行业、哪个领域，依法运营、绿色发展都是时代主流，不良现象的形成本质上不在行业，而在于人性的贪婪和对于团队管理、自我约束的失控。以江苏掼蛋为例，2017 年 1 月，国家体育总局棋牌运动管理中心将淮安掼蛋列入全国趣味棋牌类正式竞赛项目，淮安掼蛋正式获得竞技体育项目的地位，与田径、游泳、体操、武术并肩。棋牌游戏的健康回归，不只是用户需求，更是大势所趋，需要各方从业者的共同努力。

第八章 互联网企业的知识产权合规

第一节　侵不侵权没有看起来那么简单：短视频解说影视剧的运营难题

近年来，短视频以其短平快的信息传递方式迎合了人们日渐碎片化的注意力。随着内容运营的逐渐专业化，短视频内容正在从最初的搞笑娱乐为主向深度内容演化，将一本书、一部电影甚至一部电视剧凝练进数十秒至数分钟的视频中，成为众多引流号的首选内容素材。

但在独家网络传播权制度已经日臻成熟的当下，解说类短视频内容侵权问题日渐凸显。

一、解说类短视频是否为作品

解说类短视频一般可以分为两类，一类是浓缩型，另一类是剪辑改编型。实践中，剪辑改编型属于受法律保护的作品并无太大争议，常见的法律纠纷大多围绕是否构成合理使用展开，而浓缩型短视频的争议则比较大。笔者认为，按照著作权基础理论，著作权保护的是表达而非思想，浓缩型短视频凝结了演绎者对影视剧关键剧情的提炼，以及制作者对影片内涵的深刻解读，制作者在编辑脚本、剪辑、配音过程中也展现出了合理的创造性，能够完全区别于原影视剧，所以这类短视频属于著作权法保护的演绎作品，应该受到《著作权法》保护。

但《著作权法》同时也规定，演绎作品的作者，对原作品进行再创作时，应事先征得原作者的同意，并依照规定支付报酬，同时原作者仍享有署名权，再创作人不得对原作品进行歪曲、篡改等，如果演绎作品的创作人是对已超过保护期的作品进行再创作，可以不征得原作者的同意，同时可以不支付报酬，但原作者的署名权不得侵犯，作品的不受歪曲、篡改权不得侵犯。因此，短视频的著作权归其创作者所有，但使用短视频却不得侵犯原作品的著作权，通常来讲需要在使用前得到原作品权利人的许可。

二、浓缩型短视频的侵权场景

理论上，浓缩型短视频以取得授权为合法前提，但如果浓缩后的短视频能够达到合理使用的要求，就不再需要经过影视剧版权方同意，从而不受限制。

2021年6月生效的新《著作权法》第24条列举了合理使用的13种情形，其中包括为介绍、评论的目的使用已有的作品。《中华人民共和国著作权法实施条例》第21条明确了合理使用的“三步测试法”，即①法律规定的特定情形；②不得影响该作品的正常使用；③不得不合理地损害著作权人的利益。

而《最高人民法院关于充分发挥知识产权审判职能作用推动社会文化大发展大繁荣和促进经济自主协调发展若干问题的意见》第8条借鉴美国《版权法》第107条，规定了构成合理使用的四要素：①使用的目的和性质，包括这种使用是商业性质还是非营利使用；②使用版权作品的性质；③同整个版权作品相比，使用的数量及内容的实质性；④使用对原作品潜在市场或价值的影响。

具体到浓缩视频，若仅仅是为个人爱好而制作并上传网络，免费提供给观众观看，没有获取利益，不视为商业使用。但是，随着粉丝量的增加，其节目所带来的流量经济使创作者可以获得更多广告商的青睐，即使视频免费向观众提供，也属于商业性使用。

所以我们会发现，大多数浓缩型短视频实际上虽然能够独立构成作品，但却很难达到合理使用的要求，因此会面临侵权风险。国内知名的几起案件判决也表明，我国法院大多支持原影视作品版权方的维权主张。

例如，公众号“电影图解”使用382张截图对《三生三世十里桃花》进行解说被优酷起诉侵权，北京互联网法院一审认定“电影图解”提供的《三生三世十里桃花》图集侵犯了优酷网络技术（北京）有限公司的信息网络传播权，优酷胜诉。

北京搜狐互联网信息服务有限公司与北京字节跳动科技有限公司著作权权属、侵权纠纷案中，江苏省苏州市中级人民法院认为，字节跳动已开发版权保护平台，可识别相应视频与版权库“原片”是否高度相似，但其并未采取排查、删除侵权视频的合理措施，而且对于搜狐通知的侵权链接并未及时下架，侵害了原告所享有的信息网络传播权。

三、影视剧类短视频是否会构成侵犯著作权罪

从内容形式上看，影视剧类短视频大致可以分为二次创作、精华摘录、内容分割等多种类型。

侵犯著作权罪的典型形式是完整复制作品并通过网络传播，导致侵权内容替代了原作品的传播价值。精华摘录式内容一般是摘取原作品中的精彩片段进行二次传播，属于部分复制原作品，并不能完全替代原作品的传播价值，不属于典型的侵犯著作权犯罪行为方式，与传播完整剧集视频相比刑事风险较低。内容分割类，即将一个原版视频按播放时间顺序切割为数个短视频，这种短视频实际上具有完整呈现原作品的效果，在司法实践中有可能被认定为对原作品的“复制”，触犯侵犯著作权罪刑事风险的可能性高于精华摘录式视频。

同理，二次创作视频仅摘取少量原作品内容素材，加入了较多的二次创作成分，不会完整呈现原作品，视频的艺术价值与原作品已经有明显差异。因此，基本上可以排除侵犯著作权罪的刑事风险，特别是集合了两部以上作品进行二次创作生成的视频，不会涉及刑事风险。总体来看，二次创作视频的侵权风险可以控制在民事范围内。

四、如何避免侵权

最优的避免侵权路径必然是事先取得版权授权，但从短视频平台和内容生

产者的角度看，取得这种授权的投入产出比并不理想，因此引入版权方进行联合宣发是较为理想的运营路径。在此模式下，版权方扩大了影响，平台方获得了优质内容，属于双赢策略。

在发展初期，由于体量上的差异，中小平台可能很难与大型MCN机构达成合作，内容只能依靠UGC。此时，平台就需要注意作品引用的比例、情节要素、关键画面等，最好不要展现完整的情节，尤其是评论性的解说内容应当保证达到一定的比例。

最后，选片是至关重要的因素。对于影视剧作品而言，最重要的市场获利期是播放期间，若是短视频能够让观众提前获知原作品内容，很容易影响原创作品的收视，进而陷入法律纠纷。鉴于此，热门影片及未在影院上映、刚上映的影片，如未取得版权授权，尽可能不要碰，可以等影片下映或热度略有下降时，再上架相应的解说作品。而一些老的、小众的影视剧，其版权方甚至更希望大平台对其内容进行解说，以为其带去更多的流量。

第二节　传奇游戏行业的历史及风险

网游《热血传奇》（以下简称《传奇》）可以称为我国网络游戏界的“传奇”，不仅自身成为红极一时的现象级网游，甚至衍生了一系列亚文化产品，还造就了中国当时最年轻的首富。历经20年的发展，围绕传奇网游衍生出一条巨大的产业链。根据伽马数据的报告，传奇类游戏年产值达300亿元。[1]而围绕这一巨大IP蛋糕引来的法律纠纷，则又可以称得上是另一个“传奇”。

---

[1] 见伽马数据《2018年功能游戏报告》。

一、传奇般的市场规模

2001 年，陈天桥从韩国游戏开发商亚拓士获得了网络游戏《Legend of Mir2》的中国区代理运营权。当时，盛大网络刚刚成立且受到互联网经济泡沫破灭的影响，经营状况不佳。所以，盛大网络以合同抵押、商业信誉担保等方式从戴尔、中国电信、上海育碧等公司达成先试用后付费合作，最终成功推动游戏上线，而这款游戏便是后来家喻户晓的《传奇》。

《传奇》2001 年上线后不久，同时在线人数便首次破万，2 个月后最高同时在线人数就突破 30 万。到 2002 年，同时在线人数已突破 70 万，注册用户超过 4000 万，而当时中国上网用户数不过 5910 万。《传奇》正式成为一款现象级游戏，并一举成为当时全球规模最大的网络游戏产品。2004 年，仅仅依靠传奇，盛大登录纳斯达克，随着股价上涨，时年 31 岁的陈天桥也成为中国当时最年轻的首富。

虽然火爆一时，但每款网络游戏都有自己的生命周期。到 2010 年前后，盛大开始加大多样性的探索，不同终端类型的《传奇》开始大量涌现。特别是 2012 年之后网页游戏、手机游戏的蓬勃发展，给《传奇》这个大 IP 带来了第二春。到 2018 年，已经更名为盛趣游戏的盛大仅凭《热血传奇》《传奇世界》的端游、手游就创收 12.61 亿元，三七互娱旗下的传奇类游戏《屠龙破晓》《传奇霸业手游》《一刀传世》H5 版月流水均过亿。根据 17173 发布的《2018 游戏研发力量调查》报告估算，2018 年国内游戏市场实际销售收入达 2144.4 亿元，按照 300 亿的产值计算，传奇类游戏占比达到惊人的 14%，而巨大的蛋糕也引来了巨大的利益纠葛。根据盛大在 A 股上市主体世纪华通 2019 年的半年报，与传奇 IP 相关的案件及进展中的诉讼多达 30 个。围绕一个游戏 IP 为何会产生如此多的法律诉讼？这还要从《传奇》诞生伊始说起。

二、传奇般的法律纠纷

围绕《传奇》这个大 IP 的法律纠纷自其诞生之日起便埋下了祸根。韩国游戏公司亚拓士于 20 世纪 90 年代末开发了一款名为《Legend of Mir》的游戏，取得了不错的反响。于是，亚拓士顺势开发了《Legend of Mir2》(以下简称《Mir2》)，但这次市场反应平平，没能取得预想的成功。

最终，亚拓士决定停止运营该游戏，但这一决定引起了亚拓士创始成员之一、开发负责人朴关浩的不满。朴关浩决定出走并创立了娱美德（WeMade）公司，并带走了《Mir2》的开发运营人员。经过一系列的谈判，娱美德最终用 40% 的股权向亚拓士换取了《Mir2》的共同著作权和运营权。

在当时这一选择对亚拓士而言是划算的。毕竟《Mir2》在韩国本土反响平平，如果娱美德能够将这款游戏起死回生，那他也能通过这 40% 的股权获得相应的利润。但出乎意料的是，亚拓士将中国地区的运营权交给盛大后，成为当时全球最吸金的网游之一。

在巨大的商业利益面前，亚拓士和娱美德之间共享的著作权逐渐引爆了一场持续近 20 年的法律纠纷。

盛大最初只与亚拓士签署了授权合作协议,《传奇》在盛大手中创造的利润，娱美德无法获得一分一毫。于是，娱美德从 2001 年开始向亚拓士和盛大发起了一系列诉讼，其间还夹杂着《传奇》意大利服务器的源代码泄露事件引发的次生问题。

2002 年，在盛大已经成功运营《传奇》一年后,《传奇》意大利服务器的源代码在海外泄密，并迅速传播到国内，盛大的运营受到了极大的冲击，要求韩方提供解决方案，但却被韩方一口回绝。2003 年 1 月 24 日，亚拓士单方面宣称盛大拖延支付分成款，并将终止与盛大网络就《传奇》网络游戏的授权协议。一周后，亚拓士又联合娱美德发表了一份内容相似的联合公告。面对韩方的步步紧逼，盛大于 2003 年 7 月在新加坡向国际商会正式提起仲裁申请，要求亚拓士和娱美德承担违约责任。亚拓士、娱美德则宣称将赴新加坡法庭起诉盛大并联合向盛大索赔6200万美元违约金。同年8月，盛大与亚拓士、娱美德和解，续约《传奇》2年的代理权，代理费由30万美金涨至400万美金，并附加30%的收入分成。2004年2月，韩国法院判决《传奇》的海外运营权由亚拓士主导，否决娱美德的诉讼请求。同年12月，盛大以9170万美元的价格反向收购了亚拓士29%的股份，到2007年增持至51%。此后，入主亚拓士的盛大以2000万美元的价格将亚拓士持有的娱美德40%的股权卖还给了娱美德。

至此，娱美德、亚拓士和盛大三方的法律大战暂时告一段落。可以认为，由于《传奇》这个蛋糕仍在不断做大，经过这一轮法律诉讼，涉事三方都拿到了自己满意的结果。《传奇》IP的所有权问题也从"三国争霸"演变成了"楚汉相争"。只是除了400万美元的版权费外，那30%的分成款怎么分，亚拓士和娱美德之间依然存在争议并诉讼不断。

但好景不长，随着2010年以来《传奇》自身进入生命周期的末期及页游、手游市场的成功开拓，新一轮的分蛋糕诉求引发了新一轮的法律纠纷。

由于传奇的源代码已泄露多年，中韩双方都无力从根本上遏制私服的泛滥，于是转而开始广泛授权，以此收取下游版权费。娱美德成立专门的传奇IP运营公司，即株式会社传奇IP公司，通过深圳椰子公司、江西椰子公司、深圳金丰、haosf发布站等公司向下游私服运营企业进行授权。盛大系则通过国民传奇联盟、江西梦回影视、盛世张秋、重庆小贤、安证宝、zhaosf发布站等公司向下游大肆授权。娱美德和盛大都想独占中国境内的授权市场，新一轮法律战由此爆发，双方互有胜负。2018年12月，北京知识产权法院判决三七互娱运营的页游《传奇霸业》对《热血传奇》构成侵权，需要向娱美德支付侵权赔偿。2019年12月，世纪华通（目前盛大的A股上市主体）发布公告称，收到江西省宜春市中级人民法院《民事裁定书》，娱美德娱乐有限公司、株式会社传奇IP立即停止在中国向任何第三方进行涉及网络游戏《Legend of Mir 2》（中文名:《传奇》）改编权授权；娱美德娱乐有限公司、株式会社传奇IP公司、深圳市椰子公司、江西椰子公司立即停止履行其签署的授权协议（*MIR2*

PC Client Game and Web Page Service Operation and Management Agreement)。

经过一系列结果互相矛盾的判决，到底是谁的版权，到底谁是唯一合法的授权主体，或者两者都是合法的授权主体，这些问题至今依然争议不断。而这些争议带来的后果则是项目搁置，资金打水漂。很多拿了争议版权的中小型公司因为诉讼、成本、玩家流失等问题最终被迫走向破产。即便是恺英这样的上市公司，也遭到了版权的困扰。最初恺英选择与娱美德签署授权协议，但遭到了盛大和亚拓士的起诉，之后恺英又与盛大签约，但反之遭到了娱美德的起诉，类似的事情让很多下游公司苦不堪言。

三、规避传奇风险的基本思路

目前，双方对于传奇游戏相关知识产权的争夺十分激烈，与任何一方进行单独合作都有可能被另一方起诉，中途改换门庭更是有可能被重点针对，深圳金丰公司就是这方面的前车之鉴。因此，并不建议大公司深度参与传奇类项目的经营。

另外，现在很多传奇运营都打着“现金回购”“秒到账”等旗号博眼球，实际上并不提供现金回购装备的服务或者给现金回购设置极高的门槛。此种运营模式可能构成两方面的违法，一是原文化部《关于规范网络游戏运营加强事中事后监管工作的通知》规定，网络游戏运营企业不得向用户提供网络游戏虚拟货币兑换法定货币或者实物的服务，但是网络游戏运营企业终止提供网络游戏产品和服务，以法定货币方式或者用户接受的其他方式退还用户尚未使用的虚拟货币的情况除外。二是《广告法》第 3 条、第 4 条明文规定不得开展虚假宣传，以“现金回购”为噱头已经明显涉嫌虚假宣传。因此，运营者除了版权纠纷，还需要在运营和宣传模式上加以注意。

第三节　面对反垄断压力，网络独播权制度亟须改革

从2019年开始，腾讯音乐受到国家反垄断机构调查的消息就未曾停止。最终，监管的“靴子”于2021年7月正式落地，国家市场监督管理总局要求腾讯音乐放弃独家信息网络传播权。

根据《著作权法》第10条规定，所谓信息网络传播权即以有线或者无线方式向公众提供作品，使公众可以在其个人选定的时间和地点获得作品的权利，这是著作权中财产权的重要内容。

独家信息网络传播权是我国互联网产业进入版权时代后，各家互联网企业谋求内容资源优势所依赖的一种制度设计和权利安排。这种制度本是出于保护著作权、培养版权意识的良好意愿，也曾为网络平台的发展提供了帮助，乐视网买下《甄嬛传》的独家网络传播权，使其一夜之间由二线视频平台晋级一线。但随着产业集中度的提升，独家网络传播权在运用过程中却出现了违反著作权集体管理制度及涉嫌垄断的弊端。

一、打破了原有的著作权集体管理制度

事实上，由于影视音乐作品本身的经济价值与传播范围成正比，各家网络传播平台虽然会要求独家网络传播权，但同时也会要求拥有转授权的权利。当作品数量积累到一定程度，网络传播平台就成了事实上的网络著作权集体管理组织。

以腾讯音乐为例，经过在商业上的细致耕耘，在环球、索尼、时代华纳等一众音乐制作公司的支持下，腾讯音乐几乎掌握了90%的版权曲库。以这些曲库为基础，腾讯向国内众多平台进行转授权，包括阿里、百度和字节跳动等公司的音乐、视频平台均必须获得腾讯音乐的内容分发授权。

但根据我国《著作权集体管理条例》第3条第2款规定，著作权集体管理组织应当依照有关社会团体登记管理的行政法规和该条例的规定进行登记并开展活动。第9条规定，申请设立著作权集体管理组织，应当向国务院著作权管理部门提交证明符合该条例第7条规定的条件的材料。国务院著作权管理部门应当自收到材料之日起60日内，作出批准或者不予批准的决定。

由此可见，行使著作权集体管理必须经过国务院著作权管理部门批准，并非仅仅依据合同约定即可。从业界现状看，著作权集体管理组织多为各领域的行业协会，如中国文字著作权协会、中国音乐著作权协会、中国音像集体管理协会、中国摄影著作权协会、中国电影著作权协会等。腾讯获得国务院审批许可的可能性较低，腾讯对自身曲库进行集中转授权的行为可能涉嫌违反行政法规。

二、垄断负面效应明显

随着版权库的积累，网络平台在涉嫌违反著作权集体管理制度的同时，还可能在滥用市场支配地位等反垄断领域引起行政机关的注意。

根据《反垄断法》第19条规定，某一经营者在相关市场的市场份额达到二分之一的；两个经营者在相关市场的市场份额合计达到三分之二的；三个经营者在相关市场的市场份额合计达到四分之三的，便可以推定经营者具有市场支配地位。

就网络音乐市场而言，从内容数量看，腾讯音乐拥有90%的独家授权；从用户数量看，腾讯音乐旗下有QQ音乐、酷狗音乐、酷我音乐三大平台的月活总量在4亿左右，而在线音乐平台的月活总量为5亿上下，腾讯音乐占据了80%的市场份额。由此可见，腾讯音乐在网络音乐领域无疑是具有市场支配地位的。

但具备市场支配地位不一定违法，还需看其是否实施了滥用市场支配地位的行为，毕竟我国《反垄断法》并未对垄断知识产权行为本身作出具体规定。

就滥用市场支配地位而言，最为明显的便是业内公认的转授权费用过高的问题。著作权集体管理组织都有滥用市场支配地位的动机，毕竟可以为企业带来巨额收益。欧盟成员国拉脱维亚的著作权集体管理组织，就曾于2018年因制定差异化且过高的收费标准而被欧洲法院认定为滥用市场支配地位。欧洲法院在判决中指出，在某成员国领域内拥有著作权垄断管理权的著作权集体管理组织，一般认定为在内部市场具有支配地位，制定的定价、费率或者费用等过高时，属于滥用市场支配地位。

三、行政命令非长久之计，应修改原有法律制度

随着互联网产业逐步进入寡头时代，国家行政监管部门也早已意识到类似问题。早在2017年，中国版权监管机构就曾警告包括腾讯音乐在内的流媒体服务不得参与独家授权交易。但在激烈的竞争和巨大的商业利益面前，腾讯音乐、网易音乐及其他领域的网络传播平台并没有停下脚步，直至2021年7月市场监督管理总局出台强制命令。

过度垄断和滥用市场支配地位的行为理应被否定，但行政强制命令也绝非长久之计。在一个缺乏竞争的市场，消费者权益无法得到充分保障，而渠道的单一和高昂的费用会刺激盗版现象的出现，反而不利于著作权保护。我国音乐版权市场在经历了近20年的莽荒状态后，进入到付费时代，各方都应珍惜当前来之不易的市场环境。与此同时，过度依赖行政命令解决版权垄断问题又可能陷入执法混乱，影响市场预期和企业正常的经营战略。

从前文能够看出，著作权管理制度的漏洞和《反垄断法》相关规定的缺失，是造成当前独家网络传播权沦为大企业垄断工具的主要原因。在下一步的改革中，应对过时的《著作权集体管理条例》进行修订，允许著作权集体管理组织市场化运作的同时增加集体组织的数量。例如，仅美国就有三家著作权管理组织，它们被称为PROs，PROs的版权费公开透明，还有专门机构进行监督，收费标准也相对低廉，为版权所有者创造了更大的获利空间。《反垄断法》则应适当增加关于著作权垄断方面的规定，禁止著作权集体管理组织或拥有海量著作权的主体滥用市场支配地位，损害文化产业的良性竞争和发展。

第四节　概述《民法典》与其统辖下的知识产权单行法

由于《民法典》是民事领域的“基本法”、上位法与一般法，其他民事特别法不仅应该落实其原则性规定，还应该在具体制度上与其不相抵触。知识产权单行法作为民事特别法的重要构成部分，亦应如此。尽管知识产权未能在《民法典》中独立成编，但《民法典》有诸多条款涉及知识产权。正如刘春田教授所言，知识产权的主体和肱骨上已经融入民法体系。《民法典》中的知识产权条款不仅对知识产权单行法的规定进行了原则性与宣示性的肯定，而且整体上强化了对知识产权的保护。

《民法典》通过之前颁布的知识产权单行法与《民法典》知识产权条款存在着不契合之处，为此，本书将探究《民法典》对知识产权单行法统辖的逻辑基础，提出2020年修订的《中华人民共和国专利法》（以下简称《专利法》）、《著作权法》为回归《民法典》统辖的修法展望，阐述知识产权单行法回归《民法典》统辖的路径。

一、《民法典》对知识产权单行法统辖的逻辑基础

《民法典》是统领民事领域的“基本法”，作为民事特别法构成部分的知识产权单行法，必然以《民法典》为基础与依据。《民法典》统辖知识产权单行法的逻辑基础包括民事权利属性统领下的权利平等保护与《民法典》所具有的“基本法”、上位法、一般法的特殊地位。

1. 民事权利属性统领下的权利平等保护

国内民法学界早在20世纪90年代就提出“知识产权应为民事权利”的观点，谢怀拭教授将知识产权与人格权、亲属权、财产权、社员权并列为一种

民事权利。王利明教授亦认为:“我们不否认知识产权制度的特殊性，但归根结底，知识产权仍然是一种民事权利，其本质属性是财产权利和人身权利的结合。”在知识产权法学界，知识产权属于民事权利亦是通说。吴汉东教授主编的教材《知识产权法学》认为权利本体的私权性是将知识产权归类于民事权利范畴的基本依据。尽管知识产权因为对象的无体性使其与诸如传统物权等有体财产权具有本质的区别，但这并不影响其本质上作为一种民事权利而存在。诚如哈耶克在《自由秩序原理》中所体现的，非物质产权和物质产权只是不同的财产形式与对象，物质产权是物品本身稀缺，而非物质产权是法律制造稀缺。两种不同路径产生的稀缺在法律上表现为不同类型的民事权利。在国际社会，TRIPS在序言中要求各成员国“承认知识产权为私权（private rights)”。国际社会确认知识产权为私权，本质上就是将知识产权界定为一种民事权利，正如“私权与民事权利本为同义语，如何称谓，无关宏旨”。立法例上，1942年《意大利民法典》第五编第九章规定了智力作品权和工业发明权；2006年《俄罗斯民法典》第四部分第七编“智力活动成果与个性化手段权”将知识产权规定为民事权利。尽管各国民法典对知识产权规定的模式不同，但将知识产权作为民法典中的一种民事权利，已经是近代法典化的典型立法例。除《意大利民法典》《俄罗斯民法典》外，还有《越南民法典》《乌克兰民法典》等都将知识产权作为民事权利进行规定。我国《民法典》亦在总则编第123条宣示性地规定了民事主体依法享有的知识产权，以法典的方式确认知识产权为民事权利的一种。国际条约与诸多国家的民法典将知识产权作为一种民事权利，不但是一种公认的通说，也是对知识产权本质属性的揭示，“知识产权作为民事权利的属性是客观的，它不以人的主观意志而改变。”

知识产权作为《民法典》统领下的一种民事权利，其自然应该与其他类型的民事权利处于平等地位。我国《民法典》总则编保留《中华人民共和国民法总则》第113条的宣示性规定，即“民事主体的财产权利受法律平等保护”。权利平等保护的首要要求是权利所保护的内容及获得保护的条件同等，具体表现为：其一,《民法典》为其他类型民事权利提供的共性保护，知识产权同样应该享有。例如,《民法典》为一般民事权利提供的侵权责任保护应该适用于知识产权。按照《民法典》总则编第 120 条的规定，被侵权人在民事权益遭受侵害时，有权要求侵权人承担民事责任，该规定应同样适用于知识产权。因此,《民法典》侵权责任编有关侵权责任的规定，自然应该同样适用于知识产权。其二,《民法典》为民事权利所作出的一般性规定，知识产权也同样应该适用。例如,《民法典》有关权利主张之诉讼时效期间的一般性规定，同样应该适用于知识产权。其三,《民法典》规定的所有知识产权类型，应该获得同等的保护。《民法典》总则第 123 条宣示性地规定了八种类型的知识产权，该八种类型的知识产权在获得保护的方式、路径、形式等方面都应该平等。因此，民事权利属性统领下知识产权所应获得的保护的方式、路径、形式等方面都应该平等。因此，民事权利属性统领下知识产权所应获得的平等保护是《民法典》统辖知识产权单行法的逻辑基础。

2.《民法典》作为“基本法”、上位法与一般法的特殊地位

我们可以从不同的角度对《民法典》与知识产权单行法之间的关系进行考察。

首先,《民法典》作为民事领域的“基本法”，其与知识产权单行法是“基本法”与“非基本法”的关系。《中华人民共和国立法法》(以下简称《立法法》) 第 7 条第 2 款规定，全国人民代表大会制定和修改刑事、民事、国家机构的和其他的基本法律。据此,《民法典》应为民事基本法律。正如韩大元教授所言,“‘基本法’是介于宪法与‘非基本法’之间的法律层次，它所规范的内容相较于非基本法律’更具有全局性和重要性，与宪法一起成为‘非基本法律’以下各个层次法律、法规、规章制定的依据”。因此，从《民法典》作为“基本法”与知识产权单行法作为“非基本法”的角度看，知识产权单行法应以《民法典》为依据制定或修订。

其次，从制定机构的位阶上看,《民法典》是知识产权单行法的上位法。因为《民法典》的制定主体是全国人民代表大会，而知识产权单行法的制定主体是全国人民代表大会常务委员会，两者的制定主体之间存在上下位阶关系，这决定了《民法典》与知识产权单行法之间亦应是上位法与下位法的关系。下

位法遵守上位法是立法应该遵循的基本原则，正如《立法法》第 96 条所规定，下位法违反上位法规定的，应该被依法改变或撤销。因此，无论是基于《民法典》与知识产权单行法之间的“基本法”与“非基本法”的关系，还是《民法典》与知识产权单行法之间的上位法与下位法的关系，《民法典》都是知识产权单行法的依据，知识产权单行法不能违背《民法典》的基本精神与原则，也不能与《民法典》的规则相矛盾。

最后，《民法典》与知识产权单行法之间的关系是一般法与特别法的关系。诚如王泽鉴教授所言，“民法典的制定乃基于法典化的理念，即将涉及民众生活的私法关系，在一定原则下做通盘完整的规范。惟如贯彻此项理念，不惟于立法技术甚有困难，并将使民法典过于庞杂，编制体系难以负荷，故不能不在民法典外容许特别民事立法的存在”。这里的民事特别法包括诸如专利法、商标法及著作权法等属于民法领域的单行法，也包括不属于民法的其他部门法中的民事法律规范，如《中华人民共和国环境保护法》第 66 条有关环境污染侵权诉讼时效期间的规定，就是属于其他部门法中的民事法律规范。《民法典》与知识产权单行法之间的关系便是这种一般法与特别法之关系的典型。将知识产权法作为民法特别法的观点更可取，即民法为私法的基本法、一般法，知识产权法为民法的特别法。因此，《民法典》与知识产权单行法是一般法与特别法的关系。知识产权单行法需要对《民法典》中“依照”“参照适用”以及所提出的概念与原则作出具体的回应，否则，《民法典》中的“依照”“参照适用”及所提出的概念与原则，便无法在知识产权单行法中找到具体的指向。《民法典》与知识产权单行法之间这种“基本法”与“非基本法”上位法与下位法的关系及一般法与特别法的关系，构成《民法典》对知识产权单行法统辖的又一逻辑基础。

二、知识产权单行法回归《民法典》统辖的修订实践

《民法典》中的知识产权条款不但提升了部分类型知识产权的地位，而且全面强化了对知识产权的保护。例如，将商业秘密与地理标志提升为法定专有

权，通过规定故意侵犯知识产权的惩罚性赔偿制度强化了对知识产权的保护。《民法典》通过之后，我国《专利法》《著作权法》分别于 2020 年 10 月 17 日和 2020 年 11 月 11 日完成修订。这两部知识产权单行法所进行的制度调整为知识产权单行法回归《民法典》的统辖提供了很好的法律修订实践经验。

1.《专利法》诉讼时效制度的调整

《民法典》继续保留了《民法总则》第 188 条的规定，将普通诉讼时效的期间从二年延长到三年。《民法典》第 188 条后半句规定“法律另有规定的，依照其规定”。这就意味着，在没有“法律另有规定的”情况下，保护民事权利的诉讼时效期间均为三年。由于《著作权法》、《中华人民共和国商标法》（以下简称《商标法》）、《反不正当竞争法》均未对权利人主张侵权救济的诉讼时效期间进行规定，故著作权、商标权、商业秘密等知识产权同其他类型的民事权利一样，可以享受《民法典》三年诉讼时效利益。不过，2008 年《专利法》第 68 条将侵犯专利权与发明专利临时保护的诉讼时效期间规定为二年。根据《民法典》第 188 条“法律另有规定的，依照其规定”的文义解释，专利权与发明专利的临时保护只享有二年的诉讼时效利益。因此，2008 年《专利法》给予专利权人的时效利益期间短于一般民事权利的权利人获得时效利益的期间，这违背了平等保护民事权利的基本原则。尤其是在其他类型的知识产权（诸如著作权、商标权、集成电路布图设计权等）都享有三年的诉讼时效利益的前提下，给予专利权二年的诉讼时效利益，则更不具有正当性。为此，2020 年修订的《专利法》针对《民法典》有关普通诉讼时效的制度安排进行了调整，修订之后的《专利法》第 74 条将 2008 年《专利法》第 68 条规定中的“二年”调整为“三年”。从而，侵犯专利权与发明专利临时保护的诉讼时效期间变更为三年。当然更有效率的修订方案应该是删除 2008 年《专利法》第 68 条的规定，有关侵犯专利权的诉讼时效期间与第 13 条所规定的发明专利临时保护的诉讼时效期间，直接适用《民法典》第 188 条规定的三年诉讼时效期间。如此可以灵活应对《民法典》对民事权利诉讼时效期间的后续调整。

2.《著作权法》科学地贯彻了知识产权法定原则

知识产权法定原则（或法定主义），主要指知识产权的种类、权利的内容及诸如获得权利的要件及保护期限等都由法律规定。这一原则引入著作权领域便是著作权法定原则，其当然的含义应该是作品受著作权保护的条件、著作权的类型、内容与保护期限应该由法律规定。知识产权法定原则与物权法规定原则具有共同的理论基础。不过，根据《民法典》总则编第115条和116条的规定，物权法定原则一般仅仅指物权的种类与内容法定，并不包括客体类型的法定。只是根据物权变动的不同规则，将物权的客体分为动产与不动产。在“权利”作为物权客体的情形下，何种权利可以作为物权客体需要由法律规定。这主要是因为由当事人任意创设的债权在内容上各不相同，如果不对其是否可以作为物权客体进行法律确认，就意味着以权利为客体的物权在内容上无法确定，也就等同于放弃物权法定原则。但对于有体物而言，其作为物权客体并不需要法律进行确认，这是因为有体物类型法定会导致保护上的不平等。假如市场主体认为某种特定的有体物具有物权的价值，但因为立法上没有该种类型而不能获得物权的保护，从而导致对该种客体在保护上的实质不平等。例如，特定市场主体认定某种石头具有价值，如果该种石头在物权立法时并未纳入法定的类型，其便不能获得物权法的保护。所有符合法律条件的有体物获得平等的保护，是物权法定原则不包括有体物类型法定的根本原因，因此，法定的是并且只是物权的种类和内容。与有体物类型不宜法定同理，作品类型的法定同样会导致对非法定列举作品类型保护的不公平。况且作品作为一种客观世界非立法规定的产物，立法是不可能对其类型进行法定的。因此，作为承接绝对权法定原则的著作权法定原则，也只能是著作权的权项种类与内容的法定，而不应是作为著作权客体之作品类型的法定。同理，专利法不能对技术方案的具体形态进行法定，商标法也不能对千姿百态的标志逐一进行法定。因此，2020年修订的《著作权法》第3条第（九）项采用“符合作品特征的其他智力成果”作为兜底条款，将作品类型的封闭式列举调整为开放式列举，使例示列举作品类型之外的作品类型获得著作权保护的依据回归到《著作权法》的相关规定，不但符合《民法典》第 123 条第 2 款确立的知识产权客体只能由法律规定的原则，而且也是著作权法定原则的应有之义。

从比较法和国际著作权法的发展趋势来看，放弃作品类型法定的模式具有合理性。当前开放式列举作品类型的国家包括德国、法国、意大利、日本等国家，而坚持作品类型法定的国家主要有英国、澳大利亚、新西兰、爱尔兰、南非、尼日利亚、肯尼亚、马来西亚、新加坡等。在坚持作品类型法定的国家的著作权法中，只有英国《版权、设计与专利法》具有一定的影响力，但墨尔本大学知识产权教授克里斯蒂（Andrew Christie）教授在批评英国著作权法上这种封闭式列举模式（即作品类型法定）时认为，"封闭式列举"的作品类型化制度会造成保护上的差距。其中，一些差距会造成不合理的歧视；而且，"封闭式列举"的客体类型化制度会导致一定程度上的技术特殊性，从而导致新类型的作品能否纳入既存列举变得模糊不清。在面对作品的类型化是采取"封闭式列举"还是"开放式列举"的问题时，毫无疑问，其趋势是采用大多数成员国的"开放式列举"的方式。因此，我国《著作权法》第 3 条第（九）项的调整不但遵循了《民法典》第 123 条第 2 款所确立的知识产权客体只能由法律规定的原则，而且本身亦符合国际著作权立法发展的主流趋势。

3. 知识产权惩罚性赔偿原则性规定的落实

如前所述，知识产权单行法应该对《民法典》的原则性规定予以落实。《民法典》第 1185 条规定，故意侵害他人知识产权，情节严重的，被侵权人有权请求相应的惩罚性赔偿，为故意侵犯知识产权的惩罚性赔偿提供了原则性规定。此处，相应的"惩罚性赔偿"应该解释为根据知识产权单行法的相应规定承担惩罚性赔偿责任。也就是说，惩罚性赔偿的具体标准，尤其是实际损失的倍数，应该通过知识产权单行法予以确定。在《民法典》通过时，知识产权单行法中只有《商标法》《反不正当竞争法》规定了惩罚性赔偿制度。《商标法》2013 年修订时增加了惩罚性赔偿的规定，该法第 63 条第 1 款规定，对恶意侵犯商标专用权，情节严重的，可以在按照上述方法确定数额的一倍以上三倍以下确定赔偿数额；2019 年修订的《商标法》将惩罚性赔偿的倍数调整为一倍以上五倍以下。2019 年修订的《反不正当竞争法》增加规定了惩罚性赔偿，根据第 17 条第 3 款的规定，经营者恶意实施侵犯商业秘密行为情节严重的，可以在按照上述方法确定数额的一倍以上五倍以下确定赔偿数额。《反不正当竞争法》于 2019 年进行修订之时，恰逢《民法典》起草处于结尾阶段，其必然受到《民法典（草案）》有关侵犯知识产权惩罚性赔偿规定的影响。因此，《商标法》《反不正当竞争法》提前落实了《民法典》有关侵犯知识产权惩罚性赔偿的原则性规定。不过，2008 年《专利法》与 2010 年《著作权法》均未规定惩罚性赔偿。

2020 年《专利法》《著作权法》为落实《民法典》有关故意侵犯知识产权惩罚性赔偿的原则性规定，规定了具体的惩罚性赔偿制度。调整的模式基本上是将现行《商标法》第 63 条第 1 款的规定移植到 2020 年《专利法》《著作权法》之中，只是将《商标法》中“恶意”的表达调整为“故意”。《专利法》在第 71 条第 1 款第 2 句将惩罚性赔偿规定为：“对故意侵犯专利权，情节严重的，可以在按照上述方法确定数额的一倍以上五倍以下确定赔偿数额”。《著作权法》在第 54 条将惩罚性赔偿规定为：“对故意侵犯著作权或者与著作权有关的权利，情节严重的，可以在按照上述方法确定数额的一倍以上五倍以下给予赔偿。”在进行这种调整之后，《专利法》《著作权法》在落实《民法典》第 1185 条有关故意侵犯知识产权惩罚性赔偿的原则性规定方面，回归了《民法典》的统辖。

三、在《民法典》统辖下进一步修订知识产权单行法的路径

《民法典》作为民事领域的“基本法”必然保持适当的稳定性，而知识产权单行法则必然须根据经济、技术与社会的发展不断予以调适。在知识产权单行法修订之后，相对而言，2020 年颁布的《民法典》便成为旧法。从而，无论是根据“新法优于旧法”的基本原理，还是根据“特别法优于一般法”的法律适用原则，都只能适用修订之后的知识产权单行法。《专利法》《著作权法》在 2020 年的修订，为回归《民法典》的统辖提供了有益的修法实践经验，但

现行知识产权单行法依然存在与《民法典》的不契合之处，知识产权单行法仍然应当立足于回归《民法典》之统辖而进行修订。

（一）部分权利类型应与知识产权在《民法典》中的法定专有权地位相匹配

《民法典》总则编第 123 条第 2 款，以知识产权的客体类型为依据宣示性地规定了八种类型的知识产权客体，表明权利人对明确列举的客体享有法定的专有权利。其中，大部分客体类型已经被知识产权单行法确认为专有权，如《著作权法》中的著作权、《专利法》中的专利权及《商标法》中的商标权。《著作权法》所规定的版式设计权、表演者权、录音录像制作者权与广播组织权所对应的客体即版式设计、表演、录音录像制品以及广播节目的信号，则可以解释为该条第 2 款第（八）项所规定的“法律规定的其他客体”。不过，现行知识产权单行法与《民法典》关于“法定专有权”的规定之间仍然存在不匹配之处。首先是关于商业秘密的规定。在我国现行的知识产权单行法中，商业秘密规定在《反不正当竞争法》中。学界通说认为，反不正当竞争法所保护的是一种利益，而不是专有权利。刘春田教授主编的《知识产权法》教材认为，从保护对象的性质来看，知识产权专门法立足于法定化的权利，如著作权、专利权和商标权，而反不正当竞争法侧重于对受损害的利益的保护。利益与权利在保护程度上会有所区别，正如论者所言，反不正当竞争法能够给智力和工商业成果开发者带来的只是一种有限的、相对的、几乎没有什么排他性质的利益保护。这是一种消极的、被动的保护，只有在个案发生时经法院确认才能发挥效力。《民法典》将商业秘密规定为一种法定的专有权，但现行《反不正当竞争法》只为商业秘密提供一种利益而非法定专有权利的保护，使商业秘密在现行知识产权法中所能获得的保护程度实际上低于《民法典》提供的专有权保护。其次是关于地理标志的规定。地理标志如果作为集体商标或证明商标进行商标注册，其可以依《商标法》之规定成为商标权的客体，获得一般民事权利应该享有的保护。不过，如果地理标志未被注册为商标，其并不能作为一种法定的专有权利获得保护。实际上，在《侵权责任法》第2条第2款封闭式列举的可以作为侵权对象的民事权益中，也并无地理标志。如果地理标志未能注册为集体商标或证明商标，便只能在《商标法》中获得对抗抢注的被动保护。尽管地理标志可以在作为部门规章的《农产品地理标志管理办法》《地理标志产品保护规定》中获得保护，不过，基于行政规章不能赋予法定权利的基本法理，地理标志在行政规章中所获得的保护，并不能与法律所赋予的法定权利相提并论。因此，尽管地理标志已经成为《民法典》中的知识产权客体，但并未在知识产权单行法中作为一种独立的法定权利获得相应的地位。

为此，应通过专门立法使商业秘密与地理标志在知识产权单行法中获得法定专有权的地位。

具体路径为:（1）应该为商业秘密进行专门立法。商业秘密本质上具有成为一种法定专有权利的法理基础，商业秘密不再是单纯的相对性权利，而是具有相当程度的对世性和排他性，是一种与知识产权具有同质性的权利。商业秘密权利人不仅可以对抗签有保密协议的合同相对方，而且可以对抗其他第三人。尽管商业秘密权利人不能阻止他人的反向工程和独立研发，但这并不能否认商业秘密权的排他性，只是影响排他性的范围和程度。此外，秘密性的存在是商业秘密财产价值的重要基础，而非其产权化的障碍。因此，商业秘密的本质已经契合了权利化的条件。在《民法典》已经将商业秘密提升为一种法定专有权的前提下，有必要对商业秘密进行单独立法，以使其获得法定专有权利所应获得的保护。（2）对地理标志亦进行专门立法。为了与地理标志提升到《民法典》法定权利客体的地位相匹配，应该为其制定专门的《地理标志法》

（二）全面落实《民法典》的原则性规定

基于《民法典》与知识产权单行法之间的上位法与下位法、基本法与非基本法及一般法与特别法关系，知识产权单行法应对《民法典》有关“依照”“参照适用”以及概念与原则性规定进行具体落实。由于《民法典》中并没有具体指向知识产权单行法的“依照”与“参照适用”等规定，因此，知识产权单行法只需要就《民法典》指向知识产权所提出的概念与原则予以落实。

首先，知识产权单行法应该落实《民法典》规定的民事责任制度。《民法典》在总则编第 179 条规定了十一种承担民事责任的方式，并且规定了责任方式可以单独适用也可以合并适用。对于知识产权单行法而言，应通过具体规定落实《民法典》关于民事责任承担方式的原则性规定，以表明侵犯知识产权应承担何种责任。理论上，即使是知识产权单行法没有规定民事责任承担方式，权利主体也可以主张适用《民法典》规定的责任承担方式，但如果知识产权单行法未能在民事责任承担方式方面提供明确指引，可能使权利主体产生不能主张知识产权单行法所没有规定的责任承担方式的误解，至少会提高权利主体寻找特定民事责任承担方式法律依据的成本。在知识产权单行法中，规定责任承担方式最为完整的是《著作权法》。该法第 47 条列举了停止侵害、消除影响、赔礼道歉、赔偿损失四种主要责任承担方式，并以“等”这种开放式的立法表达，表明其可以根据实际情况适用明确列举的四种责任承担方式之外的责任形式。2020 年修订的《著作权法》第 53 条规定：“有下列侵权行为的，应当根据情况，承担本法第五十二条规定的民事责任……”因此，可以认为《著作权法》已经落实了《民法典》有关责任承担方式的原则性规定。然而，《专利法》《商标法》却未能全面落实《民法典》有关民事责任承担方式的原则性规定。由于专利权与商标权主要表现为财产权，侵犯专利权与商标权一般不存在适用赔礼道歉这种责任承担方式的可能性，停止侵权与损害赔偿是通常适用的责任承担方式，消除影响亦是可能适用的责任承担方式。对于停止侵权这种责任承担方式，《专利法》《商标法》并没有明确规定，因为停止侵权是所有民事侵权最为常规的责任承担方式，在商标、专利侵权案件中通常会予以适用。但对于消除影响这种相对特殊的责任承担方式，如果《专利法》《商标法》没有为适用该种责任承担方式提供明确的指引，该种责任承担方式得到司法适用的可能性便会降低。对于商标侵权而言，由于商标权以商誉为保护对象，正如“商标所代表的是一个企业的商誉，其权利是赋予商标拥有者对其产品商誉的保护”，消除影响这种责任承担方式对商标权人具有重要意义。既然商标权所保护的是商誉，就意味着商标侵权所侵害的必然亦是商誉。如果消费者误认为低等劣质假冒商标之商品就是商标权人所提供的商品，必然会对商标权人的商誉造成贬损，而消除影响是恢复商标权人商誉的最佳责任承担方式。尽管消除影响在专利侵权中很少适用，但在变劣发明侵权的情形下，还是可能对专利权人造成不良影响。变劣发明是故意省略相关必要技术特征导致技术方案的性能、效果变劣，可能构成专利等同侵权。在变劣发明构成侵权的情况下，如果消费者误认为这种变劣的发明就是专利权人的发明，必然会导致专利权人的技术方案评价降低，消除影响这一民事责任承担方式的适用便具有意义。因此，《专利法》《商标法》应该采取类似《著作权法》第52条的模式，明确规定可以适用的责任承担方式，包括消除影响这种可能适用但不常适用的责任承担方式，再以“等”这种开放的方式为适用其他责任承担方式提供空间，避免因为立法没有明确规定而使在某些情形下很有价值的责任承担方式得不到适用。

其次，知识产权单行法应该全面落实《民法典》对知识产权侵权惩罚性赔偿的原则性规定。尽管我国《专利法》《著作权法》《商标法》《反不正当竞争法》已经落实了《民法典》第1185条关于知识产权侵权惩罚性赔偿的原则性规定，但在我国知识产权其他单行的行政法规中依然未能全面落实。具体的落实路径包括：其一，在未来新制定的《商业秘密保护法》《地理标志法》中规定惩罚性赔偿制度；其二，在未来修订《植物新品种保护条例》《集成电路布图设计保护条例》时，明确规定惩罚性赔偿制度。可将《专利法》《著作权法》有关惩罚性赔偿的规定移植到相应的立法。此外，在立法的表述上应该将侵权人的主观过错形态统一为《民法典》第1185条“故意”这种更为严谨的表述，将《商标法》《反不正当竞争法》有关惩罚性赔偿制度中的“恶意”表述调整为“故意”。

（三）删除与《民法典》绝对权法定原则不一致的规定

在整个民法领域，绝对权的设立均应坚持法定原则。包括知识产权在内的绝对权必须法定，不能由民事主体自行创设，这是民法的一项基本原则。只有通过法律明确规定权利的内容和主体，他人才能了解权利的存在、边界和主体，从而主动避免实施侵害行为，或从权利人处获得适当的许可。绝对权法定原则在《民法典》中亦有具体的规定。《民法典》总则编第126条明确规定，民事主体享有法律规定的其他民事权利和利益。这表明，民事主体除享有《民法典》明确规定的人身权与财产权之外，其他民事权利必须由法律规定，而不能由当事人任意创设。由于债权是立法明确允许当事人任意创设的权利，《民法典》确立的权利法定原则必然是指绝对权法定原则。绝对权法定原则作为一项立法原则，要求立法必须明确规定绝对权的种类与权利内容。如果允许立法采取兜底条款的模式，在司法实践中可以任意解释或创造新的权利，那么，实际上等同于放弃了绝对权法定原则。相对于具有天然物理边界的有体财产权而言，知识产权对象的无体性导致其不具有天然的物理边界，保护范围必须由法律划定。非法律规定的知识产权难以有确定的保护范围，社会公众面对该种没有确定保护边界的权利，无法预判自己行为的合法性。因此，我国知识产权法理论界一直倡导知识产权法定主义。知识产权法定主义的根本要义是"依知识产权法定主义，任何人不得在法律之外创设知识产权"。

如前所述，《民法典》与知识产权单行法之间的关系，是上位法与下位法及"基本法"与"非基本法"的关系，《民法典》是知识产权单行法应该遵守的依据。既然《民法典》确立了绝对权法定原则，对于保护范围具有依赖立法划定之天然秉性的知识产权，更应该严格坚持绝对权法定原则，即权利的种类与权利内容应该由立法明确规定，不应该在立法上设立权利的兜底条款这种实质上放弃绝对权法定原则的模式。然而，我国知识产权单行法中除《专利法》通过第11条坚持权利法定原则外，《著作权法》第10条第（十七）项"应当由著作权人享有的其他权利"及《商标法》第57条第（七）项"给他人的注册商标专用权造成其他损害的"的表述，均属于"兜底条款"模式，为解释与创造新的权利内容提供了法律依据，实际上等同于放弃了权利法定原则。《著作权法》第10条第（十七）项的规定，不但违背《民法典》绝对权法定的原则，亦无视著作权与传播技术发展的时间规律。这实际上也与大部分国家著作权法坚持权利法定原则的主流趋势不符，如《日本著作权法》《美国版权法》及《英国版权法》等，都坚持著作权法定主义原则，均没有为著作权人提供开放性的权利模式。实际上，《著作权法》完全可以通过对权项内容的制度配置，使特定权项可以控制类似的行为，无须单独配置开放式条款。

《商标法》第57条第（七）项以“给他人的注册商标专用权造成其他损害的”兜底方式为商标权提供开放式的权利内容，由此导致行为人在明确《商标法》规定的第57条前6项行为不可为之外，对于其他行为是否可为缺乏稳定的预期。由于“商标使用”应为商标侵权的前置性条件，如果行为人使用与原告商标相同或近似商标的行为构成“商标使用”便可能构成商标侵权，完全可以被第（一）项、第（二）项规定的侵权行为所涵盖；如果行为人的行为不构成“商标使用”，则不可能构成商标侵权。第（七）项的存在没有任何意义，对第（七）项解释的演变可以证实这种结论。2013年《商标法》第57条第（七）项实际上就是2001年《商标法》第52条第（五）项，2002年《商标法实施条例》第50条将该项规定解释为两种侵权行为：其一，为故意侵犯他人注册商标专用权行为提供仓储、运输、邮寄、隐匿等便利条件的。该项经过扩展之后，成为2013年《商标法》第57条第（六）项关于商标共同侵权的规定。其二，在同一种或者类似商品上，将与他人注册商标相同或者近似的标志作为商品名称或者商品装潢使用误导公众的。2014年《商标法实施条例》第76条改变了这种解释，将与注册商标相同或近似的标志作为商品名称或商品装潢的商标侵权行为，直接解释为《商标法》第57条第（二）项规定的商标侵权行为，第57条第（七）项便不再具有解释的空间。值得一提的是，2020年修正的《最高人民法院关于审理商标民事纠纷案件适用法律若干问题的解释》第1条将《商标法》第57条第（七）项解释为三种行为：其一，将与他人注册商标相同或者相近似的文字作为企业的字号在相同或者类似商品上突出使用，容易使相关公众产生误认的。其二，复制、摹仿、翻译他人注册的驰名商标或其主要部分在不相同或者不相类似商品上作为商标使用，误导公众，致使该驰名商标注册人的利益可能受到损害的。其三，将与他人注册商标相同或者相近似的文字注册为域名，并且通过该域名进行相关商品交易的电子商务，容易使相关公众产生误认的。实际上，第一种行为和第三种行为可以解释为《商标法》第 57 条第（一）项和第（二）项规定的侵权行为；第二种行为并没有超出《商标法》第 13 条第 3 款的规制范围。因此，删除《商标法》第 57 条第（七）项并不会减损对商标权的保护。因此，《商标法》《著作权法》的未来修订应该废除权项内容的兜底条款，遵守《民法典》作为“基本法”与上位法所确立的绝对权法定原则。

《民法典》是中华人民共和国成立以来第一部以“法典”命名的法律，全面、系统地规定了私权制度，是一部人民权利的百科全书，它系统反映了市场经济和人性对生命、自由、平等、尊严的先天向往之愿望的法律诉求。民事权利属性统领下的权利平等保护及《民法典》作为“基本法”、上位法与一般法的特殊地位，是《民法典》统辖知识产权单行法的逻辑基础。《民法典》在将知识产权法的“肱骨”纳入其中的同时，强化了对知识产权的保护。2020 年《专利法》《著作权法》的修订，为知识产权单行法回归《民法典》之统辖提供了很好的法律修订实践经验。《民法典》实施后，知识产权单行法依然需要在部分类型知识产权与《民法典》中的法定专有权相匹配、《民法典》原则性规定的全面落实及与《民法典》绝对权法定原则不一致规定的删除三个方面进行修订，以全面回归《民法典》的统辖。

第五节　关于标准必要专利的思考

一、什么是标准必要专利

标准必要专利（Standard-Essential Patent，简称 SEPs）是指包含在国际标准、国家标准和行业标准中，且在实施标准时必须使用的专利，也就是说当标准化组织在制定某些标准时，部分或全部标准草案由于技术上或者商业上没有其他可替代方案，不可避免要涉及的专利或专利申请。当这样的标准草案成为正式标准后，实施该标准时必然要涉及其中含有的专利技术。

二、什么是 FRAND 和 SSOs

FRAND 是 SSOs 在对标准的专利权利的限制中公平、合理、不带歧视性的条款，通常在欧洲和美国使用。SSOs 通常要对标准的专利权利加以限制，一个非常普遍的限制就是要求一个标准的专利必须有“reasonable and nondiscriminatory terms（RAND）”（合理和不带歧视性的条款），或者“fair, reasonable, and non-discriminatory terms（FRAND）”（公平、合理和不带歧视性的条款）。这两个条款通常是互用的：FRAND 通常在欧洲和美国使用。

SSOs 制定这个协定是为了在法律的基础上维护业界的合理竞争，防止会员利用其垄断地位，滥用许可，造成包括对标准的占有。一旦一个公司达成了 FRAND 许可，他们必须向任何企业或人士提供，而这些被提供者可以不是会员。如果没有这个协定，会员可能会凭借其垄断地位，利用标准，向其他企业或个人提供不公平、不合理和带歧视性的许可，对合理的竞争造成伤害。

三、标准必要专利的起源

欧洲是世界上技术标准制定最为活跃的区域之一。根据欧盟的相关研究，仅欧洲电信标准化协会（ETSI）发布的 SEPs 在全球占比即达 70%。统一的市场、引领性的技术创新和激烈的产业竞争在实践中也引发了大量 SEPs 诉讼。如何有效地规制 SEPs 问题，应对日益增多的专利大战及在保护和激励产业持续创新的同时，维护好自由、公正的市场竞争秩序，是欧盟始终面临的一个难题。近年来，欧盟在推进数字单一市场战略过程中，也将 SEPs 规制问题作为一项重要议题。欧洲是世界专利制度的发源地。从 1474 年《威尼斯专利法》

到 1623 年《英国垄断法》，再到 18 世纪以来欧洲各国专利法相继颁布，在此后长达上百年的时间里，欧洲也一直是世界知识产权制度发展的前沿阵地和风向标。时至今日，知识产权密集型行业所创造的价值占欧洲 GDP 的比例达 45%，占欧盟出口总额的比例达 93%。欧洲国家相互间在专利领域立法思想上较为接近，为欧盟对专利及 SEPs 问题的统一协调奠定了历史及思想基础。竞争法（欧洲国家通常将反垄断法称为“竞争法”，本书对“反垄断法”和“竞争法”的概念不作区分。）是欧盟条约的核心，根据《欧盟运行条约》，欧盟在竞争和内部市场问题上拥有专属职权。由于 SEPs 通常涉及市场竞争和跨国交易问题，因此经常在欧盟层面予以协调解决。通过对欧盟及成员国十余年的实践观察可以看出，以竞争法路径规制 SEPs 问题已成为欧盟及大多数成员国的首要选择。

欧盟竞争法和知识产权法被广泛认为是现代产业政策的左膀右臂，二者通过不同的方法和途径追求着共同的目标，即促进创新和保护消费者利益。“知识产权法通过给予发明创造排他性的权利来鼓励创新，实现动态效率；反垄断法通过消除垄断所造成的不必要的消费者剩余（Consumer Surplus）损失来实现静态的效率。”专利法和竞争法的目的乍一看是截然不同的，但二者实际却是互补的，均是为了鼓励创新、促进产业发展和活跃市场竞争。因此，在对具体行为进行分析时，是反垄断法向知识产权法让步，还是限制知识产权以维护竞争，必然取决于对个案进行的利益和价值衡量。欧盟竞争法明确认可了知识产权特别是专利权对市场竞争和创新活动的促进作用，并通过对竞争法的一般原则作出一系列调整以配合专利权的正常行使。虽然专利权的正常行使不会触发竞争法的审查，但一旦专利权成为妨碍市场竞争的因素和导致市场势力产生，就必须受到竞争法的调控。这一观点在欧盟法上称为“互相承认”理论（Concept of Mutual Recognition），最早出现在 1968 年欧盟法院对 Parke，Davis & Co. 一案的判决中：成员国授予专利权人的权利不受条约第 85 条第 1 款和第 86 条（即现《欧盟运行条约》第 101 条第 1 款和第 102 条）的限制性规定约束。对该权利的行使并不导致以上条款的适用，除非存在该条款所禁止的协议、决定或其他协同行为，或滥用市场支配地位的行为。欧盟委员会认为，欧盟法律秩序所保障的权利和自由并不构成不受约束的特权，可能会受到限制。《欧盟运行条约》第 101 条和第 102 条就是运行欧洲内部市场所必要的竞争规则之一，其应用构成了欧盟公共利益的一个重要方面。例如，在维护有效的市场竞争公共利益时，就允许依据《欧盟运行条约》第 102 条干涉知识产权持有人行使排他权。2010 年，欧盟委员会发布了《关于横向合作协议适用〈欧盟运行条约〉第 101 条的指南》（*Horizantal Guidelines on the Applicability of Article 101 TFEU to Horizontal Cooperation Agreements* 2010），进一步指出："在技术标准制定的特定背景下，持有对实施标准而言必要的专利的权利人可以凭借其知识产权获得对标准使用的控制权。当该技术标准阻碍了市场准入，则此类权利人可能会由此控制技术标准所涉及的产品或服务市场。这反过来又可以使他们以反竞争的方式行事，如在标准实施者采取标准之后，通过专利的拒绝许可或收取过高的专利许可费形成专利劫持，由此妨碍了对标准的有效使用。"

回顾历史，欧盟委员会在一些关键性的案例中行使了调查权，具体来说，针对标准必要专利权人共开展了三次重要的调查干预，分别是 Rambus Inc. v. FTC, 522 F.3d 456 (D.C. Cir. 2008) 蓝博士半导体专利侵权诉讼案、三星自 2011 年起在欧盟多个成员国内针对苹果公司寻求禁令救济案和摩托罗拉在 GSM 标准被采用时，在 2011 年针对苹果公司提出禁令申请案，为欧洲范围内规制标准必要专利权人滥用市场支配问题提供了权威性意见。欧盟法院在 2015 年"华为诉中兴（Huawei Technologies Co.Ltd v. ZET Corp.,Deutschland GmbH）"一案中对这一问题也作出了至今仍发挥着关键影响力的判决，以至于各成员国法院在处理该类型案件时几乎言必称此案。欧盟委员会在上述三个案件中的决定及欧盟法院对"华为诉中兴"案的判决，被学术界和实务界认为妥善地平衡和协调了标准必要专利权人与标准实施者之间的利益及冲突，为后续该类型争议的处理树立了基本规则。它们共同构成了规制标准必要专利问题的"欧盟标准"，给出了以竞争法为核心规制路径的"欧洲答案"。

四、标准必要专利标志性案例

（一）欧盟委员会对摩托罗拉和三星的反垄断审查案

2014 年 4 月，欧盟委员会对摩托罗拉和三星反垄断审查案作出决定，这是欧盟委员会第一次就标准必要专利权人的禁令救济和欧盟竞争法之间的关系提出意见两案中，苹果公司分别向摩托罗拉和三星寻求标准必要专利许可并与两家公司就开展交叉许可的许可费问题进行了谈判。谈判破裂后，摩托罗拉和三星分别向德国法院提出针对苹果公司的侵权诉讼并寻求禁令救济。2012 年 2 月，苹果公司按照《欧盟理事会条例》第 1 /2003 号规章第 7 条向欧盟委员会提出投诉，欧盟委员会随后启动了对摩托罗拉和三星的反垄断调查，以判断其向法院寻求禁令救济的行为是否构成欧盟竞争法上的滥用市场支配地位行为。

在案件审理过程中，欧盟委员首先认定了两家公司在各自相关市场中处于市场支配地位。2013 年 5 月 6 日，欧盟委员会对摩托罗拉案作出初步裁定并发表了一份针对摩托罗拉公司的异议声明，明确指出，在标准实施者同意接受第三方（如法院或仲裁机构）基于 FRAND 条件裁定的专利许可费率约束的情况下，专利权人寻求禁令会导致对自由竞争的损害，违反了《欧盟运行条约》第 102 条。摩托罗拉在相关市场具有支配地位，其在苹果公司提出多次许可要约之后仍申请禁令救济的行为是《欧盟运行条约》第 102 条及欧盟经济区（EEA）协定第 54 条规定的侵权行为，构成了对市场支配地位的滥用，从而影响了欧盟成员国之间的贸易。同时欧盟委员会认为，标准必要专利权人将“不质疑条款”纳入专利许可协议也可能导致滥用市场支配地位，不符合《欧盟运行条约》第 102 条（a）款关于不公平交易条件的规定。调查决定指出，标准实施者可以对专利的有效性、必要性及是否侵权保留寻求法律救济的可能，这种保留不能被视为标准实施者无“协商意愿”。任何标准实施者若希望免于遭受权利人禁令之困扰，只需表明自己具有“协商意愿”即可，如同意交由法院或仲裁机构裁决 FRAND 费率。在摩托罗拉案的调查决定书结论部分，欧盟委员会总结性地指出：“与那些不涵盖标准的专利权人相比，对 FRAND 条款的许可承诺实质是标准必要专利权人认可了鉴于标准化的目的，其必要专利将会通过 FRAND 回报的方式被许可。GPRS 标准制定过程和摩托罗拉对以 FRAND 条款许可 GPRS 有关标准必要专利的承诺导致了与该标准必要专利相关的欧盟竞争法义务……苹果公司的第二次橙皮书要约清楚地表明了其并非不愿意按照 FRAND 条款签订许可合同，此时摩托罗拉至少无须诉诸禁令即可获得标准必要专利的适当回报。因此，在本案的特殊情况及缺乏正当理由支持下，自苹果公司提出第二次橙皮书要约开始，摩托罗拉 通过基于其在德国的 Cudak GPRS 标准必要专利寻求禁令，滥用了其市场支配地位。”

根据欧盟委员会的以上观点，如果标准实施者同意接受有拘束力的第三方裁定 FRAND 许可条款，即便其对标准必要专利的必要性、有效性或是否侵权提出异议，也将视为其有意愿订立 FRAND 许可合同。欧盟委员会对标准实施者“协商意愿”的表示程度可以说并未限定任何有难度的门槛，这就为标准必要专利的善意被许可人（ Willing Licensee）确定了一项安全港规则（ Safe Harbor Rule)，使符合该条件的标准必要专利使用者可免于被提起专利禁令的威胁。2014 年 6 月，欧盟委员会发布了《SEPs 涉及垄断问题的竞争简报》，再次明确阐述了欧盟对标准必要专利权人滥用权利问题的立场，即严格限制标准必要专利权人通过禁令救济限制和排除竞争，实施垄断行为而最终损害消费者的行为。

以上案件在德国橙皮书案之后重新确立了愿意达成专利许可的实施者的判断标准，并明确指出了在被许可人愿意基于 FRAND 条款达成许可协议的情况下，专利权人不得诉诸禁令，可以说彻底扭转了橙皮书案对标准必要专利权人过高的保护程度。然而，摩托罗拉案和三星案所透露出的对善意被许可人的要求过低的问题，很快又成为学者和法院批判的焦点，认为此举过于强调对标准实施者的保护，有利于专利实施者通过破坏或拖延专利许可谈判的方式避免支付许可费，造成专利反向劫持现象。

（二）华为诉中兴案

2011 年 4 月 28 日，华为公司依据《德国专利法》和《欧洲专利公约》之规定向德国杜塞尔多夫地区法院正式起诉中兴侵犯其 LTE 通信标准必要专利，请求法院作出针对被告侵权行为的禁令。考虑到因欧盟委员会在该问题立场上与德国橙皮书案所确立的规则存在潜在的矛盾，杜塞尔多夫地区法院于 2013 年 4 月 5 日向欧盟法院提出请求，请求欧盟法院对《欧盟运行条约》第 102 条作出解释，并就标准必要专利权人在标准实施者宣称愿意进行许可协商的情况下仍提起禁令诉讼是否构成滥用市场支配地位等五个问题作出先行裁决。

在案件的裁决过程中，欧盟法院实际上采取了合理平衡保护知识产权和维护市场竞争的理念，并强调专利权人寻求禁令救济仅在“例外情况”下才构成滥用行为。法院的根本目的在于维护自由竞争与保护知识产权及其司法救济的需求之间取得平衡,《欧盟运行条约》第 102 条及其与知识产权保护相关的规定共同构成了欧盟法院论证的核心。最终欧盟法院裁定:《欧盟运行条约》第 102 条意味着已经向标准化机构不可撤销地承诺按照 FRAND 条款向第三方授予标准必要专利许可的专利权人，并不会因其提出禁令之诉而构成滥用市场支配地位，只要：①在提起诉讼之前，专利权人已向标准实施者提出侵权投诉并详细说明了侵权方式；②在标准实施者表示愿意按 FRAND 条款缔结许可协议之后，向其提供符合 FRAND 条款的明确书面许可要约，尤其应当详细说明许可费及其具体计算方式；③在标准实施者继续使用相关专利的情况下，实施者没有依据商业惯例和善意原则，勤勉地对该要约作出回应。尽管欧盟法院强调作出 FRAND 承诺的标准必要专利权人对善意被许可人寻求禁令的行为构成非法，但同时也指出，禁止权利人提出禁令救济并不妨碍其寻求损害赔偿等其他合法救济措施。

该案中，欧盟法院实际上是通过制定针对 SEPs 问题争议的行为准则（Behavioural Criteria）的方式解决有关纠纷，并使该行为准则对任何潜在的纠纷方起到清晰的行为指导作用。同时，该案也明确了法院颁发禁令的条件。从这个意义上讲，该案无疑具有十分重大的司法价值和实践价值，对欧洲范围内成员国法院的后续裁判产生了重大影响。成员国的后续多个判决都适用了该案确立的规则，如德国 Sisvel v. Haier 案（2015 年）；英国 IPCom GmbH &

Co. Kg v. HTC Europe Co. Ltd. & Ors 案（2015 年）；Pioneer v. Ace 案（2016 年）；法国 Wiko v. Sisvel 案（2016 年）；德国 Unwired Planet v. Samsung 案（2016 年）、荷兰 Archos S. A. v. Koninklijke N. v. 案（2017 年）；德国 IP Bridge v. HTC 案（2018 年）等。

（三）无线星球（Unwired Planet）诉华为案

2020 年 8 月，英国最高法院终审判决的无线星球诉华为一案对欧盟法院“华为诉中兴”案作出了一定程度上的“颠覆”，在司法的天平上极大地倾向了标准必要专利权人一方。8 月 26 日，随着英国最高法院宣布维持原判，无线星球诉华为案和 Conversant 诉华为、中兴案在英国彻底落下帷幕，两起专利侵权诉讼案均以华为、中兴两家中国企业败诉告终。这意味着相关产品退出英国市场或签订标准必要专利全球许可协议，成为华为仅剩的两个选择。

这是一份被称为“具有里程碑意义”的判决。英国最高法院认为，根据 ETSI 的知识产权政策，该标准组织的参与者达成了合同关系，这赋予英国法院管辖权以裁定此案涉案专利的全球许可费率，并通过对 FRAND 原则的进一步阐释，判定尽管无线星球给华为的许可费率高于此前提供给三星的，但这一费率仍然是符合 FRAND 原则的。同时，在标准必要专利侵权案中少见地颁布了市场销售禁令。对于标准必要专利许可人来说，这无疑是重大利好，可以预见将有更多专利权人选择在英国提起诉讼。而中国企业潜在国际知识产权风险也在持续增长，做足功课，遵守每个国家的法律，是跨国企业唯一的选择。特别是在 SEP 的谈判中，务必不能消极应对。

此次判决涉及三起诉讼，第一起是华为作为上诉人，无线星球作为被上诉人的案件。无线星球是一家纯知识产权运营公司（NPE）。2013 年，无线星球从爱立信手中收购了一批专利组合，包含 276 项标准必要专利和专利申请，覆盖全球 42 个国家，其中 29 项为英国专利。而就在前一年，华为与爱立信签订的专利许可协议到期。

2014 年，无线星球在英国对华为、三星和谷歌提起专利侵权诉讼，指控三公司侵犯了其欧洲专利号尾数为744、287、514、818、991（以下分别简称"EP744""EP287""EP514""EP818""EP991"）等专利，并请求法院颁布禁令。同时，在德国发起类似诉讼。

2015—2016年，谷歌和三星先后与无线星球达成和解。在此期间，英国法院就上述涉案专利是否有效或侵权进行了3次审理。在第一次审理中，EP744被认定有效且必要，这一结果之后得到上诉法院支持；第二次审理的结果是EP287和EP514被宣布无效；第三次审理以EP818已被认定有效且必要而告终，而EP991相关的案件审理工作被无限期推迟。

2017年4月5日，英国法院发布一项判决，确定了涉诉专利的全球许可费率及其他条款。同年6月，法院签署一项市场销售禁令。该禁令因华为的上诉被暂时搁置。

与此同时，无线星球在德国的诉讼亦有进展。EP744被德国法院认定有效但未被侵权；EP287和EP514被认定侵权，但欧洲专利局认为这两项专利无效；EP818被认定有效且侵权；EP991被认定无效。

作为反击，华为在中国对无线星球部分专利发起无效申请，据国家知识产权局专利复审委员会相关公告，其中3件被认定全部无效、3件维持有效、3件部分无效。

随着英国最高法院的此次判决发布，历时6年的无线星球诉华为专利侵权案在英国尘埃落定，华为需要付出的除了侵权赔偿、有利于无线星球的全球专利许可条款外，英国市场的销售禁令也将生效，除非华为与无线星球达成全球专利许可。

除了上述无线星球诉华为案外，8月26日的判决中还涉及另外两起上诉案。上诉人分别为华为和中兴，被上诉人均为Conversant Wireless（以下简称"Conversant"）。Conversant是一家注册于卢森堡的NPE，2017年7月该公司以其EP177、EP659等欧洲专利被侵权为由，在英国对华为和中兴提起诉讼。2018年，该公司在德国提起类似诉讼。涉案专利为2011年Conversant从诺基亚收购的2000项专利和专利申请中的部分电信标准必要专利。

在此期间，华为和中兴在中国和英国分别进行诉讼反击。在英国，华为和中兴对英国法院的管辖权提出异议，英国法院于 2018 年 4 月作出裁决，驳回管辖权异议。两家公司随后上诉，2019 年 1 月 30 日，管辖权异议案上诉被驳回；在中国，华为和中兴对 Conversant 的 11 项中国专利的有效性提出挑战，复审委宣告 8 项有效、2 项无效、1 项部分有效，其中涉案专利的中国同族全部被宣告无效。

尽管中兴和华为在中国的诉讼进展顺利，在英国与 Conversant 也有未决诉讼，但此次英国最高法院作出不利于华为和中兴的判决，对“专利战”整体走向的影响仍然是巨大的。

无论基于何种视角，英国最高法院作出的无线星球诉华为案判决无疑都带来了重大影响。一方面，该案对“华为诉中兴”案所确立的规则以及欧盟竞争法带来了冲击；另一方面，其主动对标准必要专利全球许可费率进行裁决可以说打开了“潘多拉盒子”，加剧了这一问题的全球复杂化程度，鼓励了无线星球等 NPE 机构主张或扩大权利的积极性，不利于对标准实施者的权益进行有效保护，因而使业界更加呼吁建立标准必要专利规制问题的全球治理规则。

五、标准必要专利案例反思

标准必要专利问题高度复杂，欧盟发挥竞争法传统优势和高度有效的执行机制，在欧盟委员会、欧盟法院及成员国司法与反垄断执法机构的共同探索下，形成了一套以竞争法规制为主的欧盟方案，回答了在欧盟竞争法下基于何种原因、在何种情况下、按照何种条件有权使用标准必要专利这一困扰产业实践的重要问题。在这一过程中，竞争法不仅发挥着监督者角色，而且直接作为标准实施者的抗辩理由被频繁用于个案裁决，为规制标准必要专利问题发挥了重要作用，在全球范围内产生了重要影响。然而，欧盟竞争法路径也并非完美，特别是在近年来以无线星球诉华为案为代表的后“华为诉中兴”案时代的司法实践中，亦不断显现出其局限性。

①反垄断关注的是对竞争过程和竞争形态的影响，这种影响不能简单归纳为产品价格或者输出。

反竞争效果是反垄断法尤其强调的一点，促进竞争是其着眼点。反垄断法保护的是竞争，而非竞争者。反垄断法并不意味着竞争中的胜出者或者强者应当被压制和削弱，除非其通过排他行为制造垄断势力或不当地利用了市场力量维护其竞争地位。效率目标是越来越多法院倾向的选择，但是效率原则并不完全等同于消费者福利。消费者福利和产品产出，只是效率目标的一个指征，在大部分情况下，两者并不矛盾，但绝不等同。反垄断法担心的控制价格的能力，是一种对市场控制力的体现，是获取超过其竞争水平的非法经济利益的能力，但并不限制获得与其竞争力相适应的回报，合法追求尽可能大的经济利益是企业本身的竞争驱动。

②如果说联合固定价格是一个法律问题，价格高低本身更像是一个商业问题而非法律问题，很难在法律上作出明确的规定。

合理价格的确定，应该尽可能地留给市场去解决。法院对于许可费的高低，一般不宜直接判定，应当首先居中作出调解。而行政机关则更不宜对价格的问题直接作出判定。就标准专利许可费高低的谈判失败，一般都不是一个滥用专利权的反垄断的问题。如果没有合谋固定价格，歧视定价等其他情况，单纯的价格问题不宜上升为反垄断法的问题。

③专利权人在和标准组织博弈的过程中，已经通过 FRAND 原则部分地放弃了自由定价权的权利。我们先不讨论 FRAND 原则如何实施的问题，标准制度设计使定价权本身受到约定限制和审查，其获取非法利益本身的能力已经被冻结。

标准组织力求实现某种利益平衡，FRAND 制度的设计是完成了一种利益交换，是通过对专利权益作出的部分放弃换取标准带来的好处。其实绝大部分标准专利权人并不专门从事许可，申请专利主要是为了获得保护，参与标准制定对于他们而言，更重要的是获取先入者的优势和对技术的领导力，这种好处并不完全体现在许可费上，也不一定会导致产品价格的提高。例如，手机这个行业，3GPP 大约有几百家企业在参与通信标准的制定，这个市场是充分竞争的；正是由于这种充分竞争，手机的价格在不断下降，新的技术在不断地更新。2016 年，通过对手机和掌上电脑等产品的研究发现，每一代（2G 到 4G）产品的平均 QAP（quality adjusted price，质量调整价格，衡量创新效率指数的一个观测值）都呈现明显的递减，而在每一代内部，价格每年降幅至少达到 10% 到 20%。现在生产技术越来越趋于复杂，研发成本巨大，单独研发的投入并非每个企业都能承担的，重复研发也会造成社会资源的浪费，技术未必一定取他人而代之才会获得更大的收益，站在巨人的肩膀上获取下一个竞争优势或者合作开发分摊成本，未必就是反竞争的。标准不是一锤子买卖，是一个不断正向循环，不断发展的过程，不同的企业在不同的回合不断地交锋。这也是为什么标准是被需要的，不断地将优势技术纳入，所有人在此基础上出发寻求下一代技术的突破点。

标准的制度设计试图通过 FRAND 约定排除专利劫持的可能性，即使对于 FRAND 规定下合理价格的争议，这个问题并不是一个反垄断法的问题，而仅仅是一个合同或民事争议。FRAND 作为一个对双方的约束，最终还是由市场决定何为合理的价格。

④通过竞争法规制的成本过高。反垄断审查的行政执法成本过高，查清案件事实难免耗费周期过长。诉诸司法程序对标准实施者而言亦过于昂贵，且法官往往不是标准化技术或市场方面的专家，法庭上的事实调查通常过于烦琐，司法和时间成本均表现过高。

⑤由 SEPs 所引发的跨法域平行诉讼在不断增多，背后蕴含着巨大的产业利益博弈，全球关注度高。在欧盟竞争法规制模式下，特别是欧盟委员会或成员国反垄断行政执法部门作为当事方时，难免带有维护地区或国家利益色彩，全球公信力有待商榷。2020 年 8 月，英国最高法院终审裁决的无线星球诉华为一案，强调了裁定全球许可费率的重要性，但同时也带来了国际司法礼让及有关程序性问题。

⑥单纯通过竞争法方式规制仍存在诸多局限性，欧盟已经意识到这一问

题，2017年11月，欧盟发布了《制定标准必要专利的欧盟方法》（*Setting out the EU Approach to Standard Essential Patents*），强调要通过多种方式来平衡这一紧张关系。例如，为标准必要专利权人和标准实施者创造更加透明的FRAND谈判环境，增强许可费确定的原则性和规范性，推广“华为诉中兴案”所确立的行为标准作为禁令颁发的重要依据，并倡导SEPs纠纷的ADR解决方式（特别是仲裁方式）等。2020年11月，欧盟委员会进一步发布《充分利用欧盟的创新潜力支持欧盟复苏和恢复的知识产权行动计划》（*Making the Most of the EU's Innovative Potential*：*An Intellectual Property Action Plan to Support the EU's Recovery and Resilience*），对规制SEPs问题发表了最新的观点。欧盟委员会认为，建立稳定、高效和公平的规则以规制SEPs许可问题至关重要，应当鼓励诚信谈判，而不是频频诉诸诉讼。欧盟在2017年政策的基础上，探索建立独立第三方检查制度，以提高SEPs问题的法律确定性和降低诉讼费用。

第六节 涉外定牌加工商标侵权问题思考

作为“世界制造工厂”，我国企业经常接受国外企业委托而加工制造产品并销往国外。这种委托加工的产品往往贴上国外企业指定使用或者授权使用的商标，也就是所谓的涉外定牌加工或贴牌加工。长期以来，我国境内的加工企业在其制造、出口的产品上使用他人在我国合法注册的商标是否侵犯注册商标专用权，在人民法院的司法实践中存在着很大的争议。

贴牌加工，即OEM（Original Equipment Manufacturer），也称“定牌加工”“代工生产”“三来加工”（即来料加工、来样加工、来件加工），一般指国内加工厂接受境外商标权利人或其被许可人的委托，生产指定商标的商品，所有成品以出口的方式全部交付境外委托人并由境外委托人给付报酬的模式。

但在成品交付境外委托人的过程中，因附加的商标与在出口海关备案的国内注册商标相同或近似，而被出口海关扣押并被国内注册商标权利人起诉至法院，此时，贴牌加工是否构成“商标性使用”是认定贴牌加工是否侵权的必要条件。

涉外定牌加工是否构成商标侵权在我国的争论由来已久，其结论不一，理由各异，裁判中考量的因素也殊为不同，呈现异常混乱的局面。纵观已有的学说和判例，对涉外定牌加工是否属于商标性使用、是否具有混淆可能性、是否对境内商标权人的利益造成实质性损害，以及定牌加工人是否尽到了审查义务等问题的不同认识导致了不同的思路和结论。

2015 年最高人民法院在亚环公司与莱斯公司商标侵权案（以下简称“PRETUL”案）再审中以涉外定牌加工不属于商标使用为由判决被控行为不构成商标侵权，一度被认为给涉外定牌加工商标侵权问题下了一个结论。随后的常佳公司与上柴公司商标侵权纠纷案（以下简称“东风”案）再审判决中，最高人民法院却回避涉外定牌加工是否属于商标使用的判定，而以被诉行为不会造成相关公众的误认混淆，且没有证据显示被控侵权人未尽到合理注意义务、加工行为对原告的商标权造成了实质性损害为由判决侵权不成立。2019 年 10 月，最高人民法院在本田技研工业株式会社、重庆恒胜鑫泰贸易有限公司侵害商标权纠纷（以下简称“HONDA”案）再审案中，以涉外定牌加工行为属于商标使用行为，可能导致运输环节的经营者、出国旅游的国内消费者及接触到相关回流国内市场商品的消费者的误认和混淆，判决商标侵权成立，再次引发热议。短短四年间，在三个基本相同的涉外定牌加工商标侵权案件中，最高人民法院的判决思路和结论发生了重大变化，表明关于涉外定牌加工商标侵权的判定仍然存在重大分歧，必将给今后类似问题和相关问题（如纯出口商品的商标侵权问题）的解决带来困惑。究其根源，司法机关及学术界在惯性思维的指引性下，依据商标侵权的一般原理和规则即“商标使用 + 混淆可能性”标准审视情况特殊的涉外定牌加工行为，解决个案纠纷时忽视了商标法的内在体系，“头痛医头、脚痛医脚”，无法根本性解决问题。而近年来提出的“合理注意义务”和“实质性损害”标准又因缺乏学理和规则层面的支撑，难以为继。立足于我国当前的商标政策，本着体系化思维，突破路径依赖，修改现行商标立法，方能真正实现定纷止争和逻辑自洽。

一、“PRETUL”案

“PRETUL”案历经宁波市中级人民法院一审、浙江省高级人民法院二审和最高人民法院提审，在再审判决中最高人民法院认定：涉外定牌加工企业使用“PRETUL”标志的行为，在中国境内仅属物理贴附行为，并不具有识别商品来源的功能，不能被认定为商标意义上的使用行为，不构成商标侵权。该再审判决最大的特点在于认为涉外定牌加工行为不属于商标使用行为，故不构成商标侵权，至于在该案一审二审中提及的是否具有混淆可能性等问题未予考虑。最高人民法院的这一认定并非个例，事实上，自 2013 年修订的《商标法》第 48 条将“用于识别商品或服务的来源”规定为商标使用行为的要件以来，很多学者倾向于认为涉外定牌加工不属于商标使用行为，司法实践中也多有先例，最高人民法院在“PRETUL”案中的判决是对学界和司法实践中通行观点的总结。尽管“PRETUL”案再审判决免除了严格意义上的涉外定牌加工行为的商标侵权之责，从结果上看似公平合理，但其审判思路及相关结论均值得商榷，不足为后案所参考。

1. 商标性使用是否为所有商标侵权行为的前置性要件？

最高人民法院在“PRETUL”案中的裁判思路暗含了一个结论，即用于识别商品或服务来源的商标使用行为是商标侵权成立的前置性要件。应该说，这一为我国学界和司法实践中大多数人所认可的观点有其理论支撑。商标是用于识别商品或服务来源的标识，识别功能是商标的基本功能，防止商品或服务来源混淆是商标法的首要任务。从商标法的早期历史看，英美法上的商标之诉即属于假冒之诉。商标制度的终极目的在于维护正当的竞争秩序，商标不是禁忌，商标权不是总括性的权利，商标法并非禁止所有使用商标符号的行为，只有商标性使用才是商标法的规制对象，将商标性使用确定为商标侵权的前置要件对于防止商标权过度扩张威胁言论自由和市场竞争具有积极作用。只有消费者将被诉侵权标识看成指示商品或服务来源的商标，才可能发生混淆，将商标使用确定为商标侵权的要件，也符合消费者对商标的认知。正因为如此，有学者指出：只有被诉行为构成标识商品或服务来源的商标使用，才有讨论消费者是否容易混淆、商标侵权是否成立的必要。然而，商标使用理论主要针对传统商标侵权尤其是直接侵权，其以防止混淆为归宿。随着经济全球化发展，商标尤其是知名品牌已成为一国重要的竞争手段，商标的功能也在不断演化，除去传统的来源识别功能之外，还兼具宣传、投资等效用，破坏这些功能影响商标商誉的行为即便不属于识别商品或服务来源的商标使用，亦有可能根据一国的商标政策将其归入商标侵权行为的范畴。尤其是随着商标财产权观念的出现，混淆可能性理论受到重大冲击，商标保护的范围也已大大扩张。例如，我国商标法上的未经许可制作销售注册商标标识、反向假冒等商标侵权行为并不属于一般意义上的商标使用，但并不妨碍立法将其规定为商标侵权行为。可见，将商标使用规定为前置性条件会缩小商标侵权行为的范围。涉外定牌加工作为一种制造与销售分处境内外的特殊行为，也不能当然套用一般商标侵权行为的构成要件理论。

2.涉外定牌加工行为是否属于商标使用行为？

最高人民法院在“PRETUL”案中以涉外定牌加工在境内不能识别商品或服务的来源为由认定其不属于商标使用行为，值得商榷。从文义上看，《商标法》第48条中的“用于识别商品来源”是指行为人的行为使该商业标识具备了识别功能，既包括实际发挥了识别作用，也包括可能发挥识别作用。只要符合形式要求，该标识具备识别来源功能便是商标性使用，而不论该商标是否实际发生了来源识别功能，正如在市场上流通的商品和囤积在仓库尚未上市流通的商品其商标均系用于识别商品来源。涉外定牌加工中，尽管涉案商标并未实际发挥识别功能，但其已经具备识别功能，因此应当构成商标性使用。正如最高院在“HONDA”案中所指出的，商标使用行为是一种客观行为。相关公众对于特定标志使用行为来源识别功能的认知，不会因为商品销售地域的不同而有所变化。否则，将得出不合逻辑的结论：在涉外定牌加工中使用商标，在国内市场上不具有识别来源的效力，不构成商标使用；一旦出口到国外，就具有识别来源的功能进而属于商标使用。这是自相矛盾的。

其次，商标法上的“商标使用”类型多样，不同类型的“商标使用”其立法目的各异，不能采用单一的“商标使用”判定标准。商标形成意义上的商标使用着重于在先的未注册商标是否实际进行商业规模的使用，从而使商标能够产生影响和识别力；商标维持意义上的商标使用的关键在于是否真诚使用商标从而在商标和商品之间产生联系，并将那些仅仅为了满足使用要求的象征性使用排除在商标性使用之外，以此剔除僵尸商标，打击商标囤积行为；商标侵权意义上的商标使用则着重考察被控侵权行为是否在商业活动中使用商标，是否可能对注册商标产生不利影响，至于商标是否实际与相关公众接触，实际发挥了商品来源识别功能，应不在考虑之列。

“PRETUL”案中，最高人民法院以涉外定牌加工的商品“不在中国市场销售”为由将其认定为“非商标性使用”，其实是以被控侵权行为是否具有混淆可能性、是否应受商标专用权禁止来评判被告的行为是否属于用于识别商品来源的商标使用，属于典型的因果倒置，不足为取。更何况，正如前文所言，涉外定牌加工作为一种有别于传统商标侵权的特殊行为，其是否属于商标使用，也不应成为判断其是否构成商标侵权的前置性要件。

3. 以商品未在境内销售判定涉外定牌加工不构成商标侵权存在体系性危机

最高人民法院在“PRETUL”案中以涉案商品不在中国境内销售为由认定涉外定牌加工不属于商标性使用，因此不构成商标侵权，依循这种思路，意味着涉外定牌加工行为在我国境内不能进入商标法的规制视野，无论委托人是否在目的国享有商标专用权，也无论涉案商品是否运输到该委托人享有商标专用权的目的国，只要该商品未在国内流通，未在国内市场发挥商品来源识别功能，都不构成商标侵权。这显然是不恰当的，必然会给“以定牌加工之名行侵权之实”的不正当竞争行为留下可乘之机，不利于国内商标权人的全球化战略。单纯的未经商标权人许可将其注册商标使用于商品并出口的行为也会因为未在境内销售而不构成侵权，也与我国海关相关立法和执法实践相悖。目前，司法实践中一般认为未经许可使用他人商标制造商品并出口的行为属于商标侵权，但也有法院在个别案件中认为纯用于出口的商品未在中国销售，不会造成国内相关公众对产品的来源产生混淆和误认，故不构成侵权，这也从一个侧面印证了最高人民法院在“PRETUL”案中的裁判思路可能存在的负面效应。甚至就算原告在国内和目的国都享有商标专用权，由于涉案商品未在国内流通，其也不能在国内对被告采取行为，而需等到涉案商品运抵目的国，再依据其在目的国的商标专用权进行维权，这是对商标权地域性的绝对化，不适合当今世界经济全球化的格局。可见，最高人民法院为了追求个案结果的公平公正而采用的裁判思路并未顾及涉外定牌加工案件的多样化，存在体系性危机，可能导致严重不良后果，应予摈弃。

二、“东风”案

最高人民法院在“东风”案再审判决中认定：不用于识别或区分来源的商标使用行为，不会对商品或服务的来源产生误导或引发混淆，不构成商标法意义上的侵权行为……常佳公司接受印尼 PTADI 公司的委托，依据印尼 PTADI 公司合法拥有的商标权生产柴油机及组件，并将产品完全出口至印尼销售，并未影响上柴公司涉案商标在国内市场上的识别功能，不会造成相关公众的混淆误认。定牌加工是一种合法的国际贸易形式，除非有相反证据证明加工人未尽合理注意义务，或对国内商标权造成了实质性损害，一般情况下不应认定其构成商标侵权。

最高人民法院立足于商标的来源识别功能，将混淆可能性视为商标侵权的核心要件，然后以涉外定牌加工人的行为不能在国内发挥商品来源识别功能，不具有混淆可能性，且加工人尽到了合理注意义务，没有给商标权人造成实质性损害为由，判定不构成商标侵权。最高人民法院的这一论断暗含了以下结论：一般情况下涉外定牌加工因不具有混淆可能性因而不构成商标侵权，如果加工人未尽到合理注意义务，或者给商标权人造成实质性损害的，则应当认定为商标侵权。与“PRETUL”案相同，最高人民法院在“东风”案中摒弃了仅仅从形式上进行商标侵权判定，而是立足于商标权的实质和商标法的立法目的，认定严格意义上的涉外定牌加工因不具有混淆可能性故不构成商标侵权。此外，引入合理注意义务和实质性损害标准也为规制非严格意义上的涉外定牌加工行为留下了余地，就个案的裁判结果及关联性影响而言，具有合理性，也符合国际加工贸易的特点及我国知识产权保护政策的要求。然而，其裁判思路也存在内在的冲突和不足。

1.“混淆可能性”标准难以胜任涉外定牌加工商标侵权的判定

混淆可能性并不是所有商标侵权的构成要件，依据我国商标法，其仅适用于在相同或类似商品上使用相同或近似商标的情形。除此之外，还有其他商标侵权行为并不以混淆可能性为成立要件，如驰名商标的淡化、反向假冒、擅自制售商标标识等。另外，混淆可能性标准在于保护商标在其权利地域范围内的识别功能不被破坏。基于商标权的地域性，混淆可能性标准适用于商标在国内使用、商品在国内流通的情形时一般并无争议。在涉外定牌加工中，尽管商标在国内使用，但商品未在国内流通，此时，运用混淆可能性理论对涉外定牌加工是否构成商标侵权进行判定本身就是搞错了方向。因此，上文提及的未经许可使用商标并纯用于出口的商品也不具有混淆可能性，但却一般认为构成商标侵权，某种意义上也表明混淆可能性标准在涉外定牌加工商标侵权的判定中难以胜任。

2.“合理注意义务”标准与商标侵权无过错责任原则相悖

根据商标法的一般理论和规则，商标直接侵权奉行无过错责任原则，行为人是否具有主观过错，是否尽到注意义务，并不影响商标侵权的成立，仅仅关系到最终的法律责任形式，即是否需要承担赔偿责任。判定商标侵权成立的关键在于某一未经权利人许可的行为是否落入商标专用权的控制范围，与行为人是否尽到注意义务无关。强行将“过错”纳入商标侵权成立的判定过程，会破坏商标法的内在体系。一般认为，涉外定牌加工商标案件中的“合理注意义务”标准源于2009年最高人民法院发布的《关于当前经济形势下知识产权审判服务大局若干问题的意见》，其第18条规定：妥善处理当前外贸“贴牌加工”中多发的商标侵权纠纷，对于构成商标侵权的情形，应当结合加工方是否尽到必要的审查注意义务，合理确定侵权责任的承担。如果仔细分析可以发现，该条文其实是关于贴牌加工构成侵权情况下责任承担的规定，而非对商标侵权构成的规定。也就是说，该意见也并未将“合理注意义务”确定为涉外定牌加工商标侵权成立的判定标准。在“东风”案中，最高人民法院为了支持涉外定牌加工不构成侵权的结论而提出“合理注意义务”标准，属于典型的“从结果出发”的裁判思维，与商标侵权的一般理论和规则相悖。此外，最高人民法院对于何谓尽到注意义务没有明确也难以明确，如是否只要进行了必要审查，不管委托人在目的国是否享有商标专用权，都属于尽到了注意义务？还是只要委托人在目的国没有商标专用权，就推定加工人未尽到注意义务？或者尽管审查了但未对国内知名商标进行避让也属于未尽合理注意义务？弹性太大。事实上，在“东风”案中，针对同样的案件事实，二审法院以委托人抢注东风商标为由认定加工人未尽到合理注意义务，而最高人民法院则认为没有证据表明加工人未尽到注意义务。两相比较，充分表明“合理注意义务”标准在涉外定牌加工商标侵权案件中难以把握，很容易被法院以个案审查为由而滥用，从而破坏司法裁判的统一性。

3.“实质性损害”标准与商标即发侵权规则存在冲突

根据商标即发侵权理论和我国商标法之规定，损害并不是商标侵权的构成要件，即便没有造成实际损害，依然可以认定商标侵权。该案中，最高人民法院将是否造成实质性损害作为是否构成商标侵权的重要因素，与商标侵权的一般理论和规则相悖。也有学者认为，虽然《商标法》没有将实质性损害明文规定为商标侵权的构成要件，但其真正否定的是行为对权利人的实际侵害之虞。商标侵权行为至少应具备造成实质性损害的可能性，否则就没有禁止该行为的必要。涉外定牌加工行为因为商品全部销往国外，对国内商标权人不会造成实质性损害也不具有实际侵害之虞，不应被认定商标侵权行为。对此，笔者并不完全认同。传统意义上的商标法其目的在于保护商标的来源识别功能不被破坏，随着对商标功能的重新认识，商标侵权行为已不再限于具有混淆可能性的商标使用行为，还包括了对商标商誉和其他价值造成侵害的行为，如淡化驰名商标、反向假冒等。就涉外定牌加工而言，由于相关商品不在国内流通，在造成国内相关公众误认混淆可能性方面，理论上不具有实质性损害和实际损害之虞。但是，在经济全球化背景下，商标的损害是多方面的，包括消费者评价的降低、潜在商业机会的丧失、企业商誉的贬损等。简单认定涉外定牌加工行为不具有实际侵害之虞从而不构成侵权的判断是片面的。换句话说，所有的涉外定牌加工行为对国内商标权的利益均具有一定的实质性损害的可能性，只是损害的大小和损害的利益层面不同，以及政策如何取舍的问题。

此外，在混淆和实质性损害等问题上，纯粹的商品出口与涉外定牌加工并无区别，如果以不具有实质性损害为由判定涉外定牌加工不构成侵权，则未经许可使用商标制造商品并出口的行为也没有实际损害之虞，不构成侵权，这样的结论显然是站不住脚的。

三、“HONDA”案

“HONDA”案与前述两个案例的不同之处在于，被告在涉案商品上贴附境外委托人的 HONDAKIT 文字及图形商标时突出了 HONDA 的文字部分，缩小了 KIT 的文字部分，明显具有攀附 HONDA 商标的恶意，这一点在最高人民法院的判决中也有提及，但并未成为其判决的关键依据。最高人民法院在该案再审判决中指出：商标使用行为是一种客观行为，通常由多个环节共同构成，在认定商标性使用时，不能割裂整体环节，仅仅单独观察某个环节是否发挥识别商品来源的作用……在生产制造或加工的产品上以标注方式或其他方式使用商标，只要具备了区别商品来源的可能性，就应当认定该使用状态属于商标法意义上的“商标的使用”。相关公众包括被诉侵权商品的消费者和与被诉侵权商品的营销密切相关的经营者，运输环节的经营者存在接触的可能性。被诉侵权商品可能回流国内市场，且出国旅游消费的国内消费者对于贴牌商品也存在接触和混淆的可能性，因此涉外定牌加工行为构成商标侵权。

"HONDA"案中，考虑到加工人和委托人主观上攀附 HONDA 商标的恶意，这种情况下如果判定定牌加工人的行为不构成侵权，显然不符合商标法诚实信用原则和公众的一般认知，也与"东风"案的裁判精神相悖。梳理最高人民法院在该案中的审判思路可以发现，其亦属于从结果出发，在认定涉案行为构成侵权的前提下，对商标使用和混淆可能性作出了不同于前案的认定。尽管判决结果合乎情理，但仍然没能摆脱以"商标性使用 + 混淆可能性"这一商标侵权的一般理论和规则来审视涉外定牌加工这一特殊行为的窠臼，具有局限性。也显示出面对新的情况，在缺乏立法明确指引的情况下，司法机关疲于应对的窘境。此外，最高人民法院在该案中的裁判思路还存在其他问题。

1. 商标混淆可能性所指的混淆不同于日常生活中的混淆

该案中最高人民法院认为相关公众包括运输环节的经营者，他们可能接触到涉外定牌加工商品从而会发生误认混淆，国内相关公众出国旅游消费对贴牌商品也存在接触和混淆的可能性，然后以此认定混淆可能性，这是值得商榷的。事实上，在该案之前，也有地方法院作出过类似的判定，如 PEAK 案二审判决认定：即便出口商品不在国内销售，也难以避免通过各类电子商务网站使消费者通过网络接触已出口至境外的商品和商标，具有混淆可能性，应认定为侵权。"ROADAGE"案再审判决甚至认为境外公众也属于"相关公众"的范畴，从而认定存在混淆可能性构成侵权。这些判决看似不当扩大了相关公众的范围，实则对混淆可能性的理解发生了偏差。混淆可能性是指消费者极有可能会对两个商标所标示的商品来源发生误认。一般来说，只有具有混淆可能性的商标使用行为，才会破坏商标与其指代商品之间的关联性，损害商标权人为法律所认可的对商标标识的支配利益，进而构成商标侵权。但商标混淆可能性所指的混淆不同于日常生活中的混淆。混淆可能性作为商标侵权的核心要件，是商标法所意欲防范的商标侵权结果。混淆可能性标准的理论基础在于商标的来源识别功能，判断相关公众是否会误认混淆，是以他们作为一个市场上的购买者的身份而论的。换句话说，系相关公众在接触了侵权商品后是否可能因为误认、混淆而购买该商品。涉外定牌加工中，涉案商品全部运至海外，在加工、运输、出口的过程中，确实会有一些人接触到贴有商标的商品，甚至不排除有人会对商品的来源发生误认，但由于不在国内市场销售，因此，这些人不会因为误认而购买涉案商品，从而不存在商标法意义上的混淆可能性，他们的认知不应纳入商标个案评价。至于国内相关公众出国旅游对贴牌商品也存在接触的可能，甚至也可能因为误认、混淆而购买商品，但该行为及结果并非发生在我国境内，即不会对商标权人的国内市场造成影响，依据我国商标法获得的商标权的效力也不能及于境外，这种情况下以具有混淆可能性判决涉外定牌加工行为构成商标侵权并不合适。至于商标权人希望占领海外市场的利益需求，应当通过在特定国外注册商标而不是打击涉外定牌加工来实现，因为如果商标权人不在特定国外注册商标，即便是没有涉外定牌加工存在，也可能被他人在该特定国外主体使用甚至抢注，这样的事例并不少见。

2.相关商品是否回流国内市场不应影响涉外定牌加工商标侵权的判定

"HONDA"案再审判决的另一个理由是随着电子商务和互联网的发展，被诉侵权商品存在回流国内市场的可能，因此可以认定涉外定牌加工行为构成商标侵权。理想状态下，依据我国商标法，未经我国相关商标权人的许可，涉外贴牌加工的产品是不允许回流至我国市场的，否则将构成侵权。但由于现实的复杂性，以及海关执法的特点，尤其是电子商务的发展，还是会有小部分涉外定牌加工商品通过非法手段回流至我国市场，但这种例外情况不应当影响对涉外定牌加工行为的侵权判定。对回流行为的定性和规制应由商标法的相关条款和海关相关立法进行，而并不属于贴牌加工的附带行为；因为某一商品即便不在中国定牌加工，而是在国外生产，也可能出现"内销""海淘"等现象，可见问题的关键不是涉外定牌加工，而在于进口环节的海关控制。如果以"相关商品可能回流国内市场"为由认定混淆可能性，必将直接否定整个产业的合法性。此外，随着互联网经济在全球的迅猛发展，即便是境外委托人也难以控制产品的最终流向，此时要求受托定牌加工人对此尽审查义务并承担责任过于严苛。

四、对贴牌加工是否属于“商标性使用”的理解

从司法判例中我们可以看到，法院认定贴牌加工行为不侵犯商标权的理由主要是：基于商标权的地域属性，涉案产品贴附的商标在国内市场并未发挥该作用，仅在境外销售地具有识别商品来源作用，故不属于商标性使用，也无法对权利人的商标声誉造成损失，因此不会损害权利人在国内的利益。而认定贴牌加工行为侵犯商标权的主要理由为：在涉外贴牌加工行为中，作为生产环节的贴牌行为系典型的将商标用于商品上的行为，属于商标使用行为。根据商标地域性原则，境外注册在我国并不受保护，同时我国商标法并未规定“相关公众”仅限于国内公众。在贸易全球化背景下，即使贴牌加工的商品全部出口，也存在回流至国内市场的可能，故也有可能造成国内消费者的混淆。

由此可见，加工企业贴附商标标识的行为是否属于“商标性使用”是法院判决是否构成侵权的主要根据。笔者总体偏向于贴牌加工行为不构成“商标性使用”，主要出于以下三点理由：首先，国内加工厂向境外委托人交付商品后，商品的流向就已不在国内加工厂的控制范围之内，如果因商品存在回流国内市场的可能使其承担侵权责任，显然苛之过巨；其次，商标权的地域性决定了即使贴牌加工的商品造成境外消费者的混淆，也已超出了国内注册商标的保护范围，也即“相关公众”的概念应理解为中国境内的消费者和相关经营者；最后，境外委托方在进口国具有注册商标时，其本身即足以排斥国内商标注册人以相同或近似商标进入该国，故不存在对国内商标注册人造成损害的可能性。

然而，贴牌加工不属于“商标性使用”的理解不可能过于绝对化，适用不能机械化，而应结合具体的案情综合分析。例如，某一品牌已经具有一定知名度但暂无进入中国市场的打算也未在中国注册商标，着眼于中国的劳动力市场而委托中国境内的工厂生产并全部出口海外市场。一些搭便车者（free-rider）获悉这一品牌后，恶意抢先在中国申请注册并在海关备案，待海关扣货后以商

标侵权诉讼相要挟，企图高价出售商标。此时，法院以贴牌加工不属于“商标性使用”驳回搭便车者的诉讼尚显合理、公正。

相反，如果国内加工厂实际生产中并未规范地使用境外委托人的注册商标，如“本田案”中委托人的境外商标是HONDAKIT，但被告实际生产中突出放大使用“HONDA”；在“ROADAGE案”中，被告使用了国内商标权利人的其他商标，已具有明显攀附国内商标知名度的恶意，此时如果还坚持以贴牌加工不构成“商标性使用”为由判定被告不承担侵权责任，明显有失公允。

笔者认为，在认定贴牌加工行为是否构成商标侵权时，可以重点考虑以下几个要素。

（1）加工方能否提供完整有效的授权链。贴牌加工不构成商标侵权的原则只能对善意接受境外委托人订单的国内加工厂在一定限度内认定不属于侵权，不能无限延伸到其他从事出口贸易的企业。即在具体案件中，被告不能仅以商品出口海外进行抗辩，必须提供境外委托人的授权文件，如境外商标证明、委托加工合同、授权书、付款证明等必要材料。

（2）加工方是否根据境外注册商标严格规范使用。就贴牌加工的贸易模式而言，境外委托人属于直接使用人，而国内受托工厂属于帮助生产者。也即就算认定贴牌加工属于商标侵权，境外委托人才是直接侵权人，受托方至多属于间接侵权者。如果法院能够查明国内受托工厂已经尽到了必要的注意义务，则主观上不存在侵权恶意，不应承担侵权责任。必要注意义务可以体现为对授权文件的审查，也可以反映在以下两个方面：①对国内较高知名度的商标，尤其是驰名商标进行避让；②受托工厂应当严格、规范实施受托生产行为，不得对商标进行变形使用，如本田案中突出使用“HONDA”，也不得超出订单范围或者境外商标的核准商品范围，实施生产行为。

（3）商品出口前是否曾因故意或过失流入国内市场。如果贴牌加工的商品在生产和出口过程中实际流入了中国市场销售，则构成新的事实，另行判断是否构成商标侵权，可参考浙江省高级人民法院、浙江省检察院、浙江省公安厅联合发布的《关于办理涉外定牌加工等侵犯知识产权刑事案件有关法律适用问题的会议纪要》，“对境内受托方超出涉外订单范围生产该注册商标的商品，且确有充足证据证实已在或将在境内销售的部分，由于已侵犯或势必会侵犯境内相关权利人的商标专用权，如符合入罪标准，则可以假冒注册商标罪定罪处罚”。

第九章 互联网企业的技术合规

第一节　利用技术手段获取数据行为的刑法边界

随着 DT 时代的到来，数据作为新时代的“黄金”和“石油”，已经成为企业发展的主要驱动力，数据资源的重要性促使企业采取各种手段获取数据以扩大自身的数据量级。与此同时，部分企业由于对自身行为缺乏刑事违法性认识或事前未对刑事风险做有效评估，导致获取数据行为触碰刑法红线。究其原因主要有两方面，一方面是部分企业主观上对其刑事风险认知不够或不重视，另一方面更为重要的是由于法律的修订远远跟不上技术的迭代创新，使司法实务部门在案件侦办和处理过程中，不可避免地对法律进行适当的扩大解释，部分企业在此种情况下仅通过法条的文义解释，根本无法对自身行为的刑事风险进行有效评估。

由于数据获取行为主要涉及罪名为《刑法》第 285 条第 2 款中的“非法获取计算机信息系统数据、非法控制计算机信息系统罪”，本节将主要对此罪名的行为构成进行分析，结合近年来已决典型刑事判例的裁判观点，对数据获取行为可能触碰的刑法边界进行阐释，以使企业能明晰自身数据获取行为的刑事风险并进行有效评估。

一、“非法获取计算机信息系统数据罪”犯罪构成

根据《刑法》第 285 条第 2 款规定，侵入国家事务、国防建设、尖端科学技术领域以外的计算机信息系统或者采用其他技术手段，获取该计算机信息系统中存储、处理或者传输的数据，构成非法获取计算机信息系统数据罪。从法条的字面含义可以看出，此罪名保护的对象为计算机信息系统，行为是以侵入计算机信息系统或其他技术手段获取信息系统数据。

二、何为刑法意义上的计算机信息系统

“两高”《关于办理危害计算机信息系统安全刑事案件应用法律若干问题的解释》定义的“计算机信息系统”，是指具备自动处理数据功能的系统，包括计算机、网络设备、通信设备、自动化控制设备等。虽然司法解释以列举的方式定义了计算机信息系统，但实际上计算机信息系统最大的特征是具有边界性的封闭式系统，故此罪名的行为构成要件为突破计算机信息系统的防护措施而实施“侵入”行为或采取“其他技术手段”获取数据。

为便于理解，现将计算机信息系统比作房屋，而数据即为存储在房屋中的财物（此财物具有可复制的特性，被窃取后仍可正常使用），房屋所有人即为企业，系统的安全防护措施为房屋的管家、防盗门窗及房屋周边的栅栏（保护财物安全）。

1. 未经授权进入计算机信息系统获取数据

此类多为利用黑客攻击、系统漏洞或采取非法手段（如盗窃、诱骗等）取得登录权限等方式，侵入计算机信息系统获取系统内存储、处理或传输的数据。类似于针对房屋采取破门而入、从未关闭的窗户或以非法手段获取钥匙后进入屋内，窃取屋内财物的行为。

【案例】（2014）昌刑初字第 844 号：王某某非法获取计算机信息系统数据罪一审刑事判决书。

2013 年 8 月，王某某发现北京某企业通信有限公司（以下简称“被害公司”）的计算机系统存在网络漏洞。同年 8 月 9 日至 8 月 10 日，王某某为炫耀计算机水平，利用远程登录攻击指令入侵被害公司的计算机信息系统，通过修改网络源代码获取任意管理员的登录权限，秘密将所有使用被害公司邮件的 16 000 余个“域”（一个“域”代表一个公司）下面的 30 000 多名公司员工用户的邮箱通讯录导出到自己的笔记本电脑中。2013 年 8 月 12 日，被害公司发现系统被入侵后自行修复网络漏洞。

法院认为，被告人王某某违反国家规定，侵入企业计算机信息系统，非法获取计算机信息系统中存储的数据达16 000余组，情节特别严重，其行为已构成非法获取计算机信息系统数据罪，依法应予惩处。2014年7月30日，北京市昌平区人民法院以王某某犯非法获取计算机信息系统数据罪，判处其有期徒刑3年。

2. 超越授权进入计算机信息系统获取数据

进入计算机信息系统权限为合法取得，但超越自身权限范围或将合法取得的权限提供给未经授权人员使用，进入计算机信息系统获取数据，也构成刑法意义上的“侵入”行为。类似于房主将钥匙交于保姆每日打扫卫生，但保姆在打扫卫生的同时窃取屋内财物或保姆将钥匙提供给他人窃取屋内财物，虽然数据作为特殊财物被窃取后不影响房主继续使用，且权限是合法取得，但超越房主的授权符合非法获取计算机信息系统数据罪的构成要件。此种行为多发生在公司内部员工在合法取得权限后，超越其工作职权非法获取系统内数据。

【案例】(2017)京0108刑初392号：卫某某、龚某、薛某某等非法获取计算机信息系统数据罪一审刑事判决书。

被告人卫某某曾于2012年至2014年在北京某大型网络公司工作，被告人龚某供职于该大型网络公司运营规划管理部，两人原系同事。因工作需要，龚某拥有登录该大型网络公司内部管理开发系统的账号、密码、Token令牌，具有查看工作范围内相关数据信息的权限。但该大型网络公司禁止员工私自在内部管理开发系统查看、下载非工作范围内的电子数据信息。2016年6月至9月，经事前合谋，龚某向卫某某提供自己所掌握的该大型网络公司内部管理开发系统账号、密码、Token令牌。卫某某利用龚某提供的账号、密码、Token令牌，违反规定多次在异地登录该大型网络公司内部管理开发系统，查询、下载系统中存储的电子数据，并交由被告人薛某某出售给他人，违法所得共计人民币37 000元。

法院认为，被告人卫某某、龚某、薛某某违反国家规定，侵入计算机信息系统，获取计算机信息系统中存储的数据，情节特别严重，其行为已构成非法获取计算机信息系统数据罪，应予惩处。2017 年 7 月 30 日，北京市海淀区人民法院以非法获取计算机信息系统数据罪，分别判处卫某某和薛某某有期徒刑四年、判处龚某有期徒刑三年零九个月。

3. 模拟客户端获取计算机信息系统数据

正常用户通过客户端（App、Web）获取数据的过程为先向服务端（服务器）发送一个请求，服务端判断请求为真实用户发送时，会针对请求返回一个响应，即为向用户展示的页面内容（文字、图片、视频等类型），请求和响应均以加密数据的方式在客户端与服务端之间传输，多采用对称加密的方式（图 9.1）。

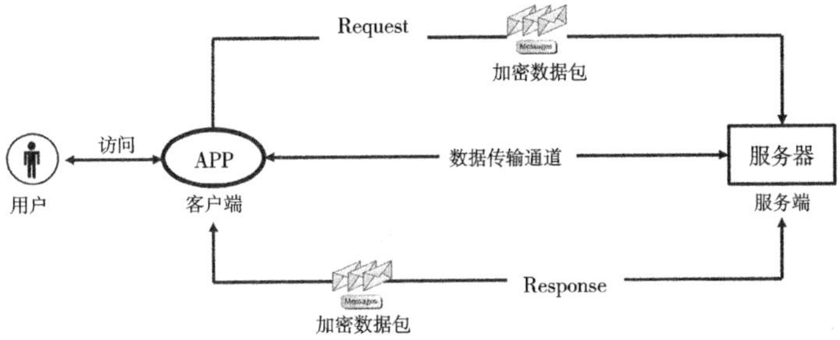

图 9.1　正常客户端访问示意图

以模拟客户端的方式获取数据多与网络爬虫技术相结合，首先数据爬取方需破解数据被爬取方客户端和服务端的通信加密协议，后模拟对方真实用户的行为通过自身的服务器向对方发送请求，使对方服务器误认为是真实用户而进行响应返回数据，从而达到获取对方服务器内数据的目的（图 9.2）。

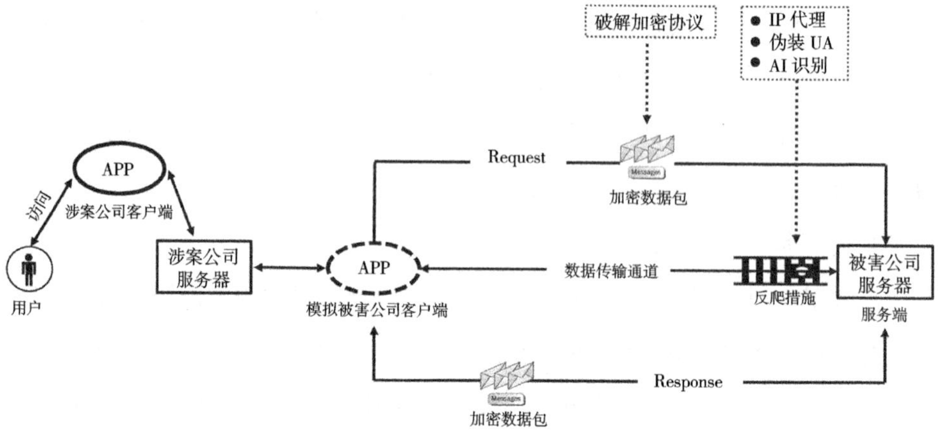

图 9.2 模拟客户端访问示意图

类似于虽然房屋有管家对屋内物品进行保护，按规定每天有特定人员取得屋内财物，但对方通过冒充熟人方式骗取管家信任从而获取屋内财物。此种行为虽未非法“侵入”计算机信息系统，但也构成刑法意义上的利用“其他技术手段”非法获取计算机信息系统数据。

【案例】：邵某某、陈某等非法获取计算机信息系统数据罪。

2015 年 11 月，被告人邵某某、陈某为了提高公司开发的 App 在中国市场的用户量及信息查询的准确度，保证公司更好的经营，邵某某授意陈某，指示公司员工刘某一、刘某二、张某等人利用网络爬虫软件获取被害公司服务器里的公交车行驶信息、到站信息等实时数据。张某负责破解被害公司客户端的加密算法并编写爬虫软件程序；刘某一负责不断变更爬虫程序内的 IP 地址，使用变化的 IP 地址获取数据，以防被害公司察觉；刘某二负责编写程序，利用刘某一设置的不同 IP 地址及张某编写的爬虫程序向被害公司发送数据请求，大量爬取被害公司服务器内的实时数据，日均 300 万至 400 万条。

法院认为，五名被告人的行为构成采取“其他技术手段”非法获取计算机信息系统数据。五名被告通过技术手段破解了被害公司 App 的语言翻译程序，通过向被害公司服务器发送请求大量获取被害公司的原始公交信息数据，并应用于自己公司的公交信息查询。普通公众获取被害公司的公交数据信息必须通过被害公司的App、微信公众号、网页等，而五被告则是通过技术手段绕开了被害公司的特定查询程序大量获取公交数据信息进行使用，其行为与普通公众的查询行为有本质的区别。被告人邵某某、陈某、刘某一、刘某二、张某违反国家规定，采用“其他技术手段”，获取计算机信息系统中存储的数据，其行为已构成非法获取计算机信息系统数据罪。

4. 突破反爬措施构成刑法意义上的“其他技术手段”

在利用网络爬虫技术手段对相对公开的数据进行爬取时，数据被爬取公司必定会采取一定的反爬措施以防范数据爬取行为，常用的反爬措施包括验证码、封IP、User-Agent等，而数据爬取方也会采取一定技术手段突破对方的反爬措施以达到爬取数据的目的，常见的反爬手段包括IP代理、伪装UA、AI识别等。类似于越过房屋周围的栅栏，骗取管家开门获取数据。种行为虽未进入对方计算机信息系统内，但也可能构成刑法意义上的利用“其他技术手段”非法获取计算机信息系统数据。

【案例】(2017)京0108刑初2384号：上海××网络科技有限公司、侯某某等非法获取计算机信息系统数据罪一审刑事判决书。

被告人张某某、宋某、侯某某经共谋，于2016年至2017年间采用技术手段抓取被害单位服务器中存储的视频数据，并由侯某某指使被告人郭某破解被害单位的防抓取措施，使用“tt_spider”文件实施视频数据抓取行为，造成被害单位损失技术服务费人民币2万元。经鉴定，“tt_spider”文件中包含通过视频列表、分类视频列表、相关视频及评论3个接口对被害公司服务器进行数据抓取，并将结果存入到数据库中的逻辑。在数据抓取的过程中，使用伪造device_id绕过服务器的身份校验，使用伪造UA及IP绕过服务器的访问频率限制。

法院认为，被告单位上海某某网络科技有限公司违反国家规定，采用技术手段获取计算机信息系统中存储的数据，情节严重，其行为已构成非法获取计算机信息系统数据罪，应予以惩处；被告人张某某、宋某、侯某某作为直接负责的主管人员，被告人郭某作为其他直接责任人员，亦应惩处。判处被告单位上海××网络科技有限公司犯非法获取计算机信息系统数据罪，判处罚金人民币二十万元；被告人张某某犯非法获取计算机信息系统数据罪，判处有期徒刑一年，缓刑一年，罚金人民币五万元；被告人宋某犯非法获取计算机信息系统数据罪，判处有期徒刑十个月，罚金人民币四万元；被告人侯某某犯非法获取计算机信息系统数据罪，判处有期徒刑十个月，罚金人民币四万元；被告人郭某犯非法获取计算机信息系统数据罪，判处有期徒刑九个月，罚金人民币三万元。

上述典型案例显示，从采取黑客手段或越权访问侵入计算机信息系统获取数据，到实际上并未侵入系统而是采取模拟客户端或突破反爬措施的行为骗取服务器提供数据，认定的手段行为也从传统的“侵入”行为向兜底条款“其他技术手段”转变，从上述变化可以看出司法实务部门对非法获取数据的打击力度在不断加大，刑法条文的适用也呈越加宽泛的趋势。企业在针对自身获取数据行为进行刑事风险评估的过程中，不仅要考虑刑法条文本身的文义解释，更要结合现实判例的裁判观点及对数据被获取方造成的危害进行综合分析，以有效防范企业在数据获取过程中的刑事风险。

第二节　白帽自保手册诞生
——论《网络安全漏洞管理规定》的内容及意义

白帽黑客又称“白帽子”，主要是指利用黑客技术帮助各类主体强化网络安全防范的技术人员，也会用来泛指信息安全从业人员。与利用自身技术在网络上窃取他人资源以达到获利目的的黑帽黑客不同，白帽子主要是用自己掌握的黑客技术维护网络安全。

通常情况下，白帽子与企业的合作方式有两种。一种是“协议邀请”，苹果、微软、特斯拉等公司都曾邀请技术人员对自己的产品发起攻击，并给破解者若干奖励。另一种是“先斩后奏”，当厂商的服务器接入互联网，这些白帽子就发起攻击，寻找系统漏洞，找到漏洞后反馈给厂商确认并修复。

受邀请的白帽行为一般不会引起法律纠纷，但先斩后奏则一直处于灰色甚至黑色地带。白帽黑客虽然会主动将发现的漏洞提交给运营方，但在发现漏洞的过程中不可避免地会采用与黑客相同的软件或其他攻击方式。根据我国《刑法》第285条（非法获取计算机信息系统数据、非法控制计算机信息系统罪）、286条（破坏计算机信息系统罪）规定，相关罪名均为行为犯，这就导致白帽黑客只要对目标系统发动攻击，并造成一定的损害后果，便有可能构成犯罪。2016年发生在世纪佳缘网与白帽子群体之间的冲突将白帽子的这种灰色状态描绘得淋漓尽致。

袁某是一名实习白帽子，其在2015年12月3日发现A网站存在漏洞，由于信心不足，他下班后又在自己家中对A网站的漏洞进行了测试，并于次日通过B网站向A网站提交了发现的漏洞。同年12月7日，A网站确认并修复了该漏洞，同时致谢B网站和袁某。2016年1月18日，A网站报警称有4000余条实名注册信息被不法分子窃取。2016年3月8日，袁某遭到警方刑事拘留，并于4月12日被批准逮捕。

A网站的做法可以说合法不合情，由于白帽子寻找漏洞的动机不同于黑客，而现在却“背后捅刀”，A网站也因此得罪了一大批白帽子。此后一段时间，A网站遭遇的网络攻击数量急剧上升，短短数日就已有多个A网站的漏洞在乌云平台被公布，这是白帽子们对A网站做法的无声反击，甚至有其他白帽子明确表示，如果厂商不愿意接受来自互联网的贸然测试，可以留下“请不要测试本公司，否则将采取法律手段”等信息，将不会再有人关注该厂商的安全风险。言下之意，厂商的安全问题就如同被暴露在四处漏风的荒郊野外，被黑客攻击的概率也会成倍增加。从长远来说，A网站和白帽子之间心照不宣的潜规则已经被打破了。

原国家工业信息安全发展研究中心主任尹丽波曾在接受媒体采访时指出，我国网络安全人才缺口达到百万量级，形势还是比较严峻的。一方面，产业的快速发展对安防人才产生了极大需求。另一方面，人才供给迟迟跟不上，导致业界在未来很长一段时间仍然需要白帽子存在。因此，为白帽行为提供合法依据成为当务之急。

为解决白帽子行为的灰色边界问题，工业和信息化部、国家互联网信息办公室、公安部于 2021 年 7 月 12 日联合出台了《网络产品安全漏洞管理规定》（以下简称《漏洞管理规定》），为从事白帽子的个人和组织提供了行为准则。

第 9 条规定，从事网络产品安全漏洞发现、收集的组织或者个人通过网络平台、媒体、会议、竞赛等方式向社会发布网络产品安全漏洞信息的，应当遵循必要、真实、客观以及有利于防范网络安全风险的原则，并遵守以下规定：

（一）不得在网络产品提供者提供网络产品安全漏洞修补措施之前发布漏洞信息；认为有必要提前发布的，应当与相关网络产品提供者共同评估协商，并向工业和信息化部、公安部报告，由工业和信息化部、公安部组织评估后进行发布。

（二）不得发布网络运营者在用的网络、信息系统及其设备存在安全漏洞的细节情况。

（三）不得刻意夸大网络产品安全漏洞的危害和风险，不得利用网络产品安全漏洞信息实施恶意炒作或者进行诈骗、敲诈勒索等违法犯罪活动。

（四）不得发布或者提供专门用于利用网络产品安全漏洞从事危害网络安全活动的程序和工具。

（五）在发布网络产品安全漏洞时，应当同步发布修补或者防范措施。

（六）在国家举办重大活动期间，未经公安部同意，不得擅自发布网络产品安全漏洞信息。

（七）不得将未公开的网络产品安全漏洞信息向网络产品提供者之外的境外组织或者个人提供。

（八）法律法规的其他相关规定。

上述规定为白帽行为提供了法律保护，也为白帽和黑帽行为的界定提供了参考，避免了执法活动对白帽子的误伤。但在为法律进步欢欣鼓舞的同时，我们还应当看到《漏洞管理规定》中对白帽行为的考虑不周之处。

第 9 条第（五）项要求白帽子在发布漏洞的同时应当同步发布漏洞修补或防范措施。笔者认为这一规定扩大了白帽子的义务，落实起来存在一定的困难。

首先，《漏洞管理规定》并未明确白帽黑客应当同步发布何种程度的漏洞修补或防范措施。任何软件系统存在漏洞的根本原因在于开发方未按照代码编写规范进行开发，白帽黑客作为漏洞的外部发现者很难准确识别造成漏洞的直接原因。因此，白帽黑客能够提交的仅仅是方向性或方案性弥补措施，无法提出具体的技术性解决方法。

其次，在很多场景中，白帽黑客挖掘系统漏洞往往出于公益目的或者收取少量答谢费，在这种情况下要求其提出漏洞修补或防范措施存在权利和义务失衡的问题。

最后，程序运营者和白帽黑客之间往往缺乏稳定、紧密的合作关系，运营者很难将具体的技术细节透露给白帽黑客。

综上所述，在《漏洞管理规定》今后的修订或发布实施细则时，建议有关部门进一步明确白帽黑客发布漏洞修补或防范措施的类型，减少误读的可能。

第三节　免责，连带，还是独立侵权？对云服务提供商法律定位的探讨

随着云计算的普及，涉及云服务使用者甚至云服务提供者的各种侵权、违法案例也逐渐增多。但从目前的法院判决情况看，对于云服务商的法律属性定位还存在不同的认识。在武某红状告微信小程序侵权案中，法院认为腾讯属于网络接入服务提供者；在乐动科技状告阿里云案中，法院认为阿里云不属于《信息网络传播权保护条例》中规定的四种服务提供者中的任何一种，仅能概括为网络服务提供者。由此，产生了到底适用“通知—删除”制度还是“通

知—必要措施”制度的争论。

一、云服务商应当属于新型网络服务提供者

目前，从业态上划分，云服务商可以分为SaaS、PaaS和IaaS三种，分别通过云提供软件服务、平台服务和硬件服务。

（1）软件即服务，Software as a Service（SaaS），此类商家主要以H5网页等方式，运行远程服务器上的应用程序来执行应用功能，以小程序、云游戏等为代表。

（2）平台即服务，Platform as a Service（PaaS），此类企业提供类似操作系统平台接口的服务，支持开发者编制与部署应用程序，以微软Azure、中国移动云等为代表。

（3）硬件即服务，Infrastructure as a Service（IaaS），主要提供服务器租赁、虚拟在线设备等服务，以亚马逊云服务、阿里云、腾讯云、百度云等为代表。

我国《信息网络传播权保护条例》则将网络服务提供者分为四类，分别是网络接入服务提供者、缓存服务提供者、信息存储空间服务提供者、搜索或链接服务提供者。这种四分法源自美国的《数字千禧法案》（DMCA），属于针对Web1.0时代的立法。在立法时，上述四类服务提供者基本都是起着网络基础设施或者通道的作用，类似于通信运营商的角色。但随着技术和商业模式的发展，网络服务提供者（ISP）和网络内容服务提供者（ICP）都在不断拓展自己的业务领域，ISP和ICP融合为大型网络平台企业的趋势日益明显。时至今日，提供商业云计算服务的企业多为平台型互联网公司，导致在单一案件中难以真正厘清这些平台公司在信息传播过程中所起到的作用。

这种角色融合的大趋势就要求我们必须重新审视网络服务提供者的法律角色定位和责任划分，否则很难确定其权利义务边界。正是考虑到这些因素，北京知识产权法院才在阿里云案件二审中将其认定为一种新型网络服务提供者并适用《侵权责任法》相关规定。

二、云服务商在现有法律框架下的免责条件

软件即服务、平台即服务、硬件即服务的分类作为一种纯粹的信息技术分类，其合理性与稳定性均需要市场的检验。是否可以将其应用到法律角色的划分上，无论是在法理上还是实践上均是未知问题。

在法律尚未对其作出肯定回应的情况下，基于 ISP 与 ICP 的传统二分法仍将在未来的一段时间承担起确权和明责的任务。那么，如果我们把所有的互联网企业均抽象为统一的“网络服务提供者”，我国现行法律对他们到底有何种要求呢?

1.事前的审查义务

根据《网络安全法》相关规定，网络服务提供者应当对颠覆国家安全、危害公共利益、涉黄涉暴等信息进行监督管理。《全国人民代表大会常务委员会关于维护互联网安全的决定》中规定，从事互联网业务的单位要依法开展活动，发现互联网上出现违法行为和有害信息时，要采取措施，停止传输有害信息，并及时向有关机关报告。此外,《微博客信息服务管理规定》《网络信息内容生态治理规定》等一系列产品或内容生态管理规定，均对平台企业积极履行审查义务作出了明确要求。

随着技术进步，平台企业对其可控范围内的信息进行版权、内容层面的审查已不具有显著的困难。正如美国法院在 Grokster 案的判决中阐明，企业未曾试图开发过滤工具以减少利用软件从事的侵权行为，应对侵权后果承担相应责任。

因此，云服务企业应当跟踪版权、内容在线审核领域的最新技术成果，并积极建立违法信息挖掘和处理体系，以在民事诉讼或行政执法案件中为自己免责的观点提供支撑。

2.事中的积极查证义务

查证义务是来自投诉人和被投诉人双方的利益。由此可以看出，云服务商由于其提供服务的特殊性，使其自身具有了一定社会公共管理职能。

如云服务商对于投诉信息不做任何甄别而直接下架被投诉信息，有可能被不法分子利用引发恶意投诉。在全国首例恶意投诉诉前禁令案中，作为淘宝商家的徐某连续遭到竞争对手的恶意投诉，经查投诉材料为虚假，法院据此支持了诉前禁令请求。

此外，如乐动卓越诉阿里云服务案，云服务商仅通知不合格却不采取任何实质性的调查措施，则会使投诉人的利益受到不必要的损害。事实上，《信息网络传播权保护条例》并未对投诉的内容和形式作出极为严格的规定，而且投诉人在获取侵害人信息时确实存在诸多不便。考虑到商业利益应与责任相匹配，云服务商在接到通知或投诉时，应对相关线索进行必要的初步查证，为采取明确处理措施提供事实依据，而非仅凭非实质性审查作出处理意见。

3. 事后的举证责任倒置

由于业务领域的混同，平台型公司同时肩负着不同层次的注意义务和审慎义务，难免出现疏漏。在纠纷发生后，云服务平台需要对自身的“无过错”进行积极的证明。

首先，云服务企业需要证明自身不具有主观“明知”的要件。从实践情况看，司法机关判定企业是否“明知”主要从两点进行判定，一是接到通知后未采取有效行动，二是涉案内容符合“红旗原则”设定的标准。

其次，云服务企业还需要证明自身采取了必要的合规措施，防止类似侵权行为重复发生。在衣念（上海）时装贸易有限公司与浙江淘宝网络有限公司知识产权纠纷案中，衣念先后七次向淘宝进行侵权投诉，淘宝虽然对每次投诉均积极作为，但类似侵权行为依然屡禁不止。法院认为淘宝未能采取必要的预防措施，属于对类似侵权行为的放任和纵容，并据此判定淘宝需承担侵权连带责任。

需要强调的是，云服务商在事前、事中、事后做到上述合规措施，并不能够证明自身完全无须承担责任，但上述举措会为免除法律责任提供有力的支撑，从而降低自身法律风险。

第四节　仅提供技术服务不能成为侵权免责事由——谈首例涉微信小程序案

作家武某红因发现自己的作品被一个由长沙某网络公司运营的小程序盗播，遂将该盗播公司告上法庭，同时将腾讯公司作为第二被告起诉，理由是腾讯公司未尽到网络服务提供者责任对侵权内容进行删除。2019 年 2 月 27 日，杭州互联网法院公布该案一审结果，判决被告长沙某网络公司赔偿原告经济损失 15 000 元，但驳回原告对腾讯公司的所有诉讼请求。

驳回原告对腾讯公司的赔偿请求的原因在于，腾讯的代理律师主张在小程序生态中，腾讯公司所提供的服务为“提供网络自动接入或自动传输服务”。根据我国 2013 年修订的《信息网络传播权保护条例》，网络服务提供者包括提供网络自动接入或自动传输服务、自动存储、提供信息存储空间、提供搜索或者链接服务四大类，并对四类网络服务提供者的免责事由或者说适用“避风港原则”的前提进行了详细规定。同时，该条例还在第 14 条、第 15 条规定了“通知—删除”规则。其中，第 14 条将“通知—删除”规则的适用范围限定在“提供信息存储空间或者提供搜索、链接服务的网络服务提供者”，作为提供网络自动接入或自动传输服务者的腾讯公司，自然就不受“通知—删除”规则限制。

从法院判决和新闻报道来看，支撑腾讯公司属于提供网络自动接入或自动传输服务者定位的逻辑在于，小程序在技术上属于类网页页面，其内容均储存在开发者服务器上，腾讯公司无法对小程序的内容进行实时监控和定点删除。而这一逻辑成立的核心在于开发者自行开发小程序并自建服务器进行部署。

但实际情况恐怕并非如此。虽然从技术上讲，开发者确实可以自行部署服务器，但由于大量小程序的实际运营者缺乏互联网研发实力，甚至可能连小程序本身都是采取的外包开发模式，其独立部署服务器的可能性极低，不得不选择腾讯提供的云服务。因此，随着小程序快速发展，为云服务带来了巨大的需求，“小程序·云开发”应运而生。

在各家平台型互联网企业纷纷依托自家平台推出小程序的当下，这些平台企业不仅为小程序提供了接入、传输服务，还提供了开发、存储环境。因此，当探讨平台企业在小程序内容侵权中所扮演的角色定位时，不应一概而论，而要分析这些企业在不同小程序运营中所起到的作用和提供服务的具体内容。

其实，几乎所有的云服务提供商都存在属性复杂、角色交织的问题。因此，笔者并不认可在审理网络侵权案件中深究技术细节的思路。如果沉溺于技术细节，那几乎所有云服务供应商均可以找到对自己有利的属性和角色定位，从而减轻甚至规避法律责任。

笔者建议，在类似案件中应该采用“整体商业模式审查”的思路进行审理。“整体商业模式”一说源自美国“MEGAUPLOAD 侵权案”。MEGAUPLOAD 是一家美国著名的在线硬盘服务提供商，也就是网盘公司。其商业模式是鼓励用户上传文件并分享，再从下载页面的在线广告出租中获利。由于其商业模式鼓励用户上传文件，法院认定其应具有较高的注意义务，最终判决 MEGAUPLOAD 公司主观上“明知”侵权行为的发生从而构成直接侵权。

就小程序而言，互联网巨头依托自家超级 App 推出小程序的目的在于，通过小程序的便捷性增加用户黏性，进而获取经济利益。在这一背景下，各家互联网公司理应对小程序的内容和服务具有较高的注意义务，在提供云存储的情况下，则应当及时删除其服务器上存储的侵权内容，充分履行法律规定的相关义务。此外，随着《民法典》的出台，网络平台的“通知—删除”义务得到进一步细化，增加了转通知、采取必要措施、保存证据等内容。删除服务器上的侵权内容也应当是平台企业“采取必要措施”的应有之义。

随着 5G 等基础建设的稳步推进，云时代已近在眼前，围绕“云”产生的新业态将极大地改变我们的生产生活方式，但“万物上云”带来的传播效率提升也给著作权保护带来了新的难题和挑战。在相关法律法规得到修改之前，重视对知识产权这一“技术之子”的保护，加强对小程序内容的审核管理，应是各平台响应国家号召、履行社会责任的重要标尺。

主要参考文献

［1］喻海松．侵犯公民个人信息罪司法解释理解与适用［M］．北京：中国法制出版社，2018：28-34.

［2］喻海松．网络犯罪二十讲［M］．北京：法律出版社，2018：15-64.

［3］万春，缐杰，张杰．网络犯罪指导性案例实务指引［M］．北京：中国检察出版社，2018：12-18.

［4］李玉萍．网络犯罪典型案例［M］．北京：中国法院出版社，2021：108-114.

［5］周光权．侵犯公民个人信息罪的行为对象［J］．清华法学，2021（3）：25-40.

［6］陈兴良．网络犯罪的刑法应对［J］．中国法律评论，2020（1）：88-95.

［7］孔祥俊．《民法典》与知识产权法的适用关系［J］．知识产权，2021（1）：3-19.

［8］黄璞虑．民法典惩罚性赔偿条款在知识产权侵权领域的规范冲突与解决［EB/OL］．（2021-01-08）［2021-12-15］．https://www.lawyers.org.cn/info/3b5c65bae92741f0a9f74036385edbf6.

［9］刘雨薇．论标准必要专利中的FRAND劫持［D］．北京：中国政法大学，2020.

[10] 冉子蘅. 涉外定牌加工中商标侵权的认定[J]. 人民司法，2022（10）：82-85，91.

[11] 于冲. 流氓软件的刑法评价思路及其入罪化思考[J]. 云南大学学报（法学版），2015，28（2）：53-60.

[12] 赵春艳. 凤凰网诉“今日头条”不正当竞争[EB/OL].（2016-11-11）[2022-1-17]. http://www.mzyfz.com/index.php/cms/item-view-id-1231814.

[13] 叶良芳. 刑法教义学视角下流量劫持行为的性质探究[J]. 中州学刊，2016（8）：45-49.

[14] 俞小海. 破坏计算机信息系统罪之司法实践分析与规范含义重构[J]. 交大法学，2015（3）：140-154.